손으로 움직이고
머리로 생각하는

상자 종이접기 2

손으로 움직이고
머리로 생각하는

상자 종이접기 2

초판 인쇄일 _ 2014년 10월 10일
초판 발행일 _ 2014년 10월 17일
지은이 _ 후세 토모코
발행인 _ 박정모
발행처 _ 도서출판 혜지원
주소 _ (130-844) 서울시 동대문구 천호대로 81길 23
전화 _ 02)2212-1227
팩스 _ 02)2247-1227
홈페이지 _ www.hyejiwon.co.kr

기획 · 번역 _ 송유선
디자인 _ 김보라, 이미소
영업마케팅 _ 김남권, 황대일, 서지영
ISBN _ 978-89-8379-835-0
정가 _ 12,000원

이 도서의 국립중앙도서관 출판시도서목록(CIP)은 서지정보유통지원시스템 홈페이지(http://seoji.nl.go.kr)와
국가자료공동목록시스템(http://www.nl.go.kr/kolisnet)에서 이용하실 수 있습니다.(CIP제어번호 : CIP2014028170)

손으로 움직이고 머리로 생각하는

상자 종이접기 2

후세 토모코 지음

혜지원

직사각형 종이 한 장으로 접는 다양한 모양의 상자

복사용지나 포장지, 신문지 등 세상에는
직사각형 모양의 종이가 참 많습니다.
이 책은 직사각형 종이 한 장으로 접는 상자를 모은 것입니다.
쉽게 구할 수 있는 A4 사이즈의 종이를 사용해서 접어볼 수 있습니다.
상황에 따라 풀도 사용하지만 이는 요소를 연결하는 것일뿐,
'종이접기'라는 놀이에서 크게 벗어나는 일은 없습니다.
이 책에서는 주로 비틀어서 평평하게 하는 기법,
즉 접은 주름을 중앙으로 모아 한 방향으로 꼰 후
평평하게 하는 기법을 많이 사용합니다.
처음은 어려울 수도 있지만
많은 상자에 응용할 수 있으므로 여러 번 도전하여 만들어 보세요.

아름다운 한지는 바라보는 것만으로도
충분히 즐길 수 있지만 그것을 접으면
즐거움이 배가될 것입니다.
마음에 드는 종이를 보고, 만지고, 접어 보세요.
두근거림과 설렘으로 가득 찬
특별한 종이접기 시간의 시작입니다.
자, 버리기엔 아까워 모아 둔 종이를 사용할 차례입니다.

CONTENTS

PART 1
TRIANGLE

삼각형 상자

PART 2

SQUARE

사각형 상자

PART 3
PENTAGON

오각형 상자

PART 4
RECTANGLE

직사각형 상자

◆ 종이접기 규칙 ◆

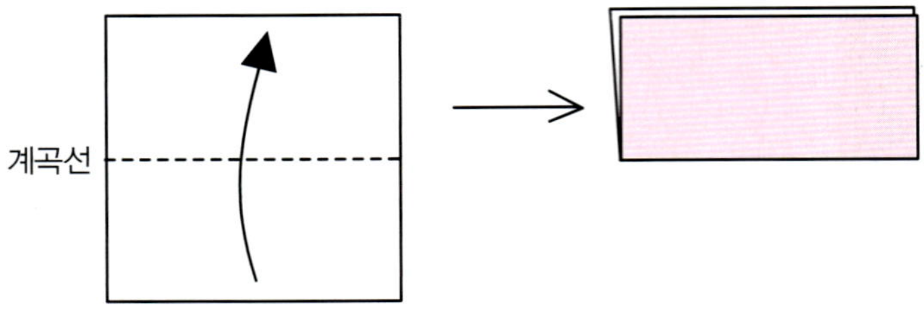

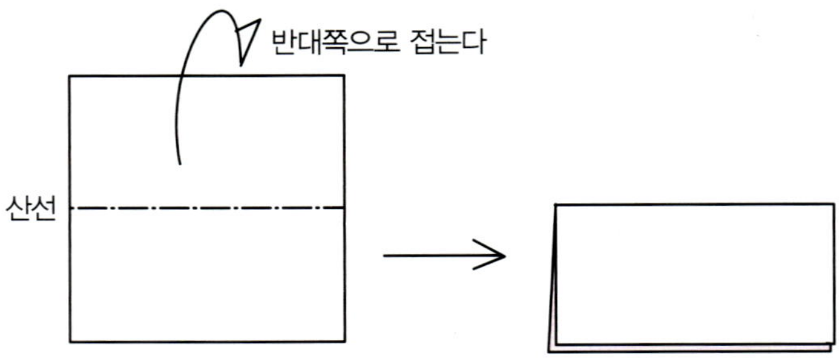

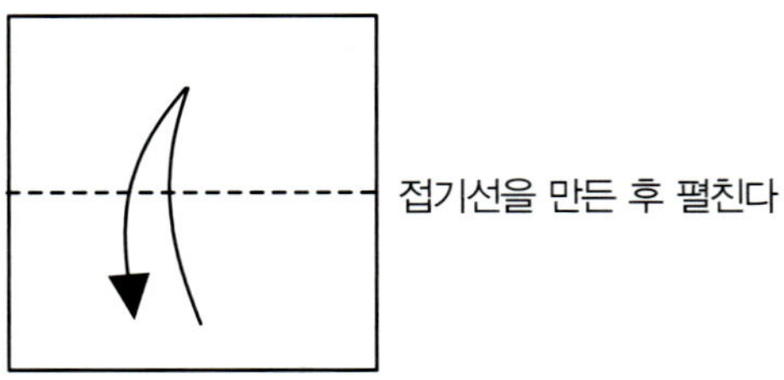

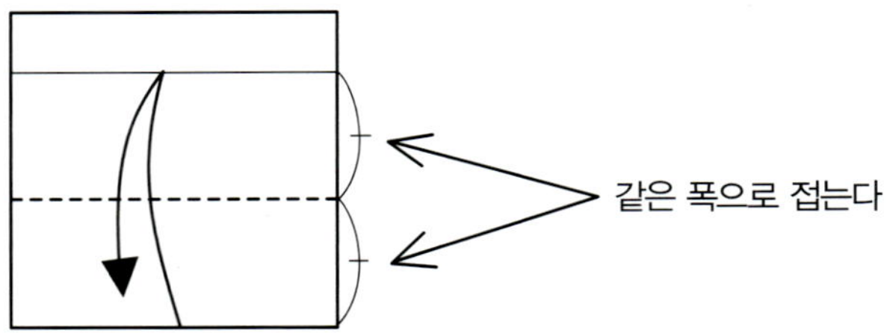

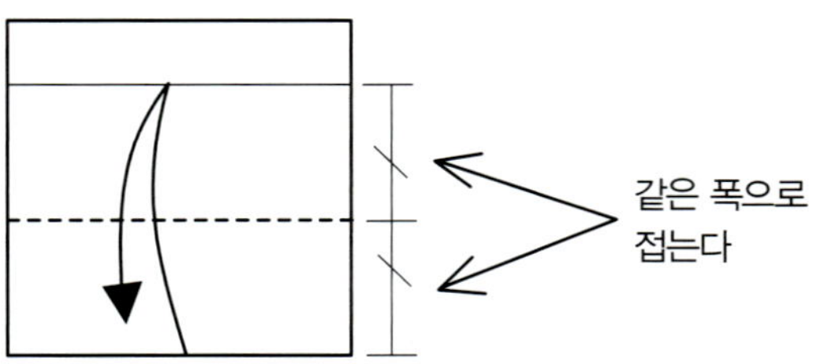

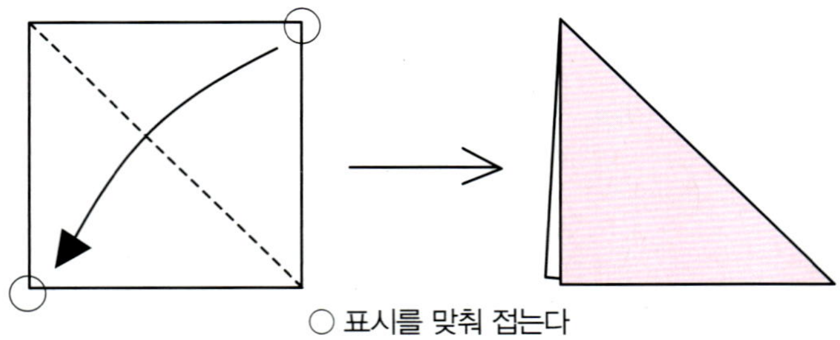

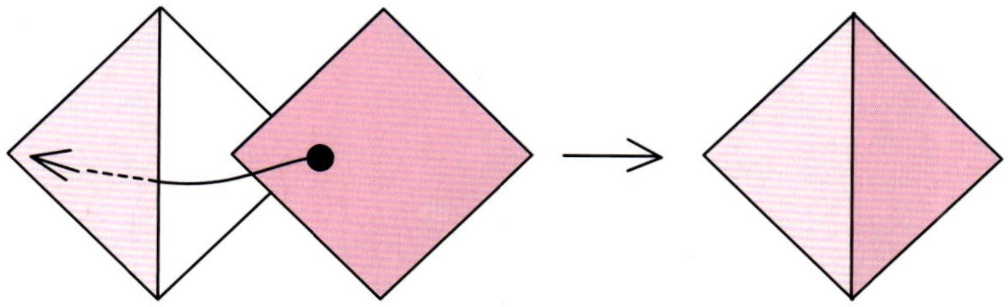

안에 끼워 넣는다

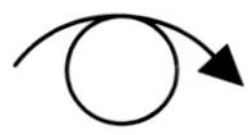 뒤집는다

 그림이 커진다

 그림의 위치가 바뀐다

안쪽으로 접기

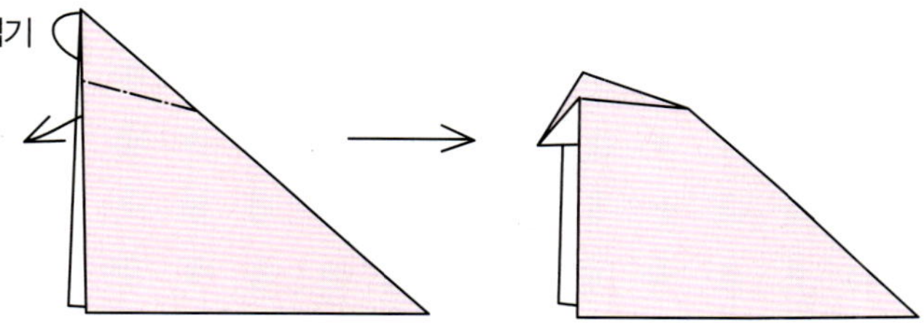

Advice

1 본서에 있는 작품은 특별히 언급하지 않는 한 풀칠하지 않아도 괜찮습니다.
하지만 상자가 약하거나 접을 때 힘이 많이 들어갈 경우 자유롭게 풀칠해 주세요.

2 처음부터 잘 접을 수는 없습니다. 우선 한두 번은 일반 색종이를 사용해 지정 사이즈로 접어 요령을 익혀 주세요. 그런 다음 마음에 드는 종이를 사용해 자유로운 사이즈로 접어 보세요.

PART 1 TRIANGLE

삼각형 상자

뚜껑과 본체를 각각 한 장으로 만드는 상자입니다.
우선 A4 용지로 연습을 한 후 크기를 바꾸거나
마음에 드는 종이로 접어 주세요.
3등분된 한 변의 폭과 풀칠하는 곳(α)이 종이의 가로 폭으로,
상자의 깊이가 결정되는 세로 폭(H)은 변의 비율을 기준으로
마음에 드는 길이를 찾아 주세요.

【테두리 삼각 상자(본체 1)/12쪽】

【삼각 상자 뚜껑 · 바람개비/27쪽】

【삼각 상자 뚜껑 · 손잡이/29쪽】

【삼각 상자 뚜껑 · 마름/31쪽】

【삼각 상자 뚜껑 · 벗풀/31쪽】

【삼각 상자 뚜껑 · 세 갈래 깃털/38쪽】

【삼각 상자 뚜껑 · 향기별꽃/40쪽】

【삼각 상자 뚜껑 · 볼록한 뚜껑/43쪽】

테두리 삼각 상자 (본체 1)

연습 : A4(210×297mm)를 잘라 사용

상자 크기 8×8×3cm
뚜껑 종이 크기 (25.5+α)×9cm
본체 종이 크기 (24+α)×11cm

이 책의 삼각 상자 본체는 모두 이것을 사용했습니다.

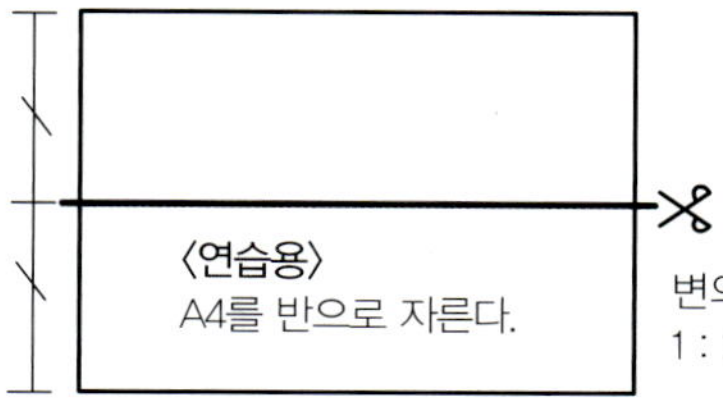

변의 비율
1 : 2.8 정도

풀칠하는 곳(α)으로
2cm 정도 끝을 접는다.

1

주의 : 그림의 축척은 정확하지 않습니다. 알기 쉽게 하기 위해 풀칠하는 곳을 크게 그려 두었습니다.

2

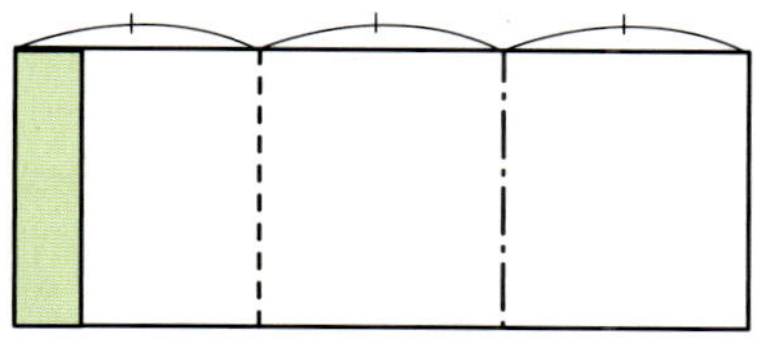

3등분한다.
(산선과 계곡선은 어느 쪽이어도 상관없다)

3

그림과 같이 종이를
겹치듯 접는다.

4

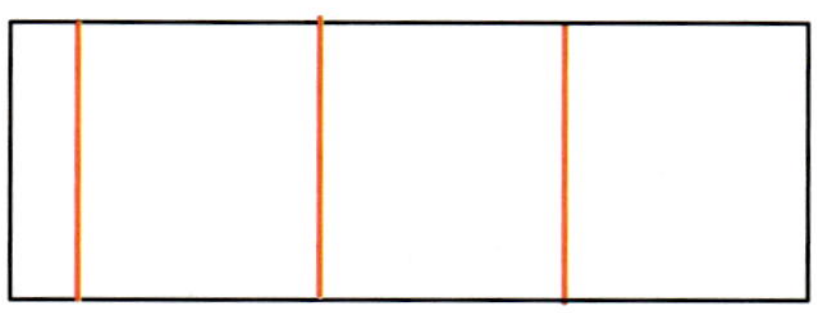

빨간 선은 산선과 계곡선을 둘 다 만든다.

5

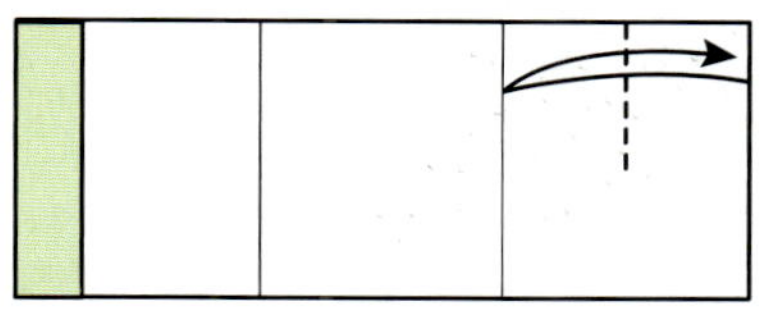

6

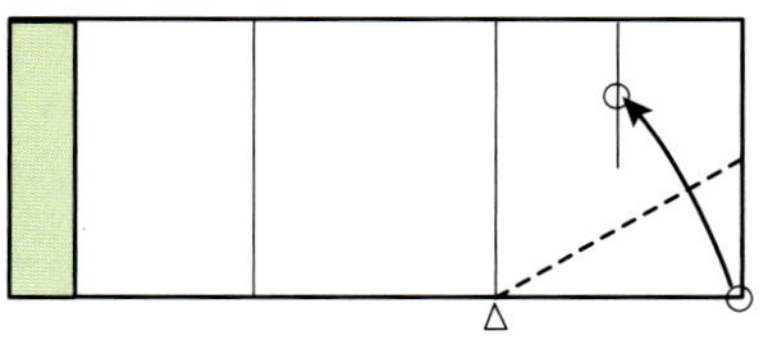

△ 표시를 축으로 ○ 표시를 맞춰 접는다.

7

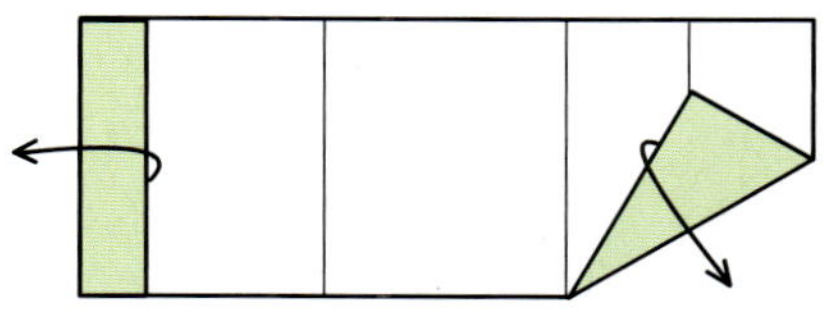

8

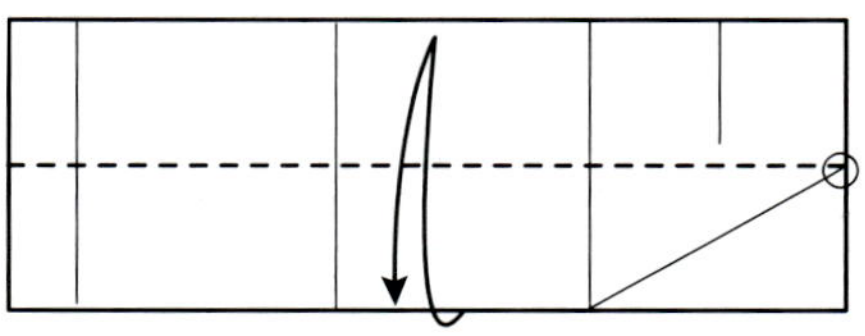

○ 표시에서 접는다.

9

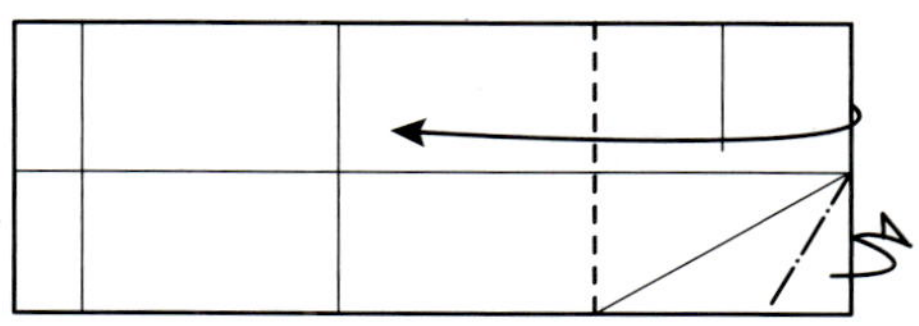

10

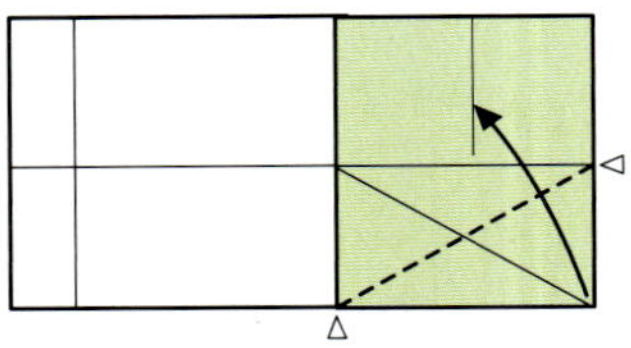

△ 표시를 이어 접는다.

11

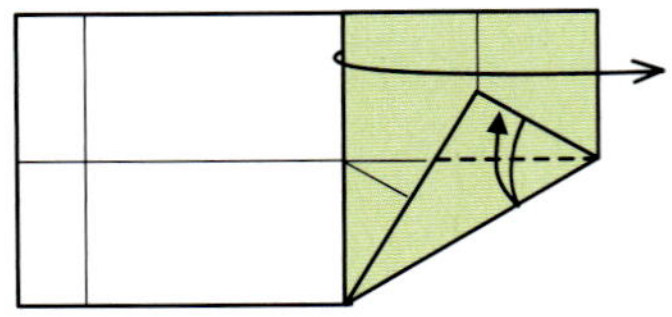

접기선을 만들고 펼친다.

12

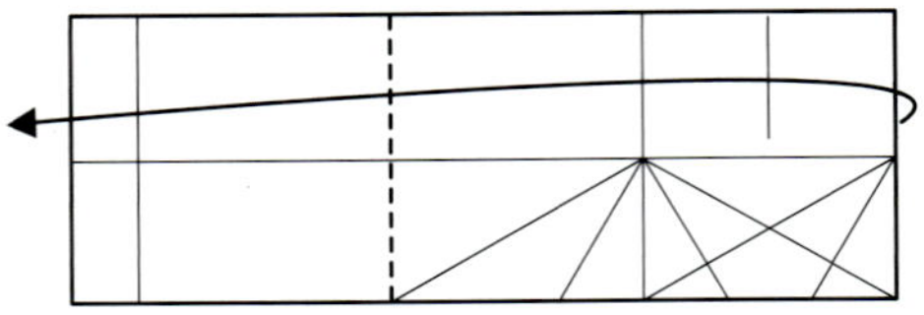

13

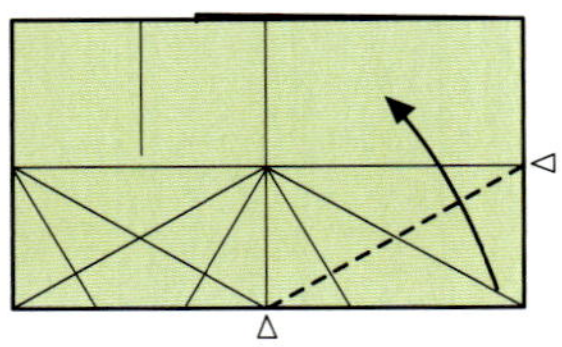

△ 표시를 이어 접는다.

14

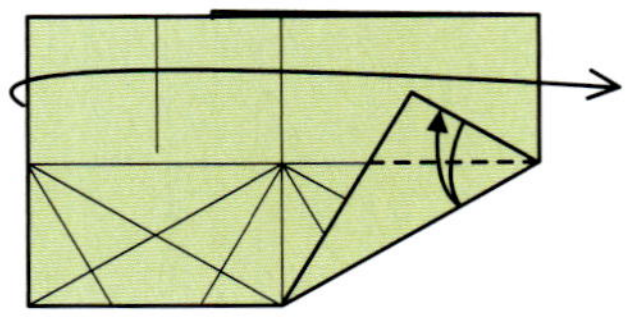

접기선을 만들고 펼친다.

15

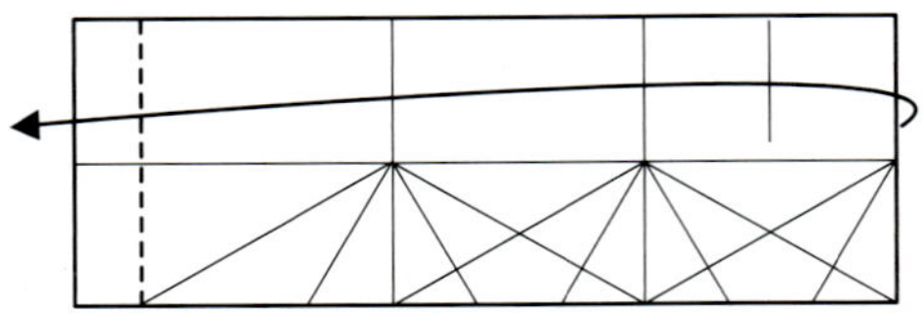

16

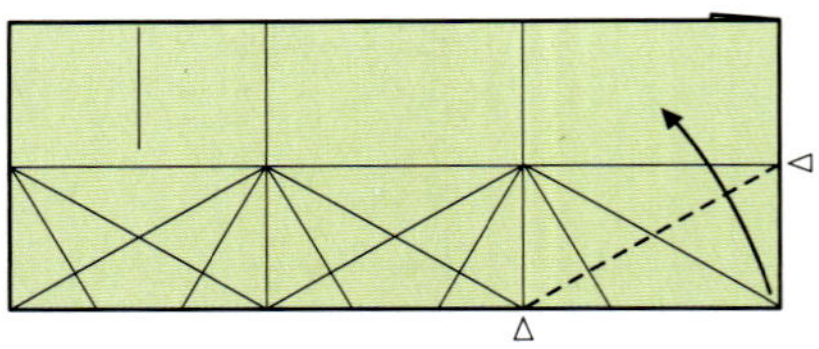

△ 표시를 이어 접는다.

17

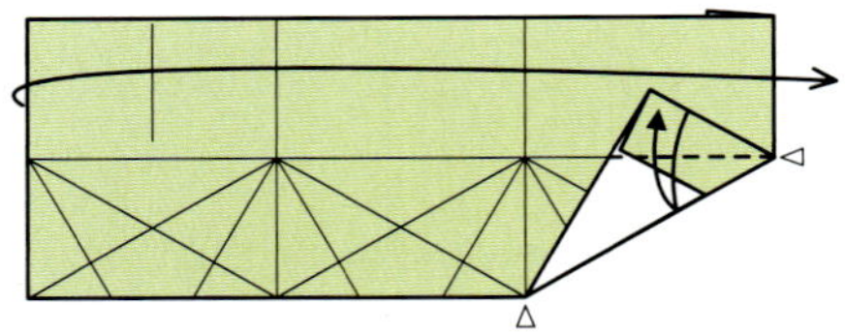

접기선을 만들고 펼친다.

18

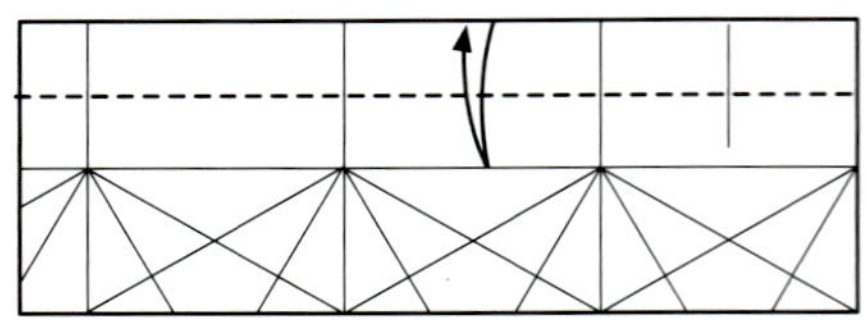

상자를 튼튼하게 하고 싶을 때

18 -1

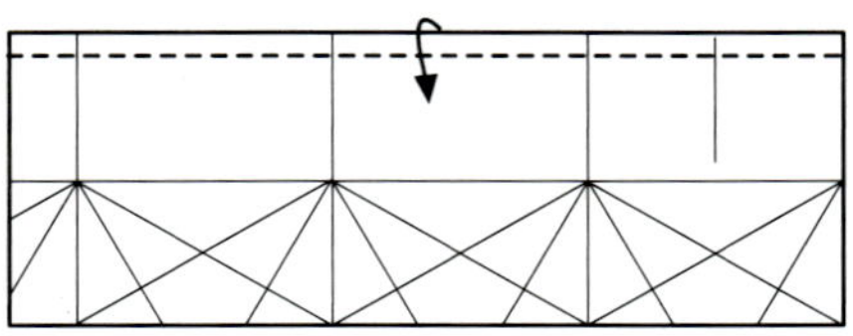

1cm 정도의 폭으로 접는다
(18–2번의 a가 상자의 깊이가 된다).

18 -2

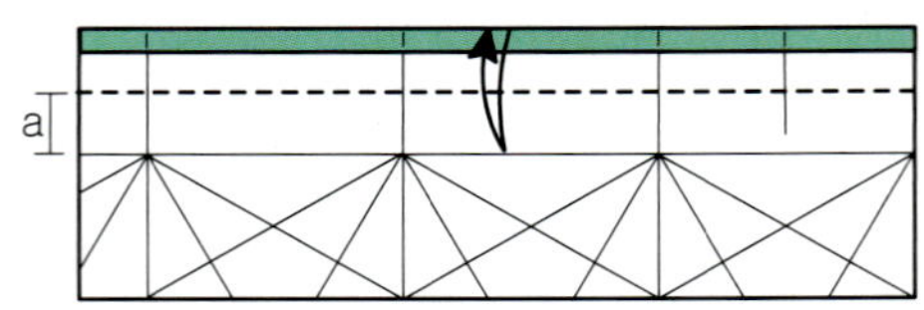

이하 19번으로 이어진다.

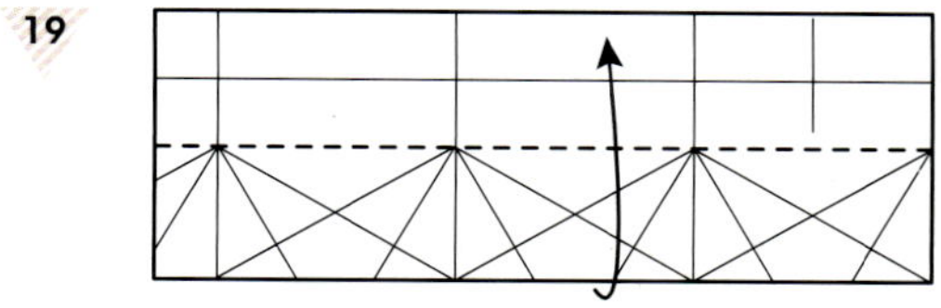

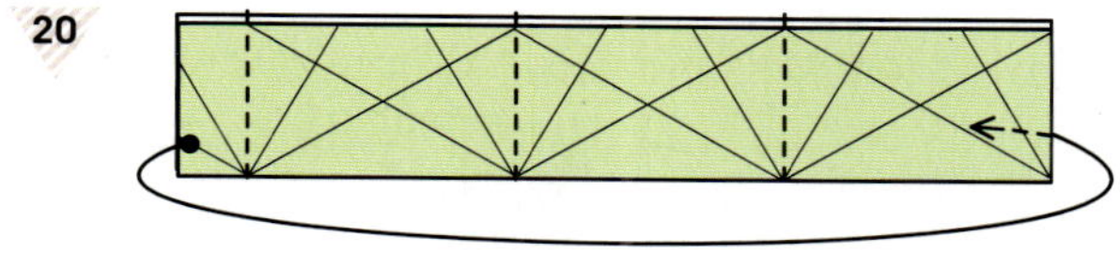

끝 부분을 끼워서 삼각 통으로 만든다
(여기에서 풀칠하는 곳에 풀칠하여 붙이면 나중에 작업하기 쉽다).

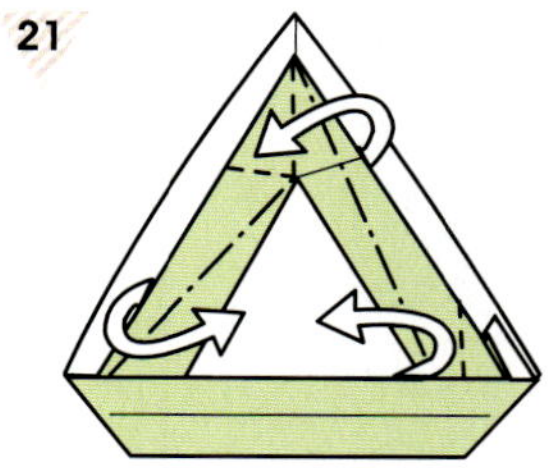

안쪽의 종이를 중앙으로 비틀어
가져와 덮고 평평하게 한다.

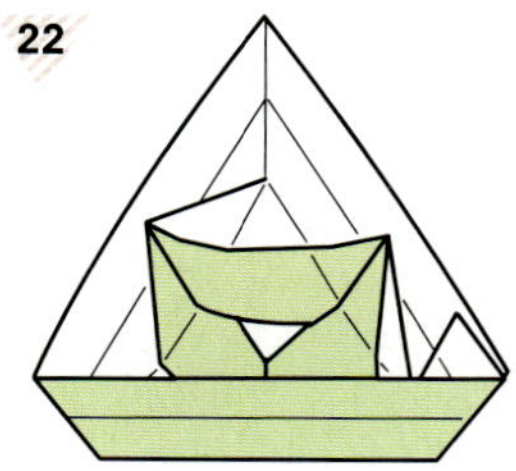

23 안쪽을 위에서 본 그림

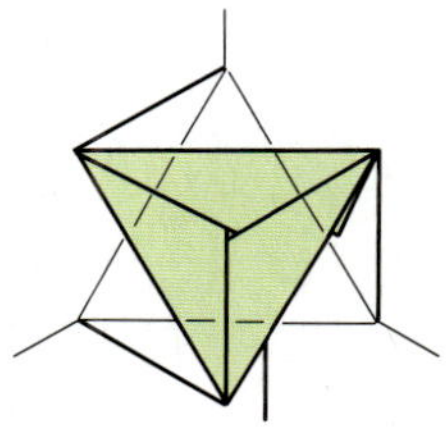

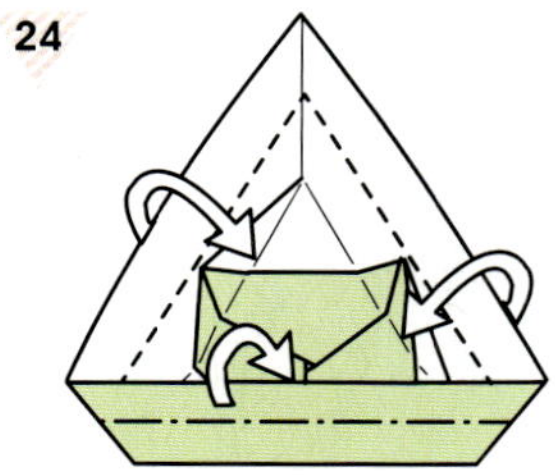

테두리를 안쪽으로
접어 넣는다.

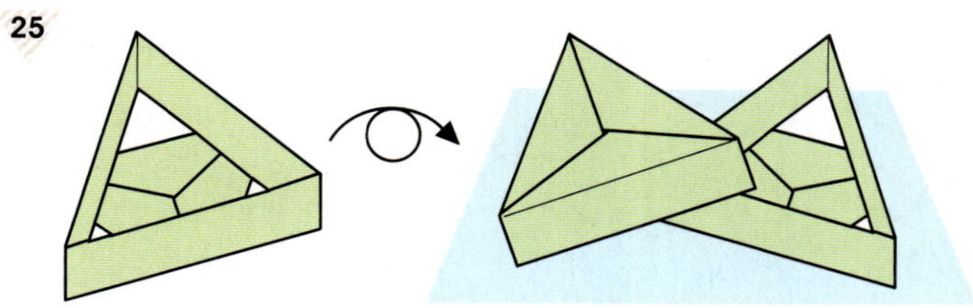

작품의 종이 크기
뚜껑 / (27.6+α)×10.5
본체 / (26.4+α)×12

삼각 상자 본체와 뚜껑의 길이

뚜껑과 본체는 오른쪽과 같이 풀칠하는 곳에서 차를 두어도 좋고, 종이의 크기를 바꿔도 상관없습니다. 포인트는 L과 H의 길이입니다. L과 H의 길이를 가감하며 보다 나은 길이를 찾아봅니다.

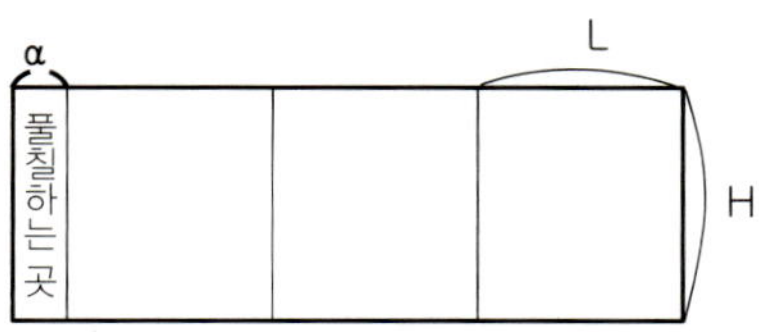

Point
L : 바닥 면적을 결정 - 길수록 커진다
H : 깊이를 결정 - 길수록 깊어진다

길이 예(단위 : cm)

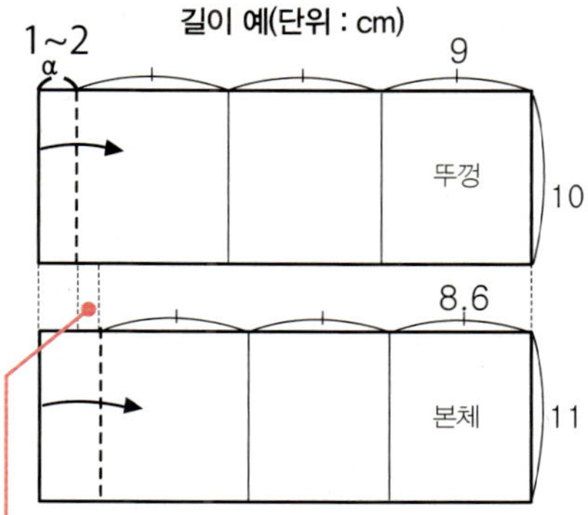

본체를 1.2~1.5cm 정도 작게 한다.
※ A4를 잘라서 접을 경우

테두리 삼각 상자 모음

삼각 상자에 퍼즐과 같이 채워지는
장난감 상자를 만들 수도 있습니다.

본체용 삼각 상자 (본체 2)

연습 : A4(210×297mm)를 잘라 사용

상자 크기 10.2×10.2×3.5cm
본체 종이 크기 (31.5+α)×17cm

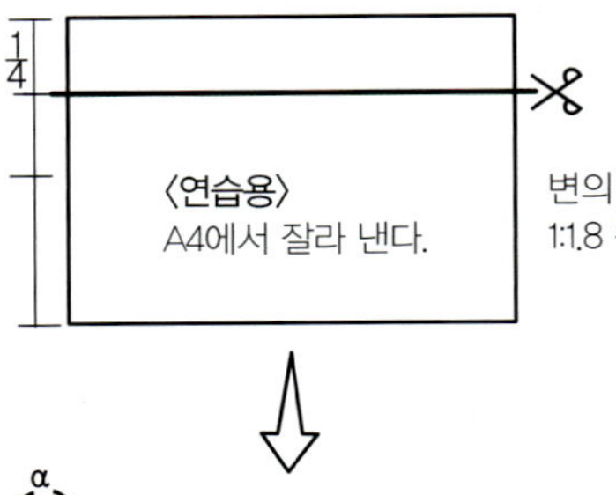

변의 비율
1:1.8 정도

1

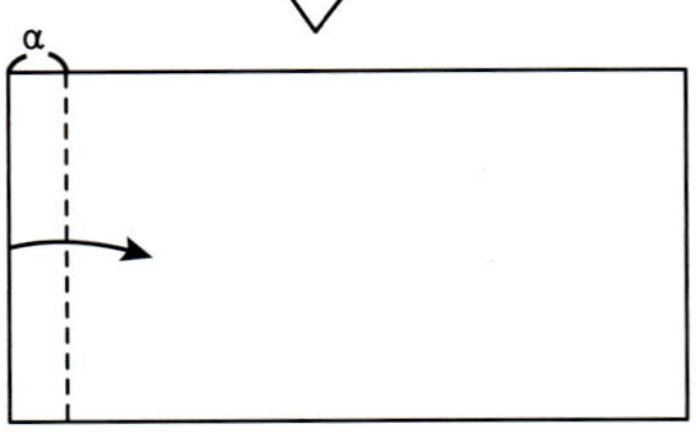

풀칠하는 곳(α)으로 2~3cm 정도
끝 부분을 접는다.

2

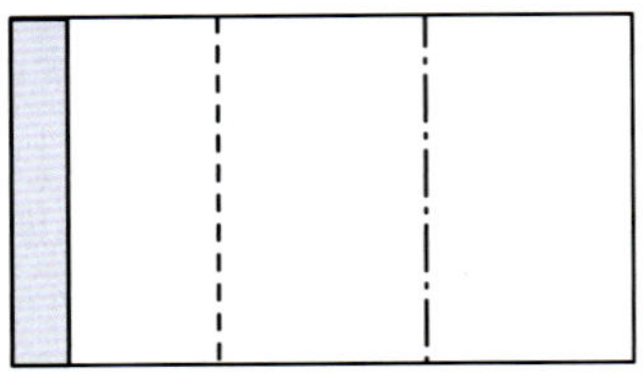

3등분한다.

3

그림과 같이
종이를 겹치
듯 접는다.

4

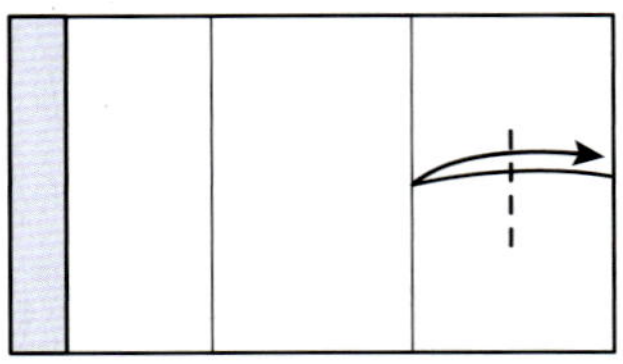

5

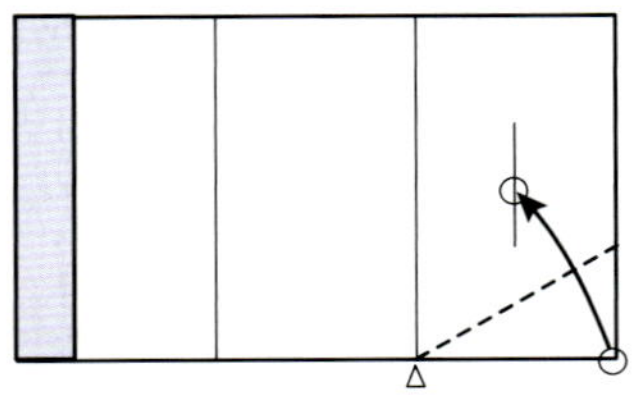

△ 표시를 축으로 ○ 표시를 맞춰 접는다.

6

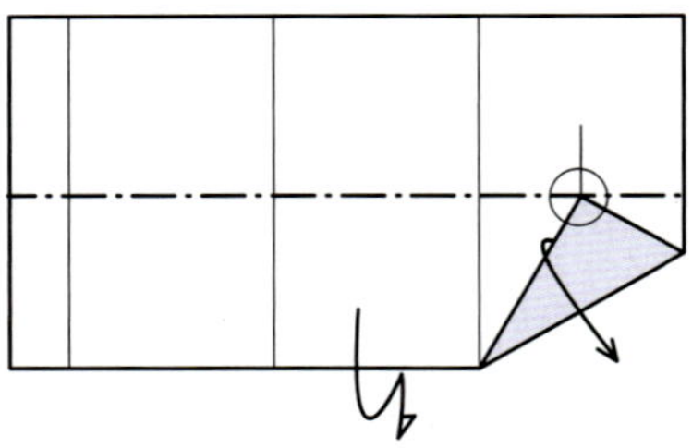

○ 표시에서 접고 펼친다.

7

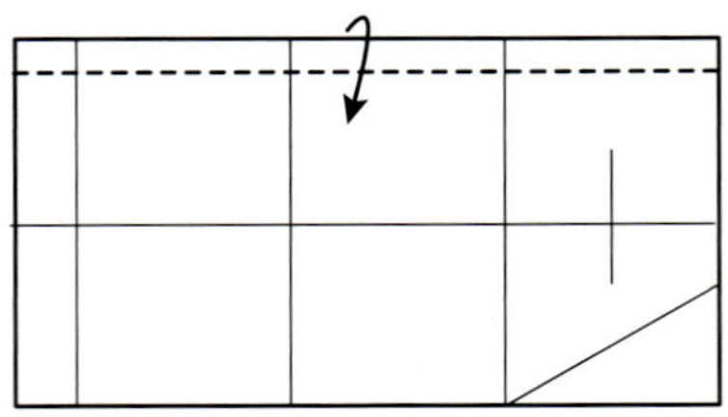

윗부분을 1cm 정도의 폭으로 접는다.

8

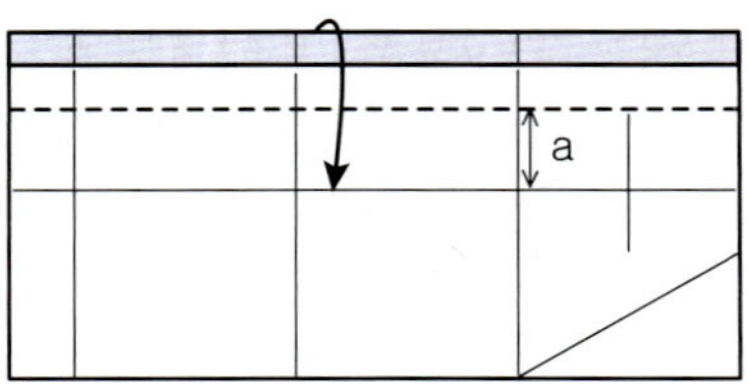

a가 깊이가 된다.

9

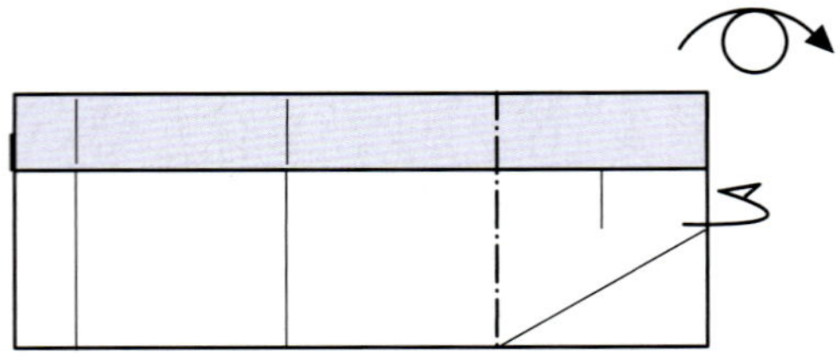

10

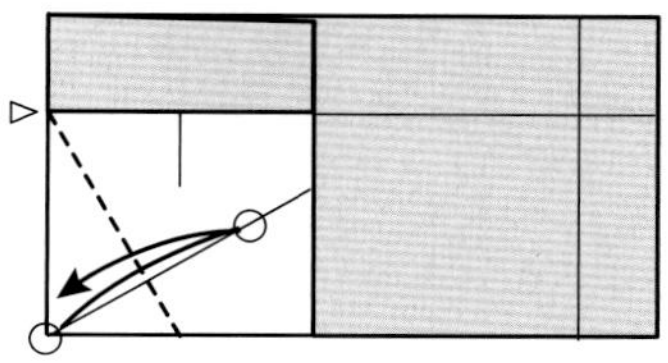

△ 표시를 축으로 ○ 표시를 맞춰 접는다.

11

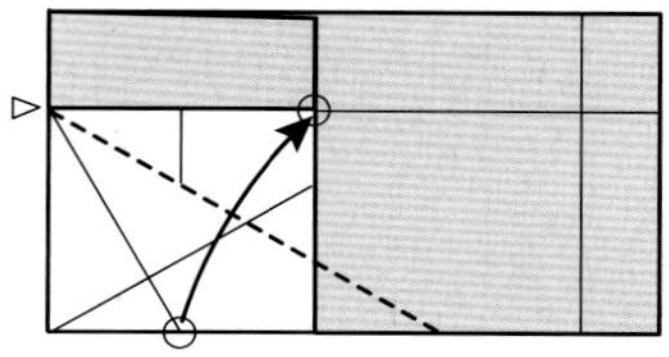

○ 표시를 맞춰 접는다.

12

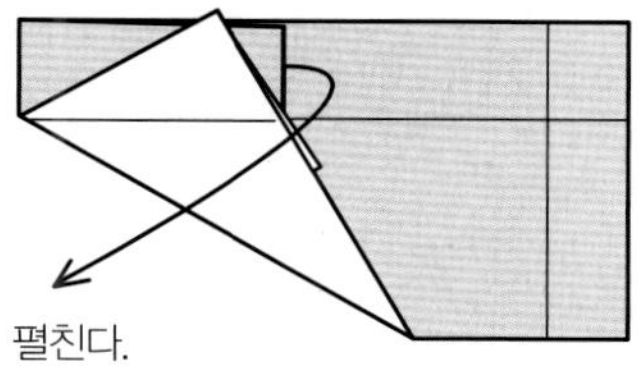

펼친다.

13

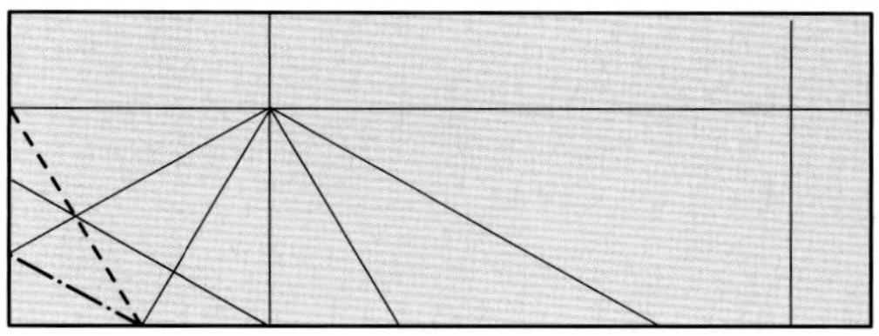

그림과 같은 접기선을 만든다.

14

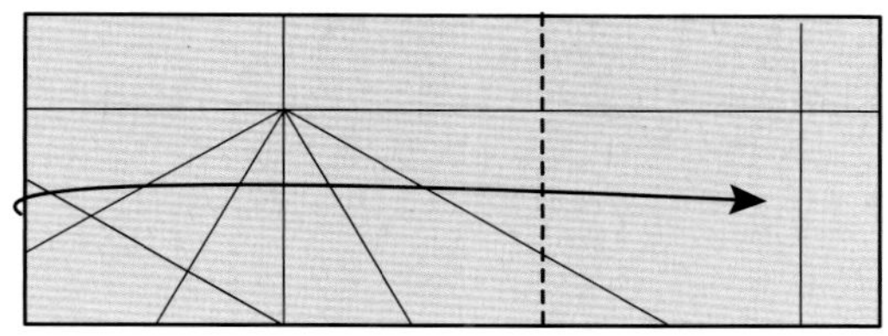

15

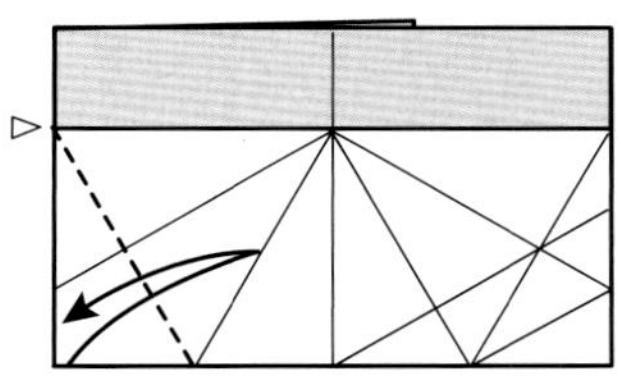

16

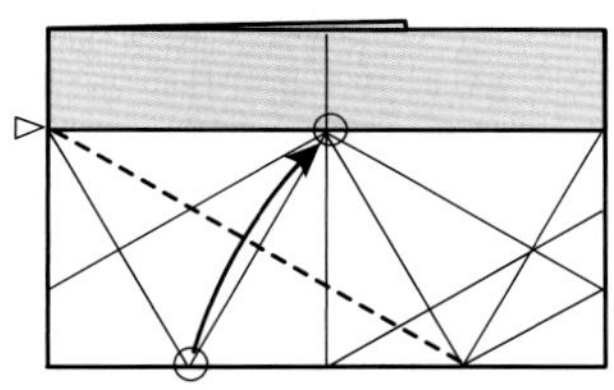

○ 표시를 맞춰 접는다.

17

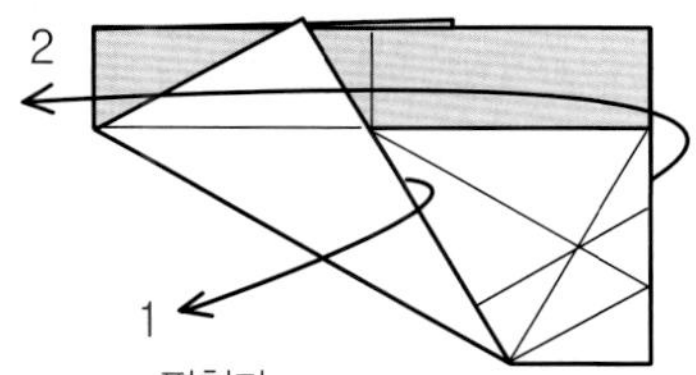

펼친다.

18

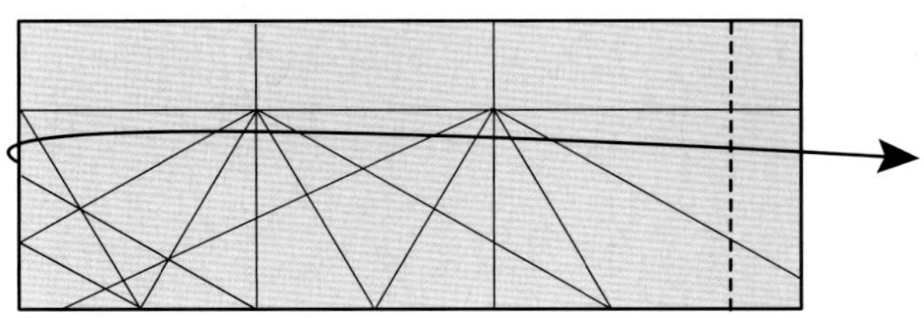

19

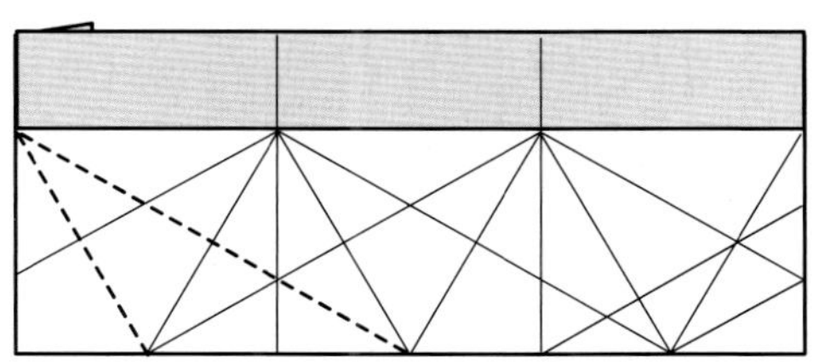

15, 16번과 같은 방법으로 접고 펼친다.

20

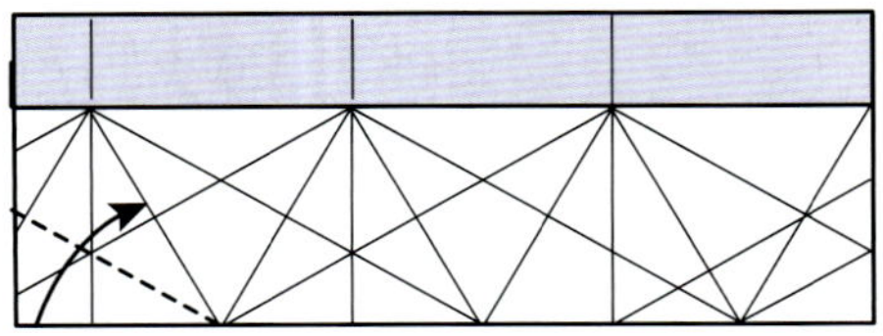

21

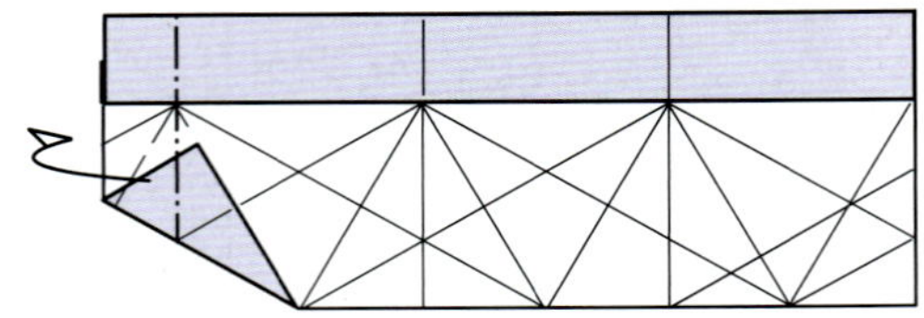

22

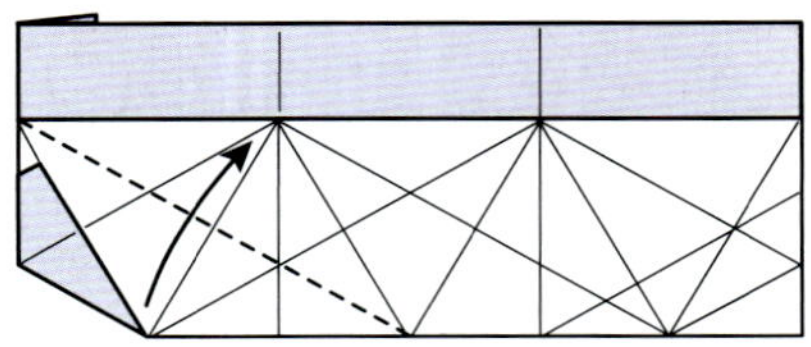

23

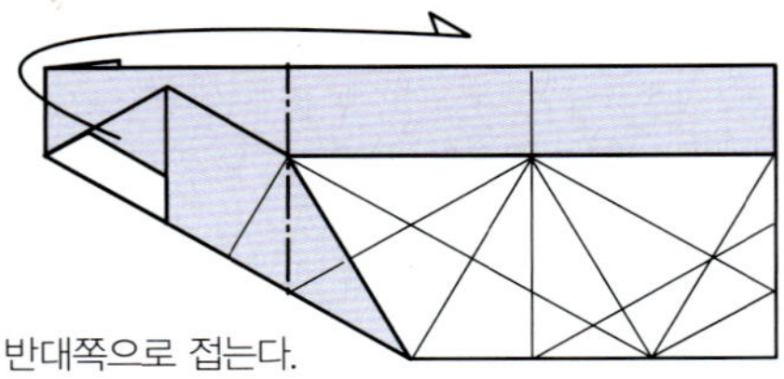

반대쪽으로 접는다.

24

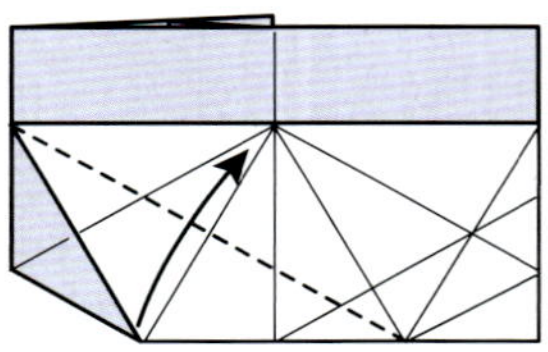

25

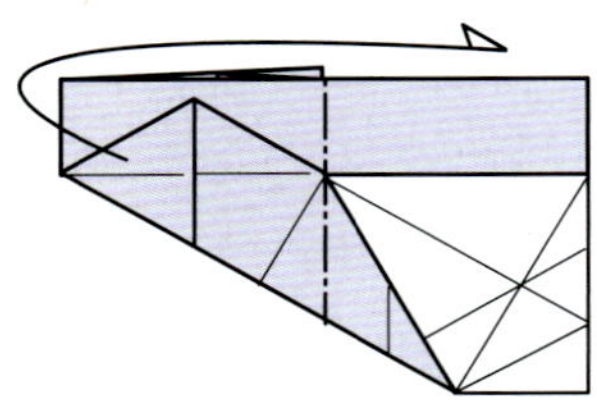

26

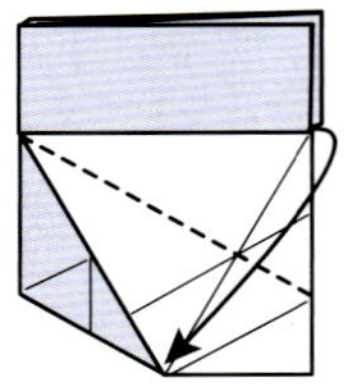

27

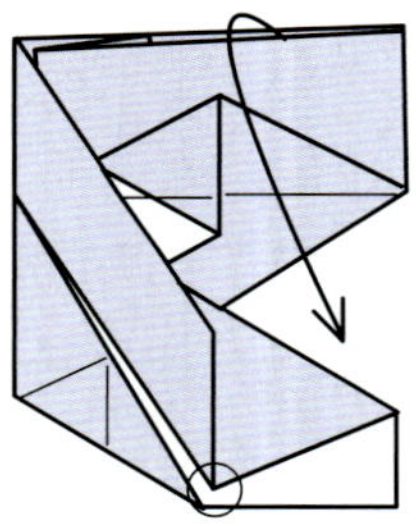

펼치고 모서리를 ○ 표시에 맞춰
바닥을 삼각으로 만든다.

28

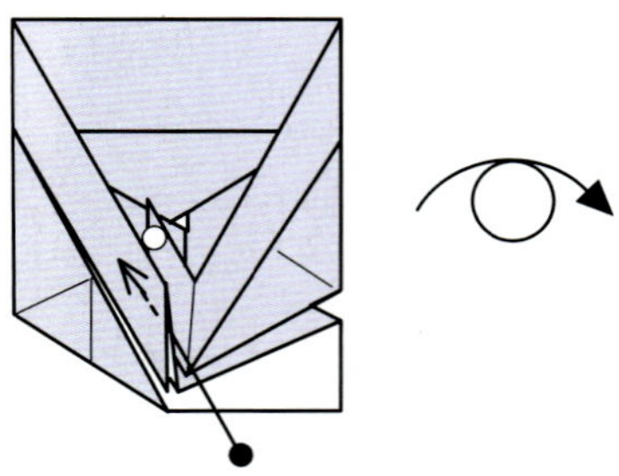

○ 표시의 끝을 ● 표시에 끼워 넣는다.
29번과 같이 바닥을 아래에서 보면서
끼우면 좋다.

29 바닥을 아래에서 본 그림

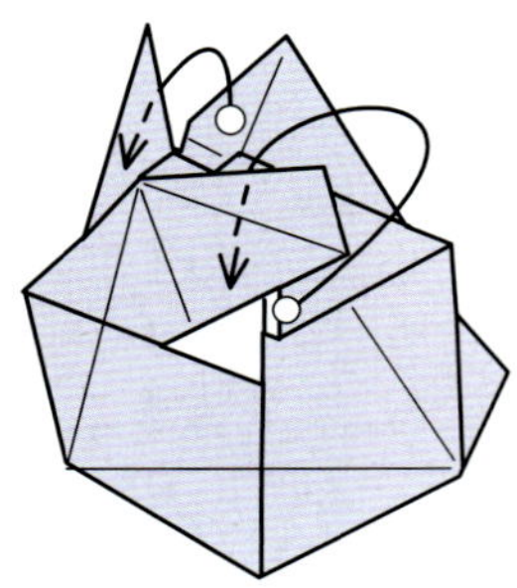

30

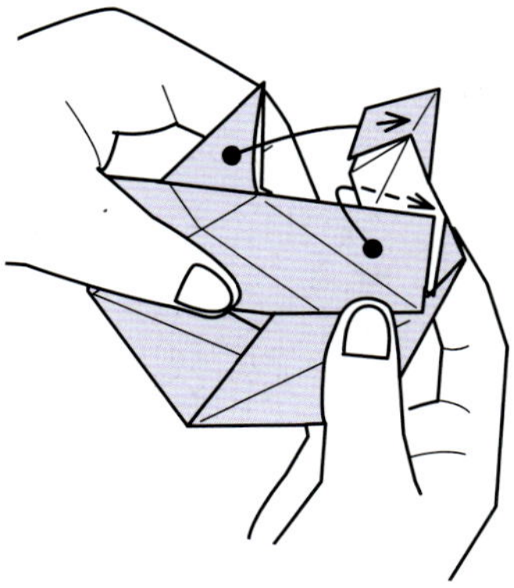

31

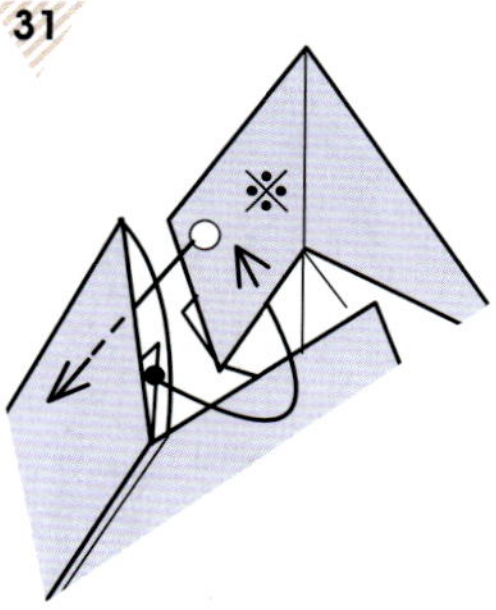

풀칠하지 않아도 튼튼하게 끼워지지만, 불안할 경우에는 ※ 표시 부분에 풀칠한다.

32

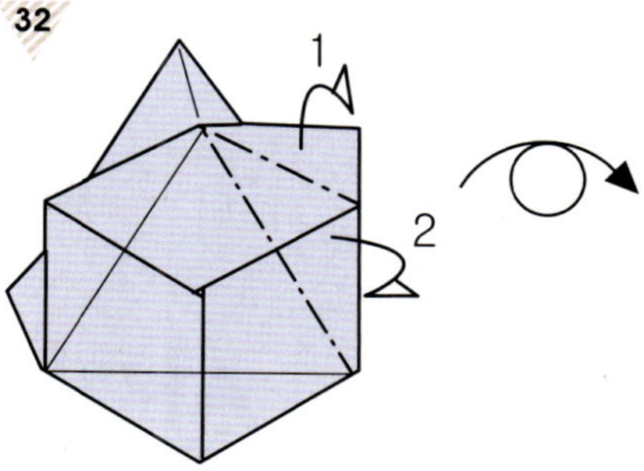

1을 접고 2를 측면 사이에 끼워 넣는다.

33

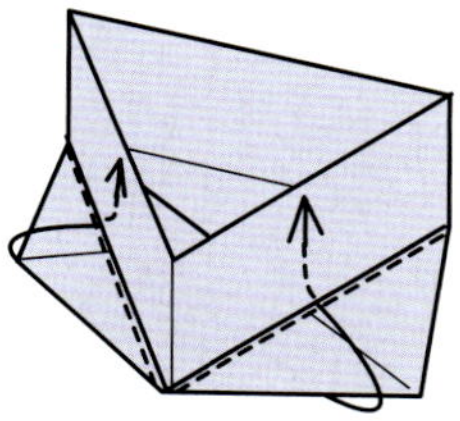

나머지 두 군데를 사이에 끼워 넣는다.
(깊이가 얕은 상자일 경우 끝 부분을 접어 끼워 넣는다.)

34

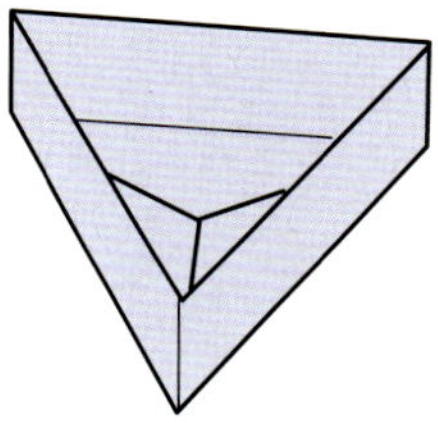

35

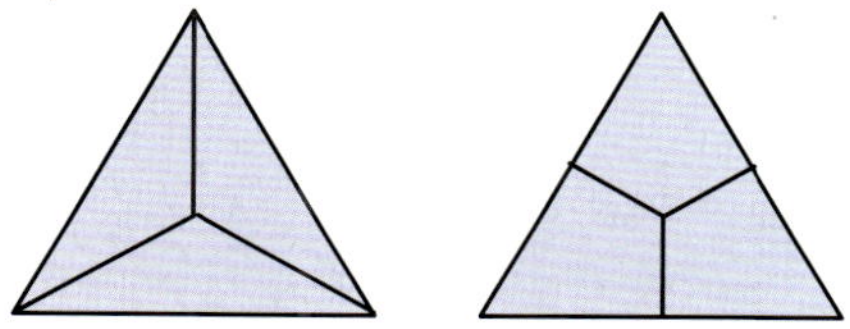

바닥의 안쪽 **바닥의 바깥쪽**

삼각 상자 뚜껑 기본 1

연습 : A4(210×297mm)를 잘라 사용

다양한 장식으로 접을 수 있는 기본 모양입니다.

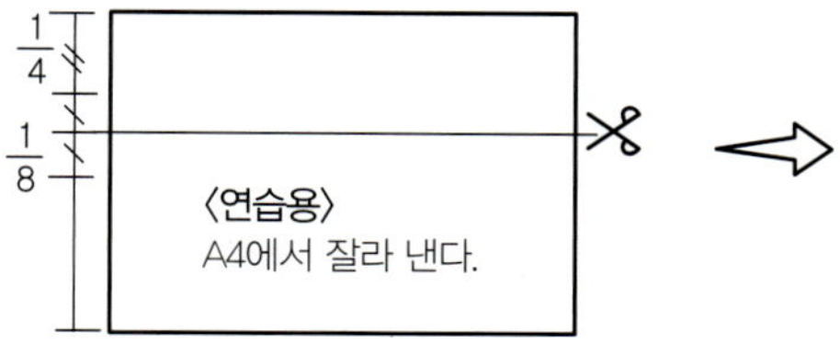

변의 비율 1:2.3 정도

1

풀칠하는 곳(α)으로 2cm 정도
끝 부분을 접는다.

2

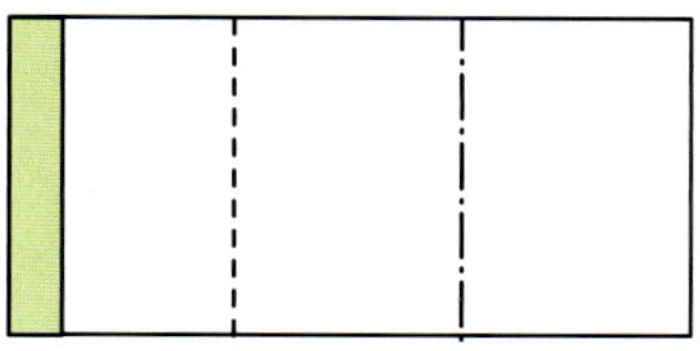

3등분한다.

3

그림과 같이 종이를
겹치듯 접는다.

4

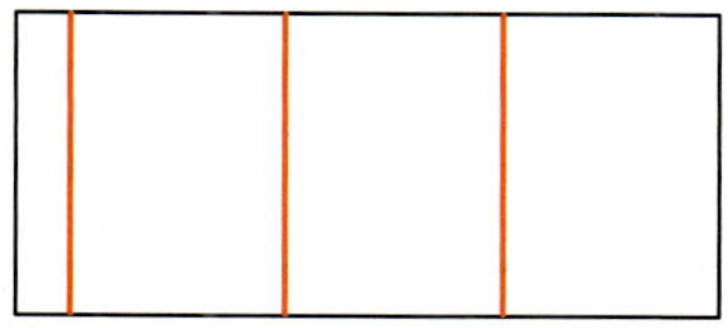

빨간 선은 산선과 계곡선을 둘 다 만든다.

5

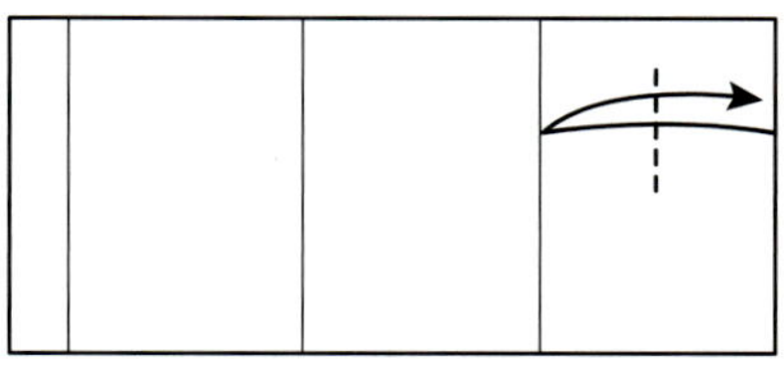

6

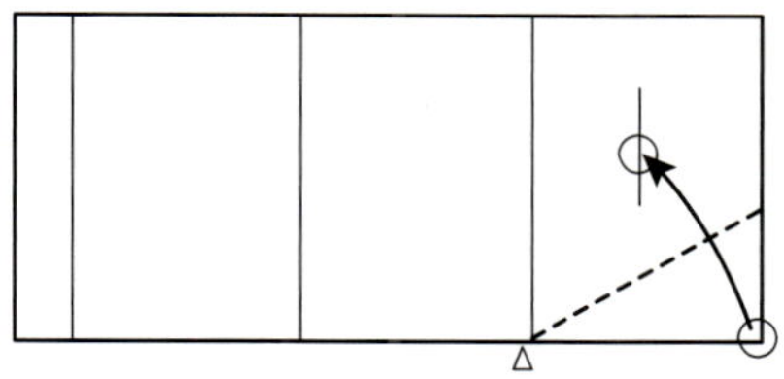

△ 표시를 축으로 ○ 표시를 맞춰 접는다.

7

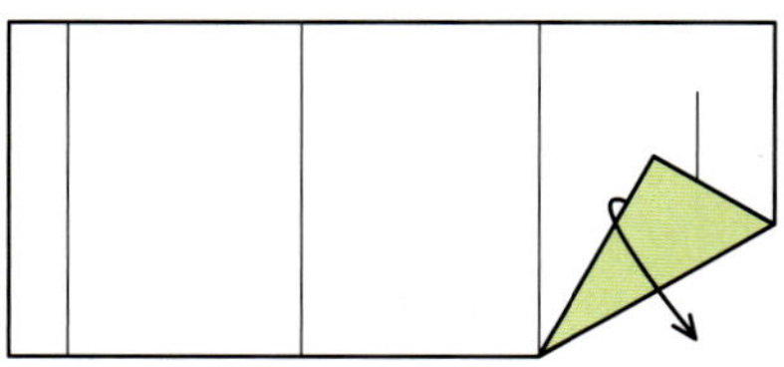

8

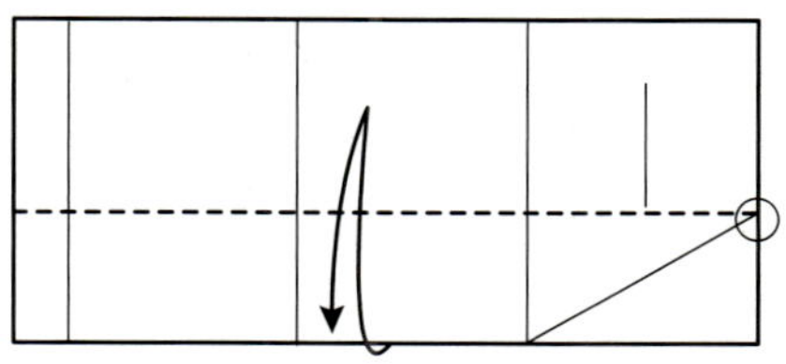

○ 표시에서 접는다.

9

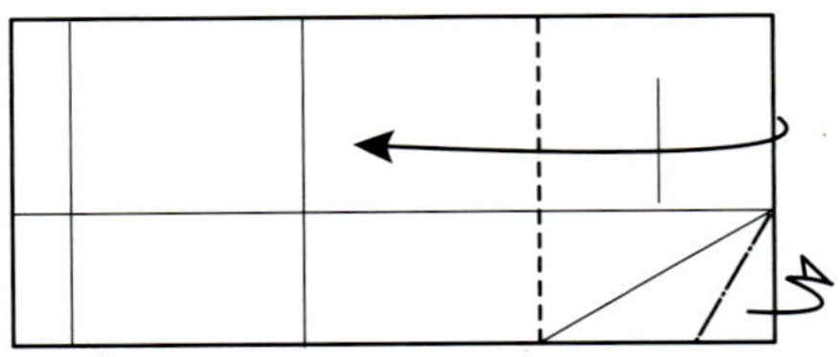

10

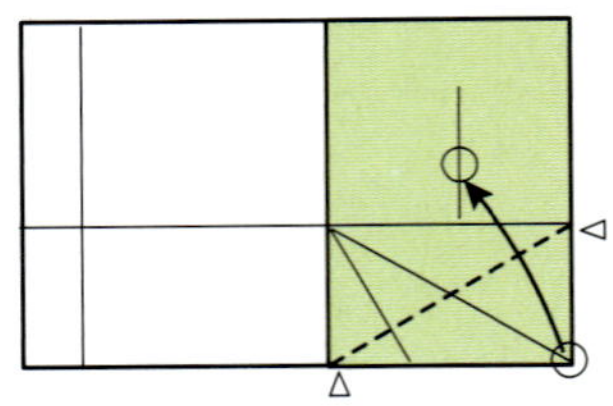

△ 표시를 이어 접는다.

11

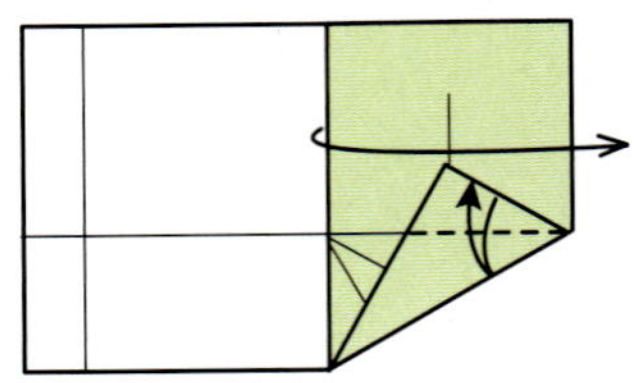

접기선을 만들고 펼친다.

12

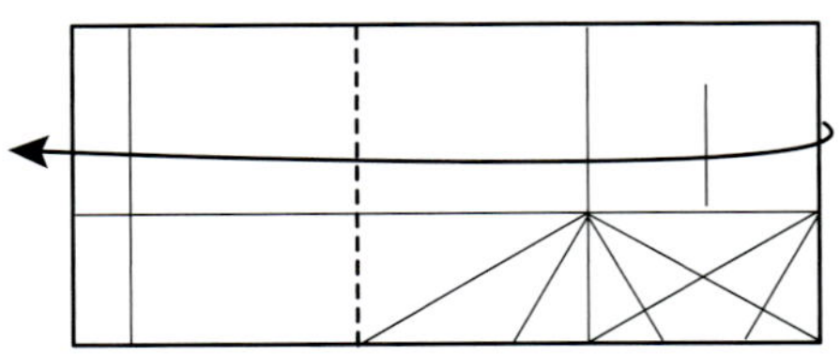

13

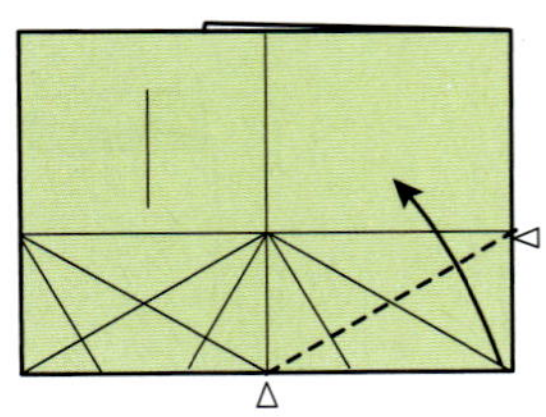

△ 표시를 이어 접는다.

14

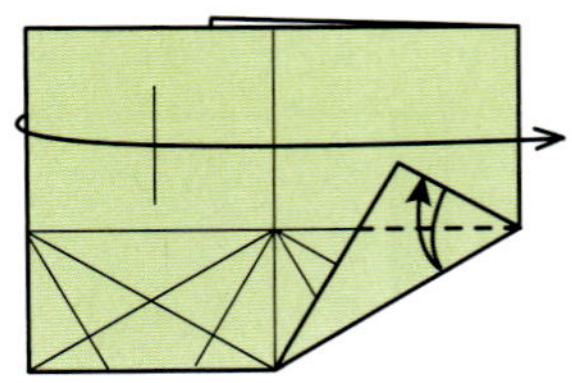

접기선을 만들고 펼친다.

15

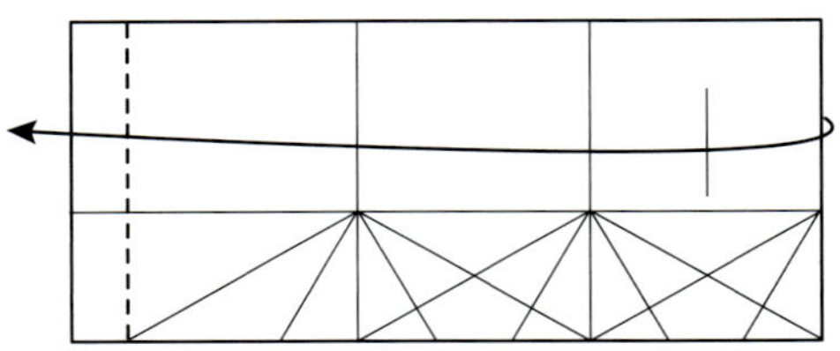

16

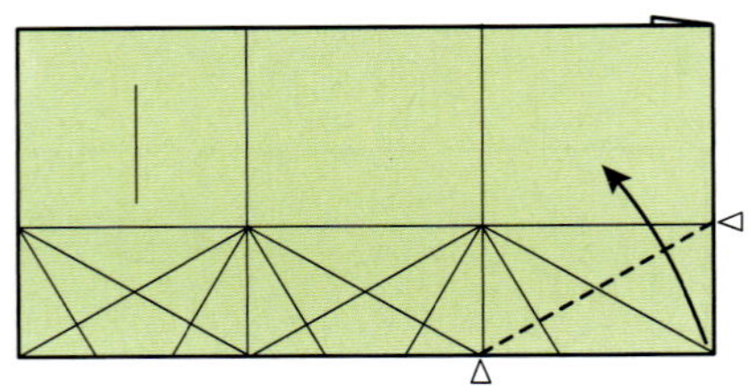

△ 표시를 이어 접는다.

17

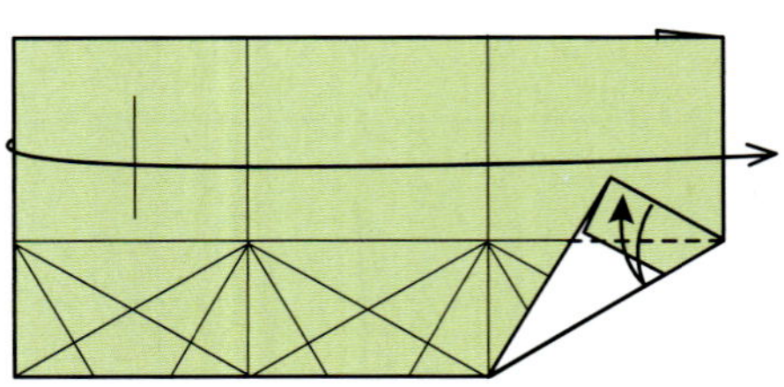

접기선을 만들고 펼친다.

18

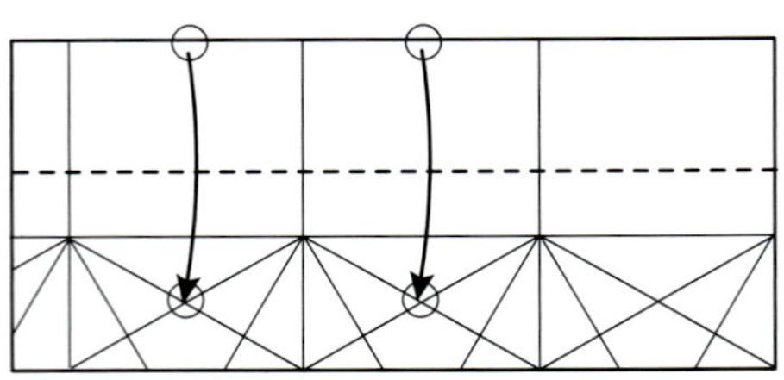

19

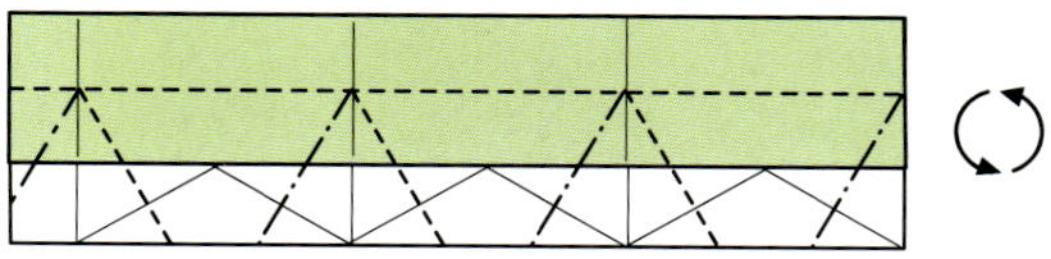

윗장과 아랫장에 함께 산선과 계곡선을 만든다.

20

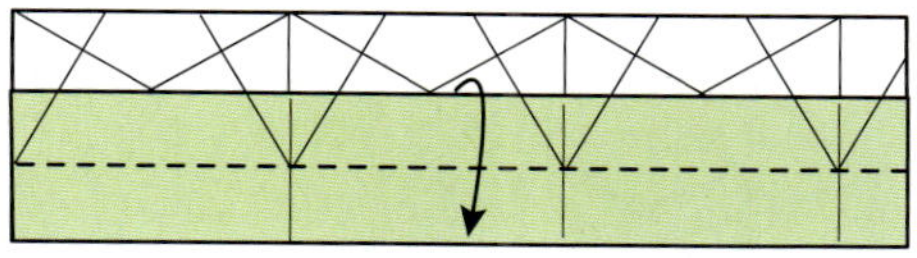

위의 1장을 접어 내린다.

21

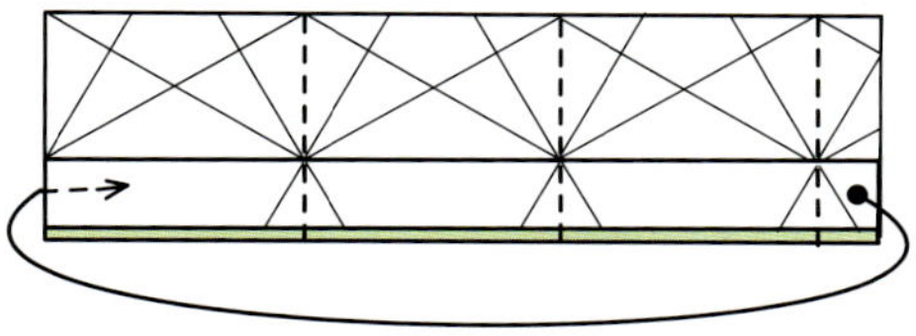

끝 부분을 끼워 넣어 삼각 통 모양을 만든다.

22 **바깥쪽에서 본 그림**

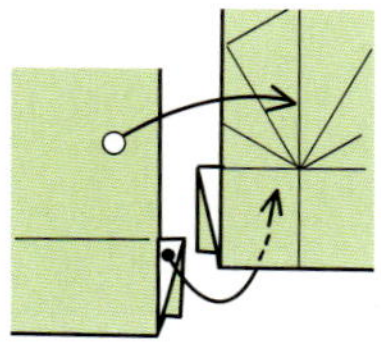

23

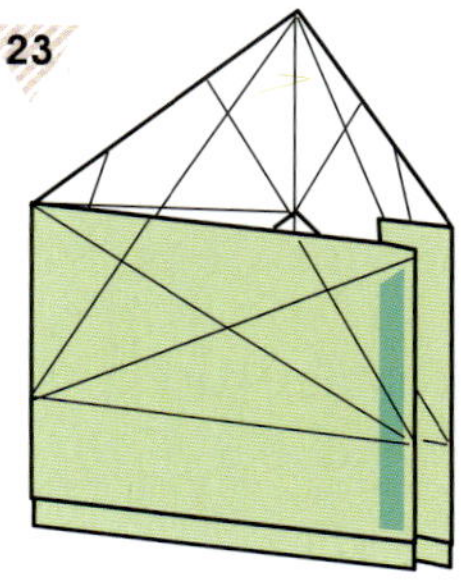

색이 짙은 부분(위의 접기선에 걸리지 않도록 주의)의 안쪽에 풀칠한다.
깊이가 깊은 상자는 가장자리의 안쪽에도 풀칠한다.

24

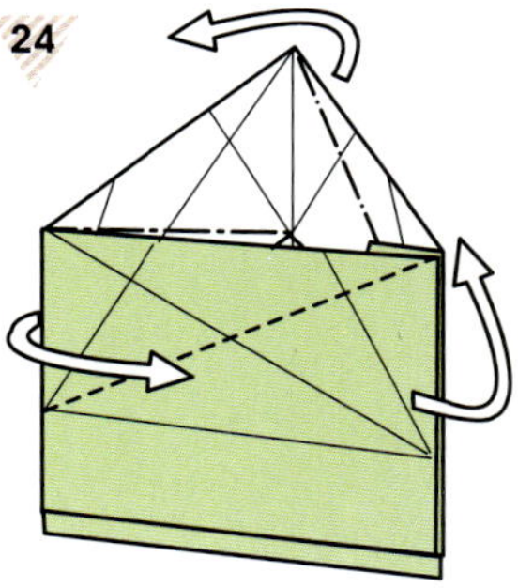

윗부분을 비틀어 평평하게 한다.

25

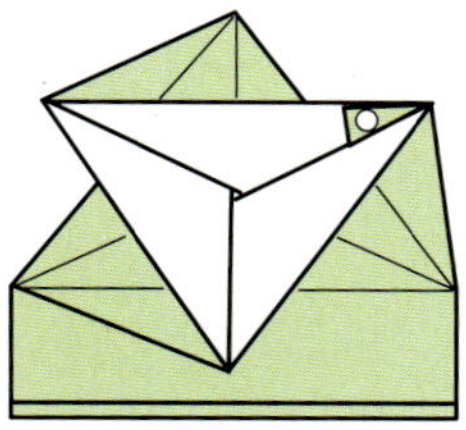

○ 표시는 접지 않아도 된다.

26

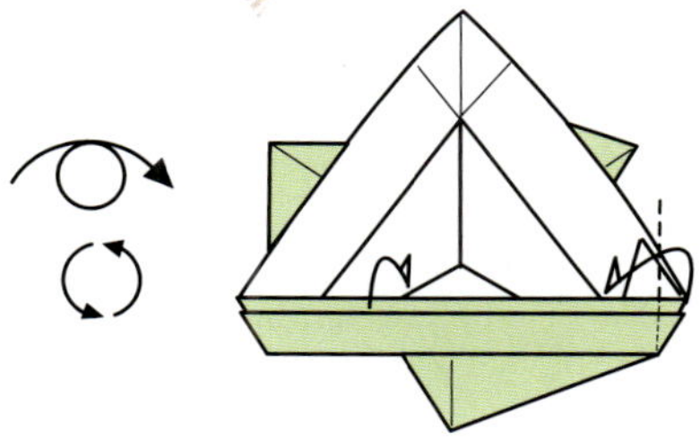

풀칠하는 부분부터 안쪽으로 접어 간다.

27

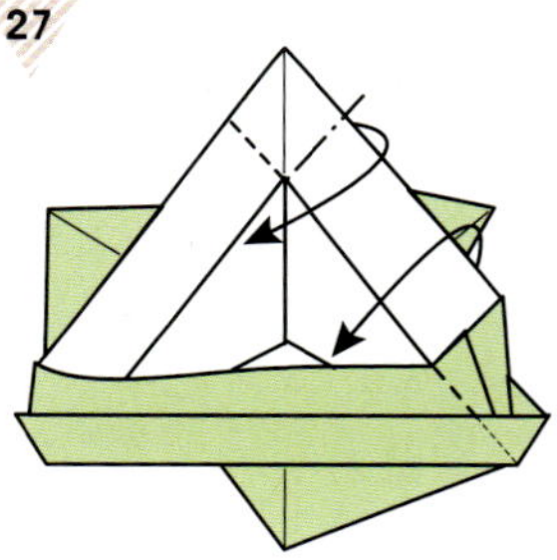

28

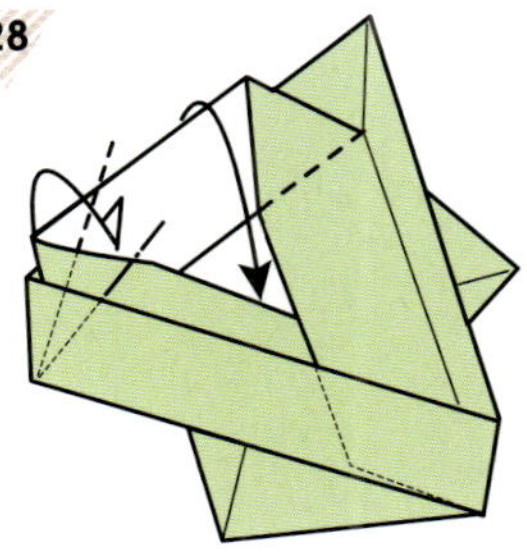

29

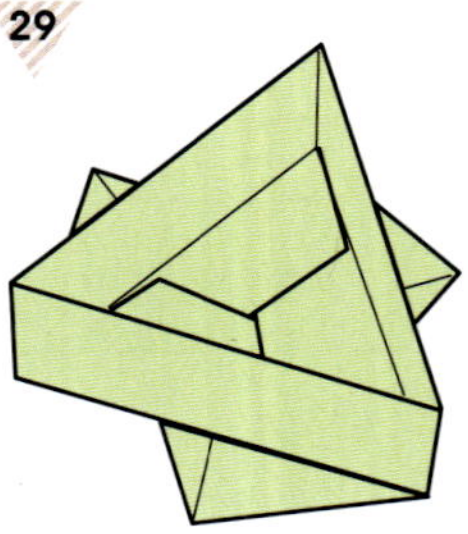

세 번째 모서리는
안쪽으로 접어 넣는다.

30

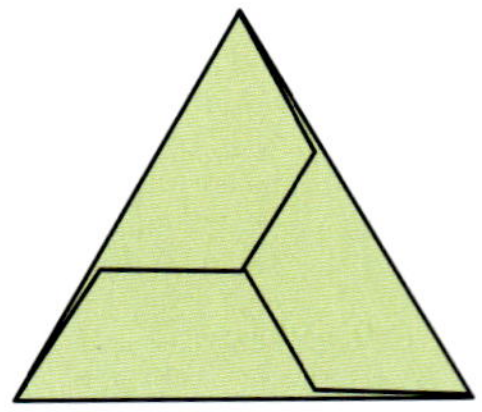

뚜껑의 안쪽

31 **[뚜껑 기본 1]**

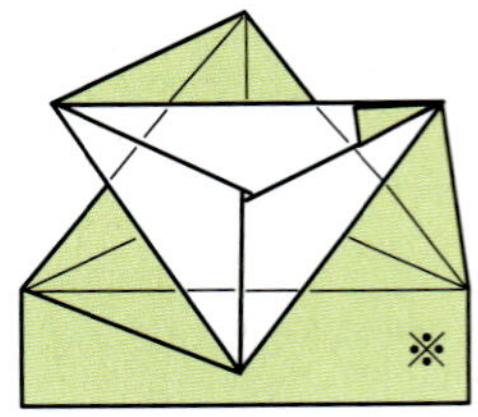

※ 표시는 겹쳐 있는 부분이다.

길이 예(단위 : cm)

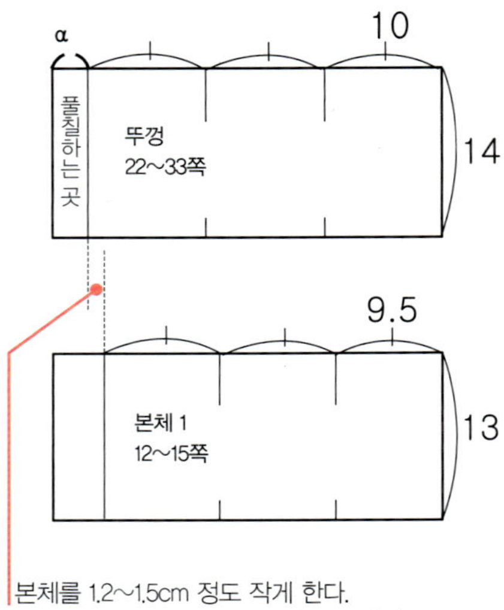

본체를 1.2~1.5cm 정도 작게 한다.
※ 본체 1의 경우 세로의 길이는 뚜껑과
같거나 1cm 정도 짧게 한다.

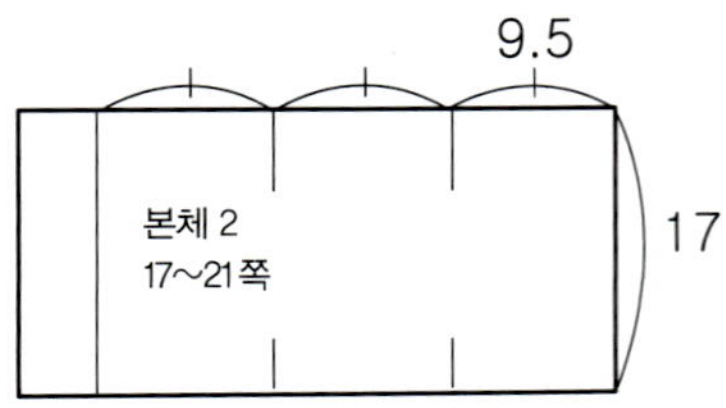

※ 본체 2의 경우 세로의 길이는 뚜껑
보다 2~3cm 정도 길게 한다.

삼각 상자 뚜껑 **바람개비, 소용돌이**

★★★ **뚜껑 기본부터(26쪽 31번)**

31

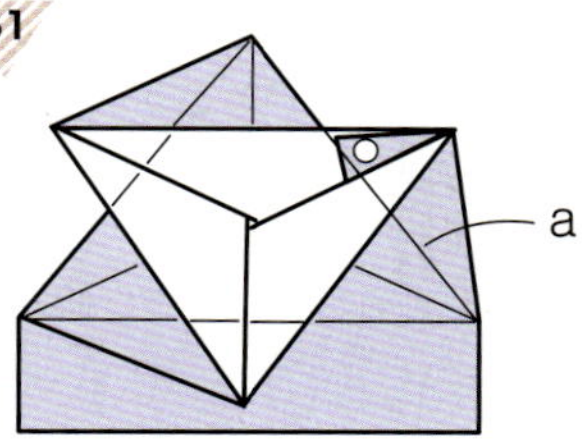

풀칠할 ○ 표시가 a의 선에 걸릴 때는
접어서 안으로 넣는다.
걸리지 않을 때는 그대로 진행한다.

[바람개비]

32

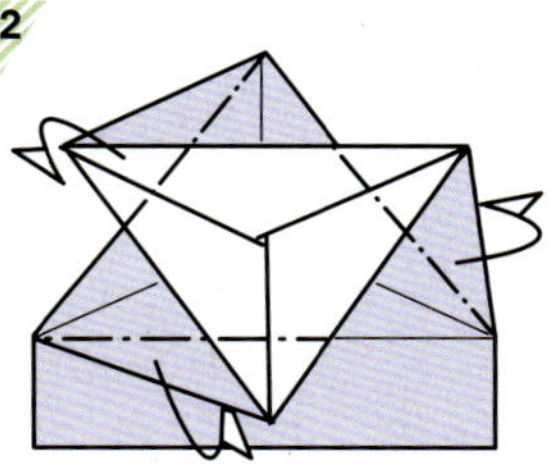

안으로 끼워 넣어 고정시킨다.

33

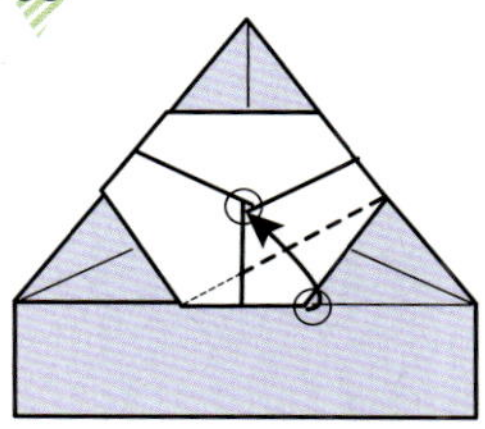

모서리를 중심으로 맞춰 접는다.

34

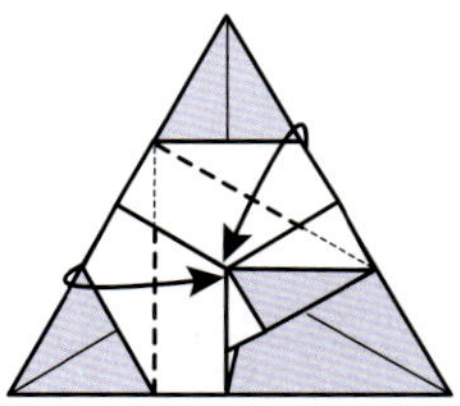

위에서 본 그림

35

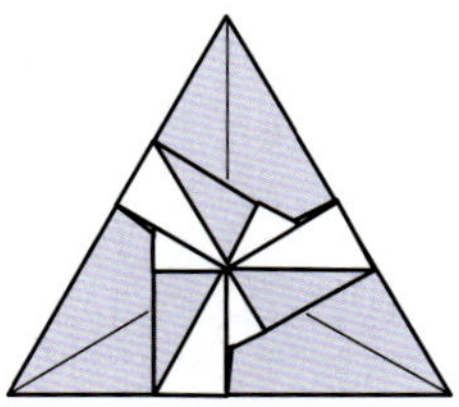

36

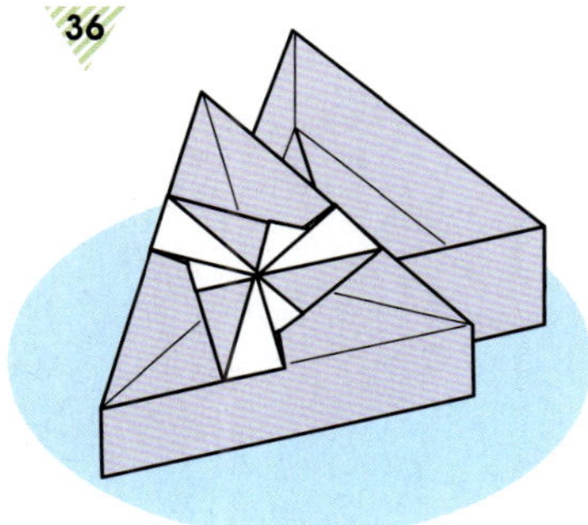

종이 크기 예
뚜껑 / (29.1+α)×14
본체 2 / (27.6+α)×17

[소용돌이]

★★★ 바람개비 31번부터

32 위에서 본 그림

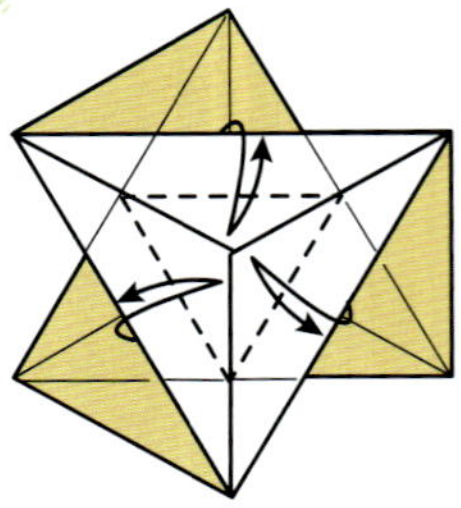

33

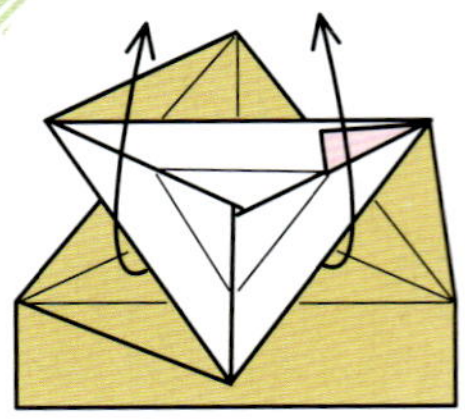

위로 끌어올린다.

34

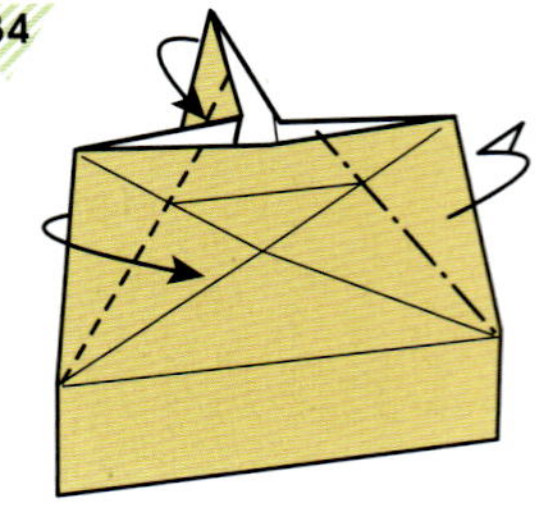

35

비튼다.

36 위에서 본 그림

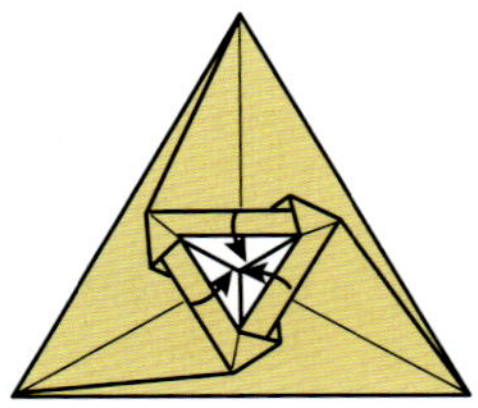

중앙을 평평하게 한다.

37

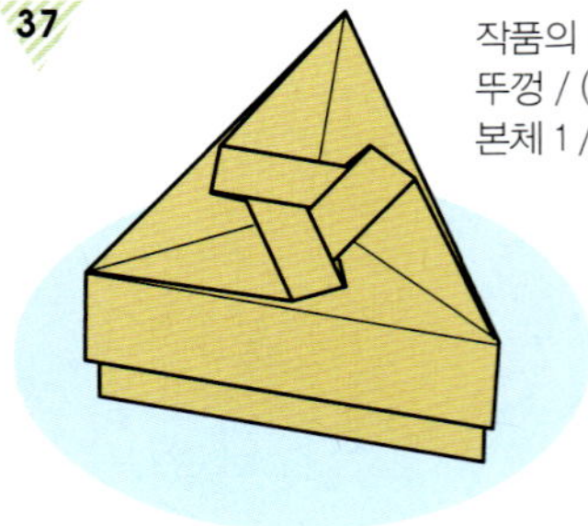

작품의 종이 크기
뚜껑 / (31.5+α)×14.5
본체 1 / (30+α)×17

★★★ **24쪽 18번부터**

18

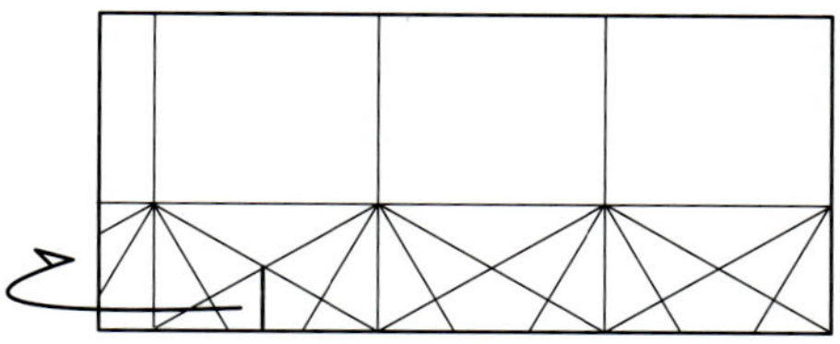

19

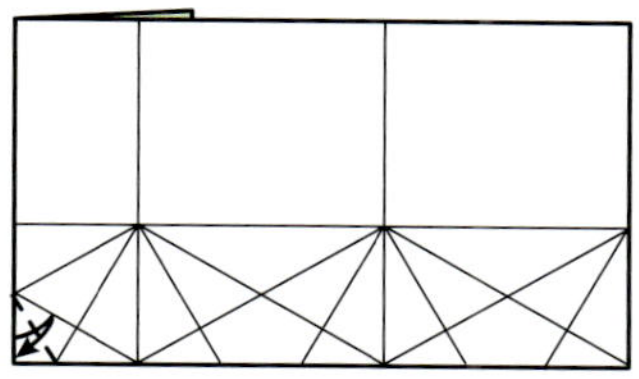

접기선을 만들고 펼친다.

20

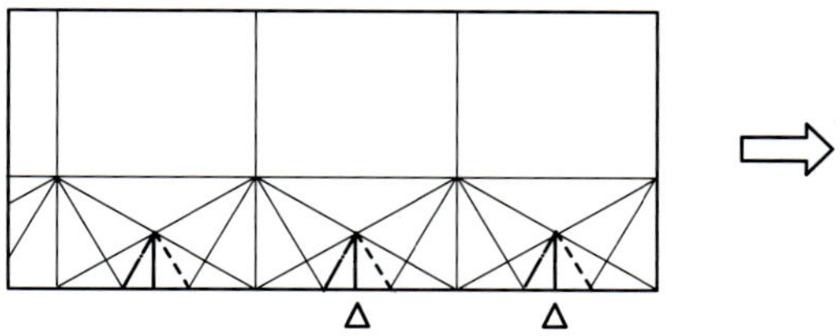

△ 표시의 나머지 두 군데도 같은 방법으로 접고
26쪽의 31번 뚜껑 기본까지 접는다.

21

위를 펼친다.

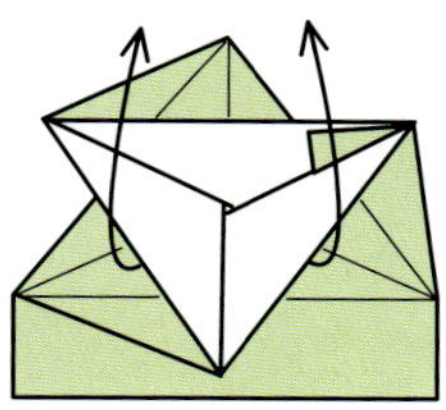

22

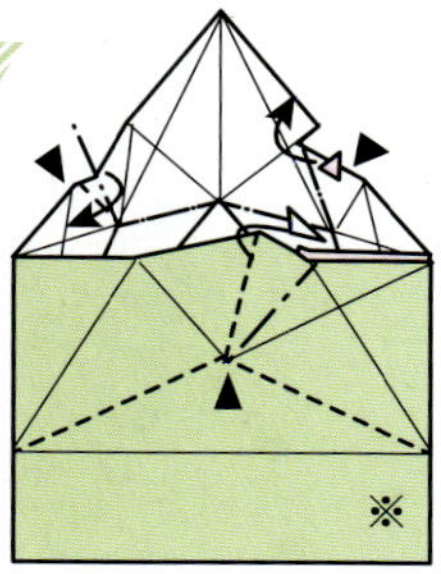

▲ 표시를 밀어 넣고, 주름을
오른쪽 안으로 접어 넣는다.

23

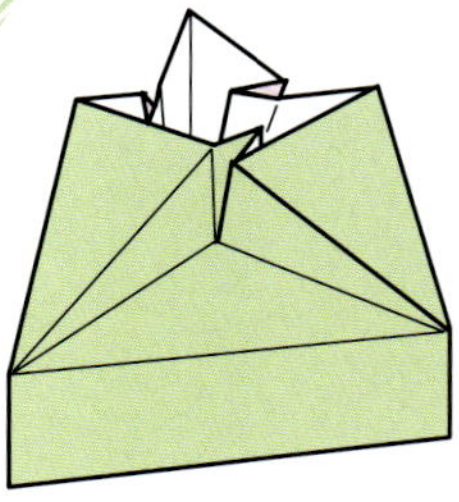

순서대로 접어 넣어 중앙에
서 맞춘다. 풀어질 것 같으
면 풀칠을 한다.

24

위에서 보면 주름이
이러한 상태로 되어 있다.

25

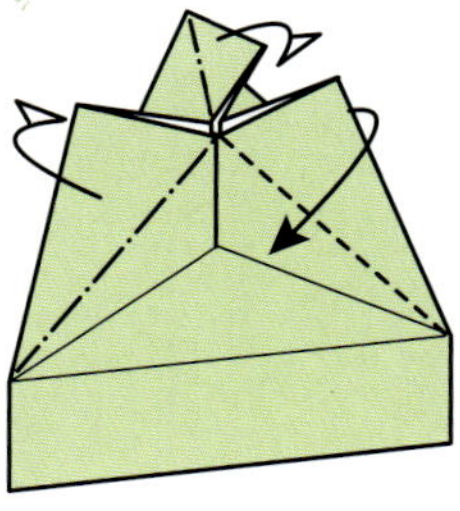

26

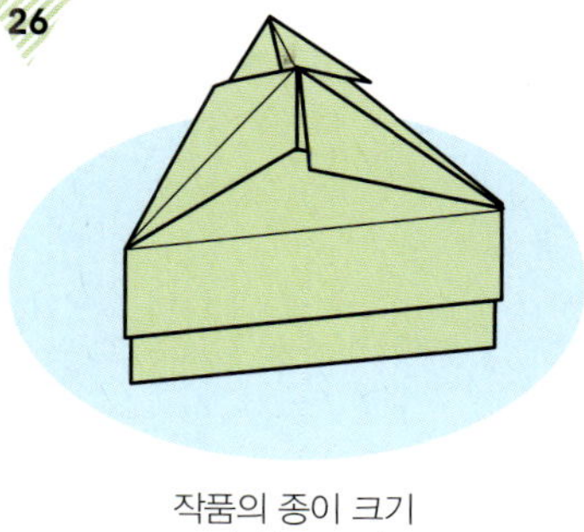

작품의 종이 크기
뚜껑 / (31.5+α)×14
본체 2 / (30+α)×17

상자 크기 10.5×10.5×9cm

삼각 상자 뚜껑 **마름**

★★★ 뚜껑 기본 1부터(26쪽 31번)

31

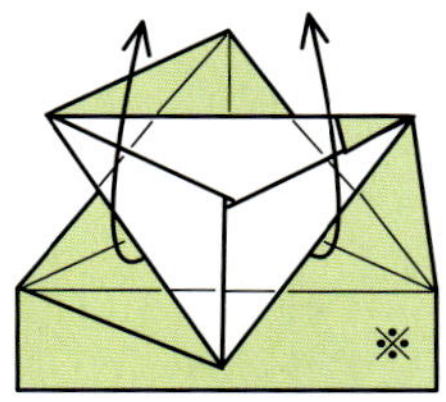

윗부분을 펼친다.

32

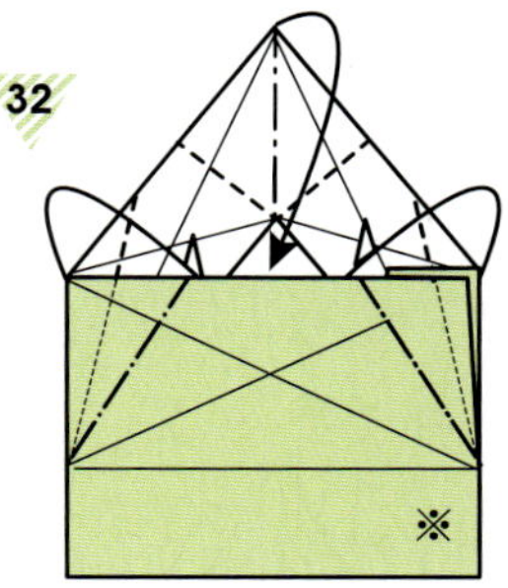

모서리를 안으로
접어 넣는다.

33

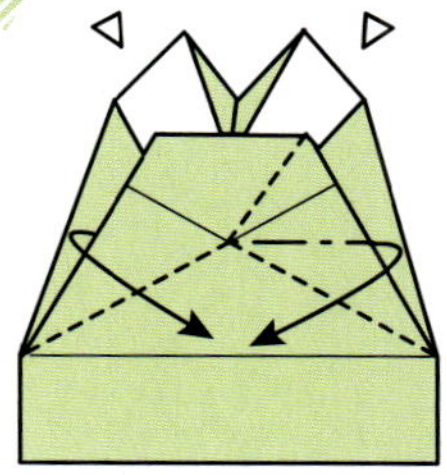

△ 표시의 나머지 두 군데도
같은 방법으로 접는다.

34

위에서 본 그림

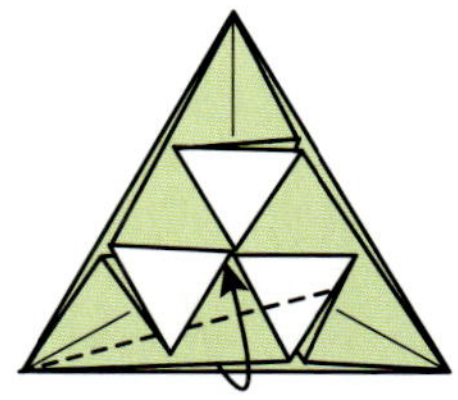

35

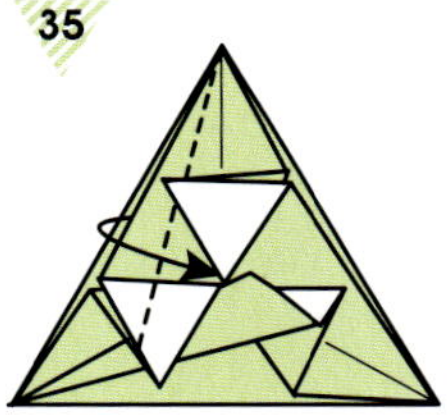

36

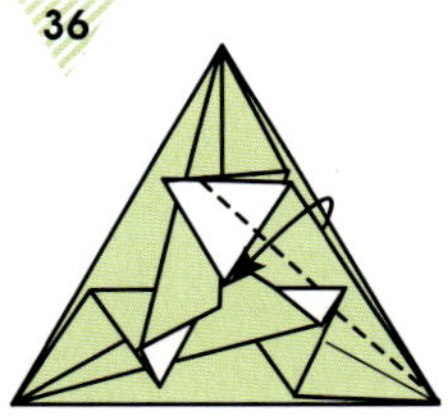

37

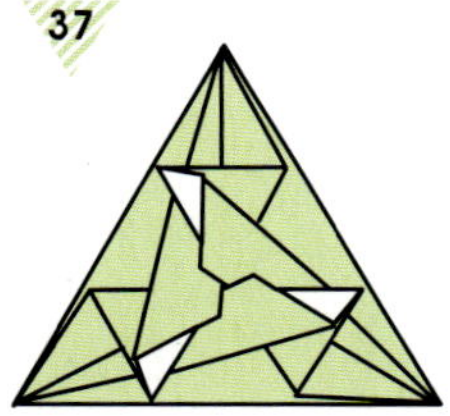

38

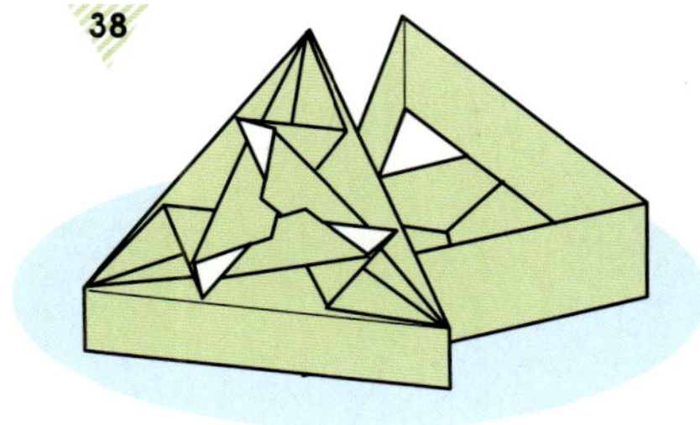

종이의 크기 예
뚜껑 / (31.2+α)×15
본체 1 / (30+α)×15

삼각 상자 뚜껑 **벗풀**

★★★ 마름 32번부터

33

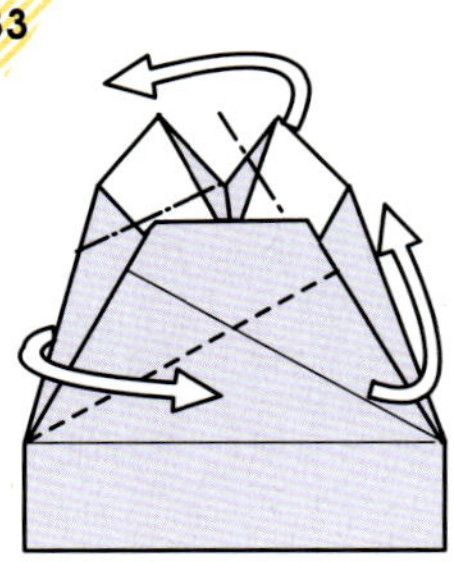

윗부분을 비틀어서
평평하게 한다.

위에서 본 그림

34

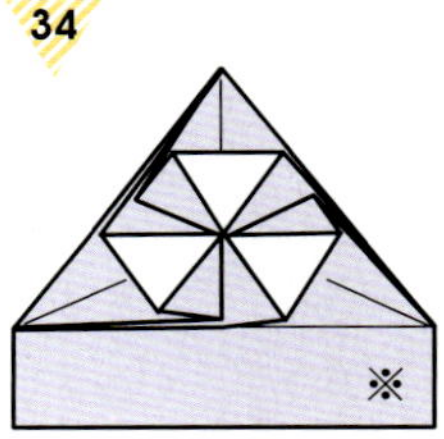

35

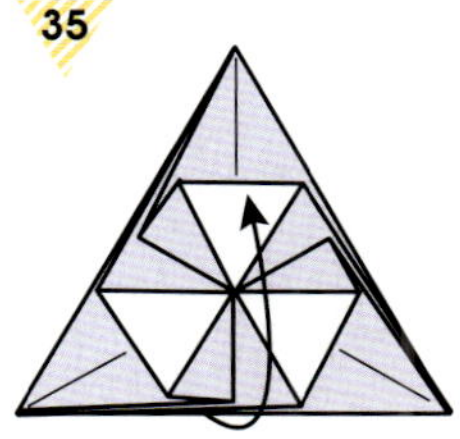

36

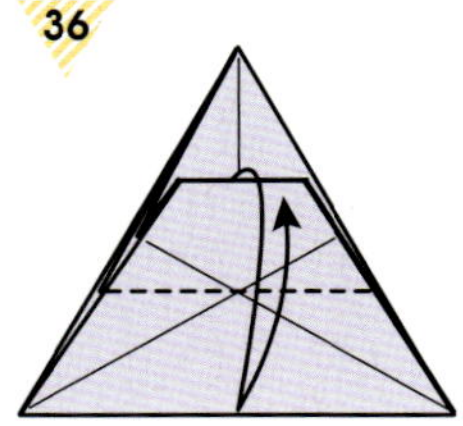

37

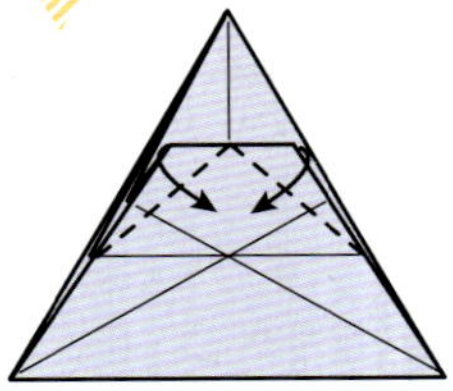

38

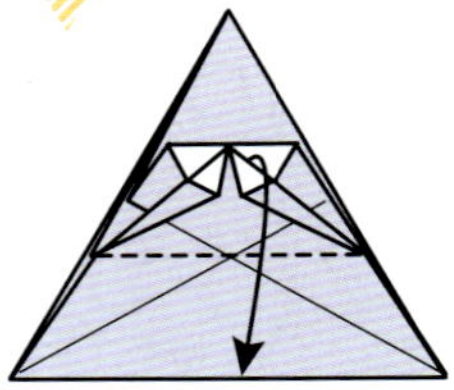

39

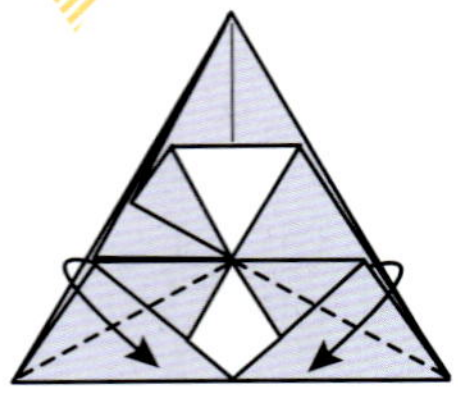

주름을 반대쪽으로 넘긴다.

40

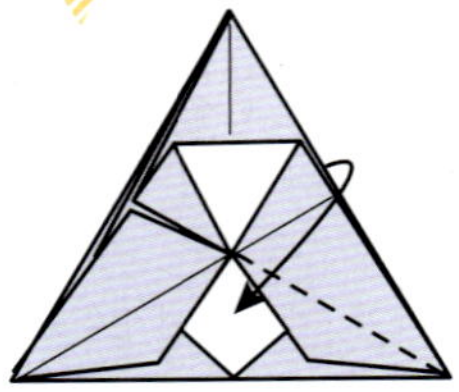

41

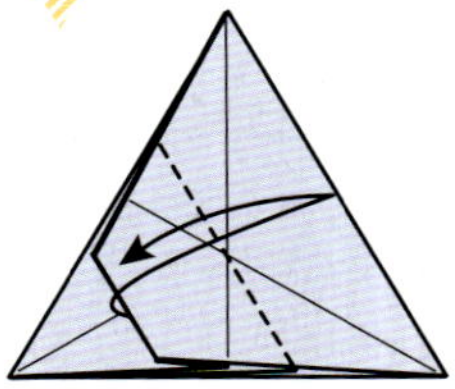

42

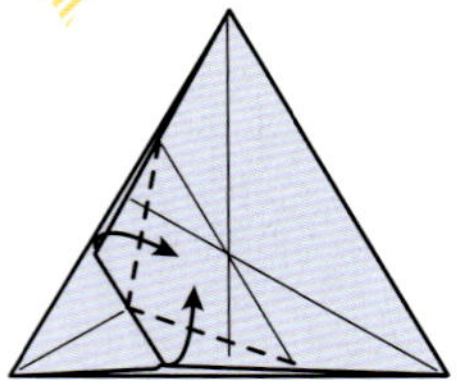

43

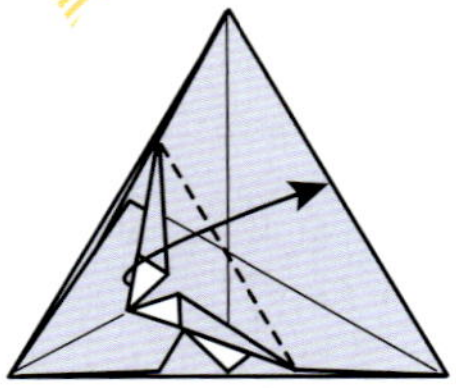

44

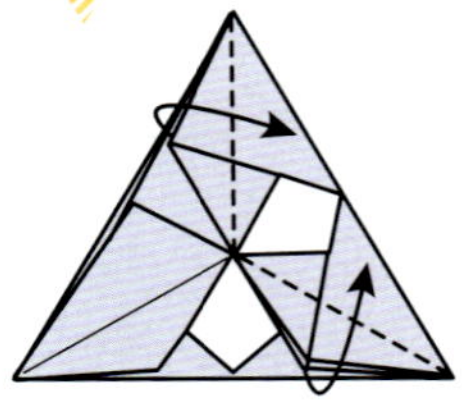

45

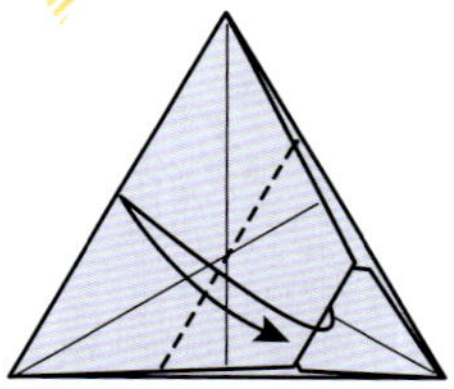

46

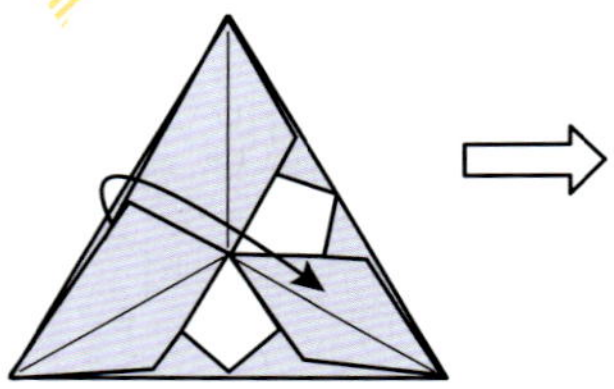

같은 요령으로 반복한다.

47

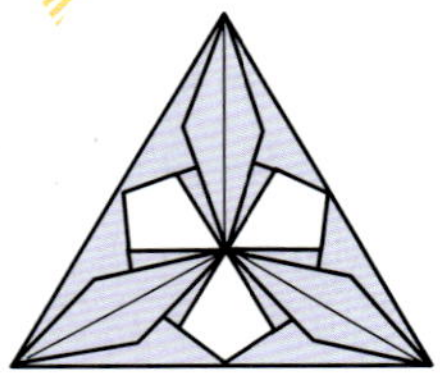

48

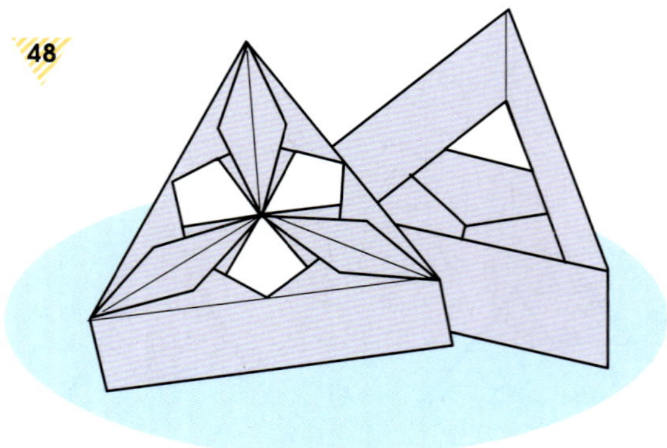

작품의 종이 크기
뚜껑 / (33+α)×14
본체 2 / (31.5+α)×17

상자 크기 11×11×5.5cm

삼각 상자 뚜껑 기본 2

연습 : A4(210×297mm)를 잘라 사용

다양한 장식을 만들 수 있는 기본 모양입니다. [기본 1]보다 장식 부분을 길게 잡습니다.

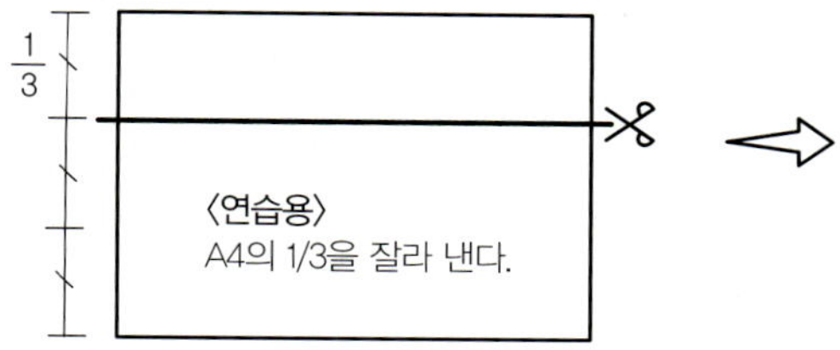

변의 비율 1:1.4 정도

1

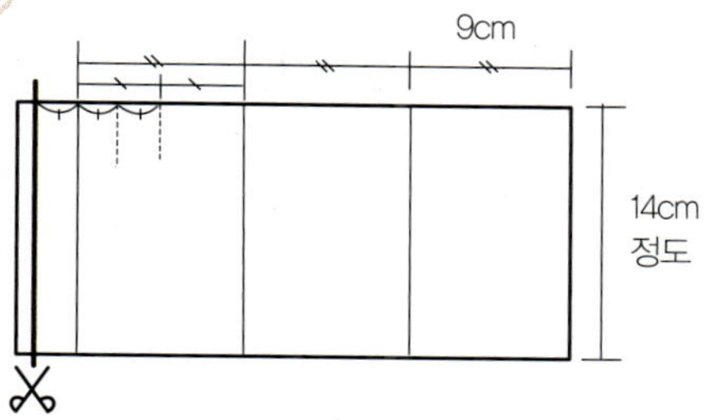

풀칠하는 곳(α)을 그림과 같은 비율로 하기 위해 자로 길이를 재고 여분을 잘라 낸다. (길이의 기준은 37쪽 참고)

2

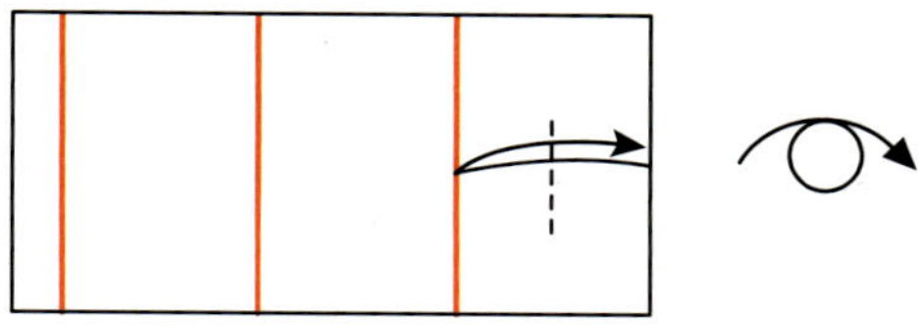

빨간 선은 산선과 계곡선을 둘 다 만든다.

3

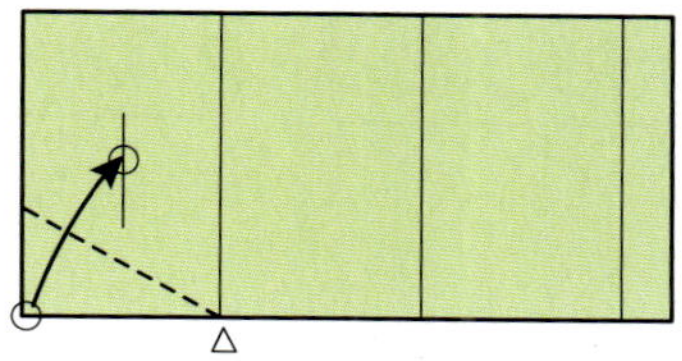

△ 표시를 축으로 ○ 표시를 맞춰 접는다.

4

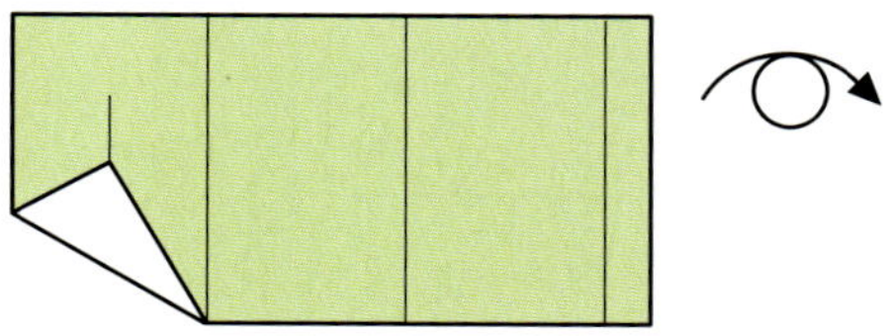

5

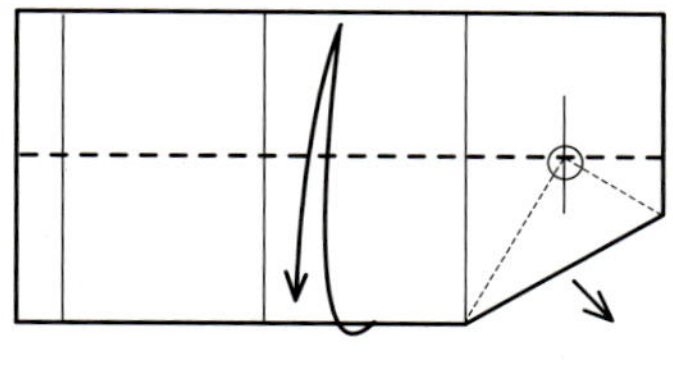

○ 표시에서 접는다.

6

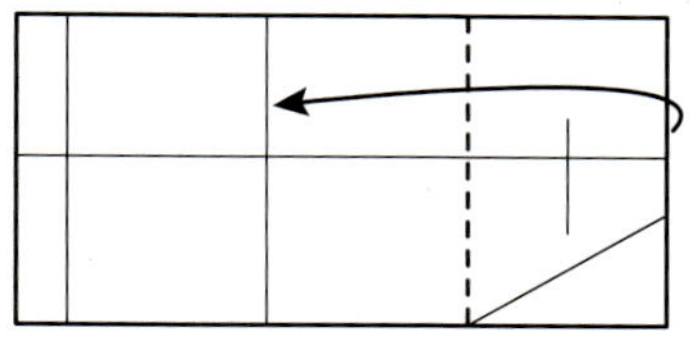

7

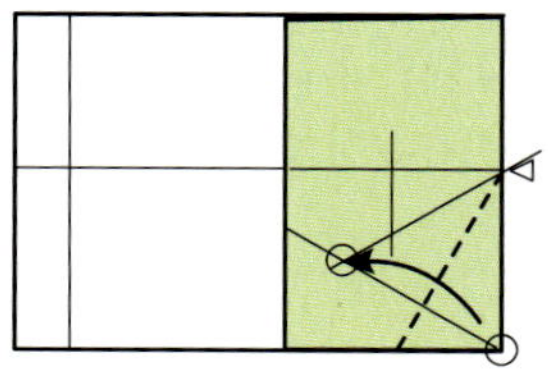

△ 표시를 축으로 ○ 표시를 맞춰 접는다.

8

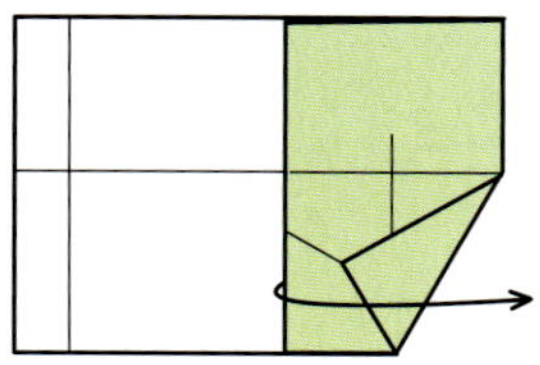

접기선을 만들고 펼친다.

9

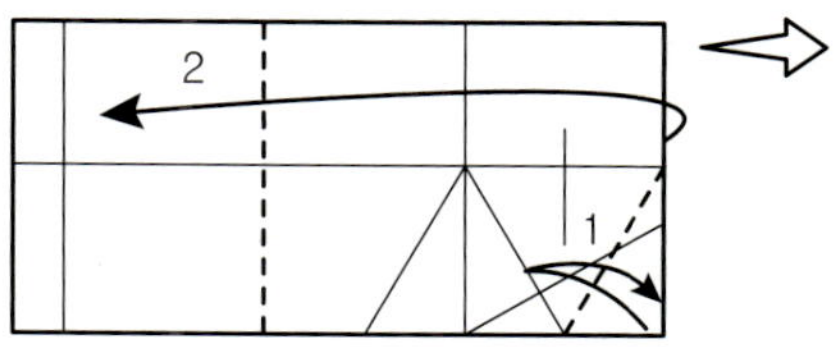

10

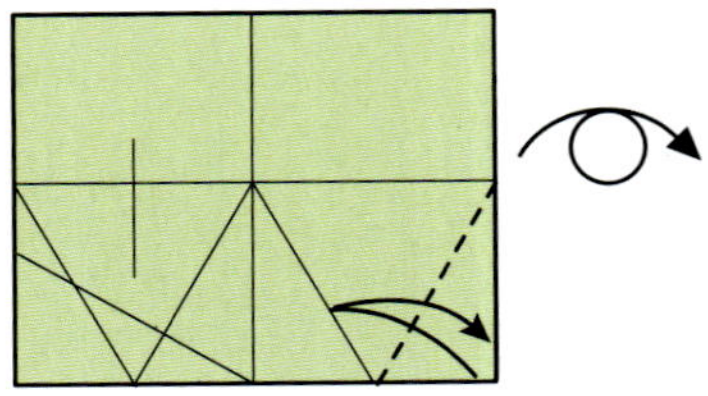

11

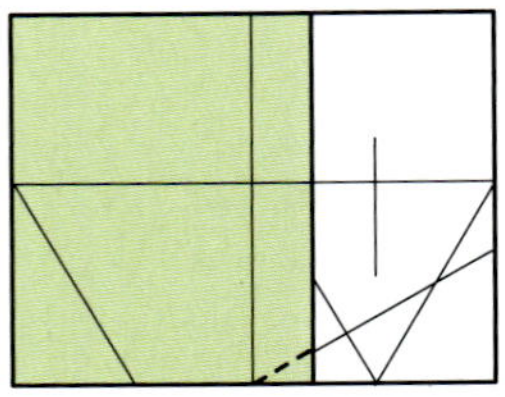

뒷장의 선에 맞춰 접는다.

12

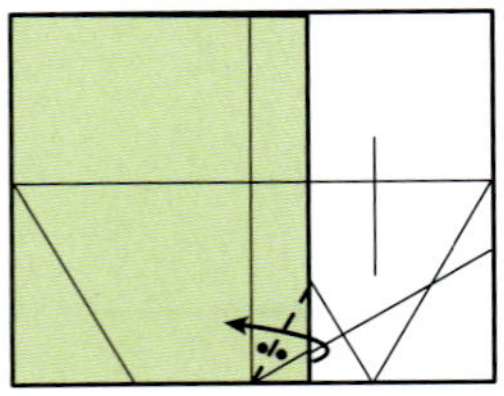

13

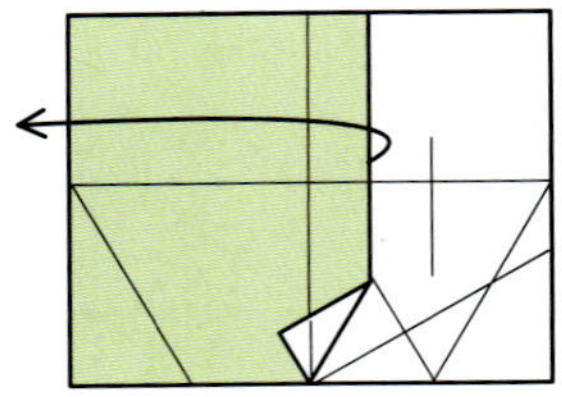

14

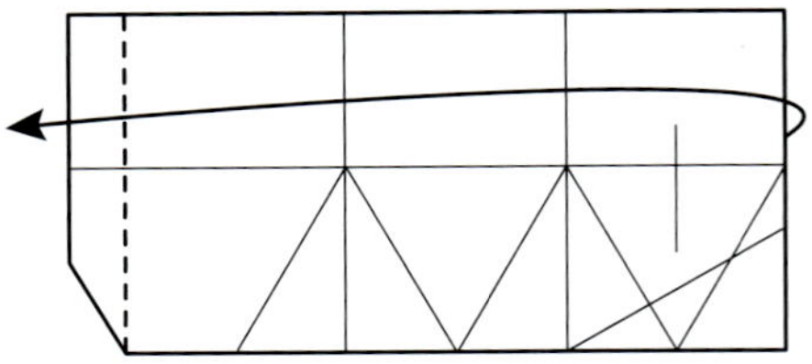

15

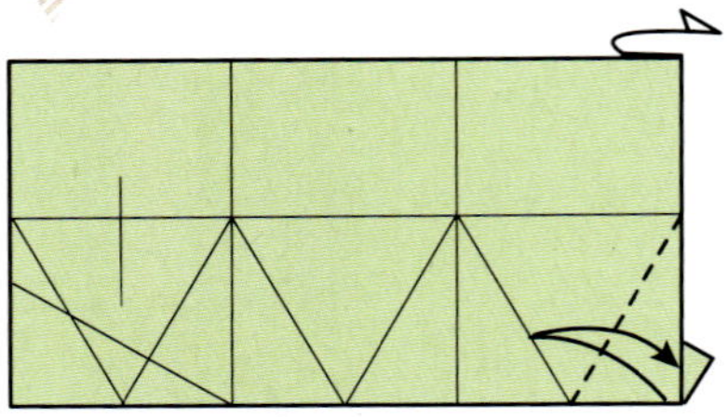

접기선을 만들고 풀칠하는 곳을 펼친다.

16

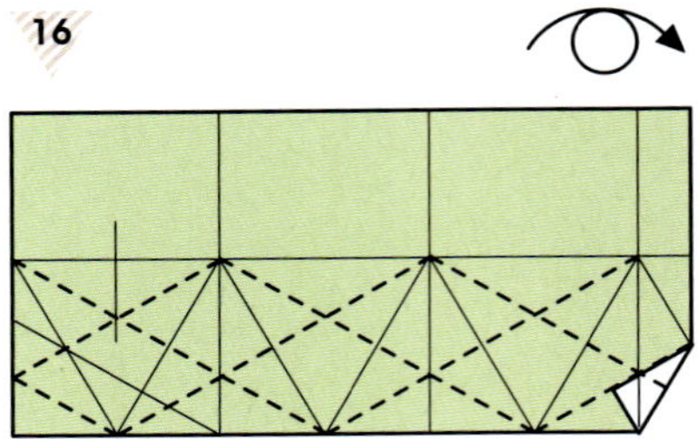

그림과 같이 접기선을 만든다.

17

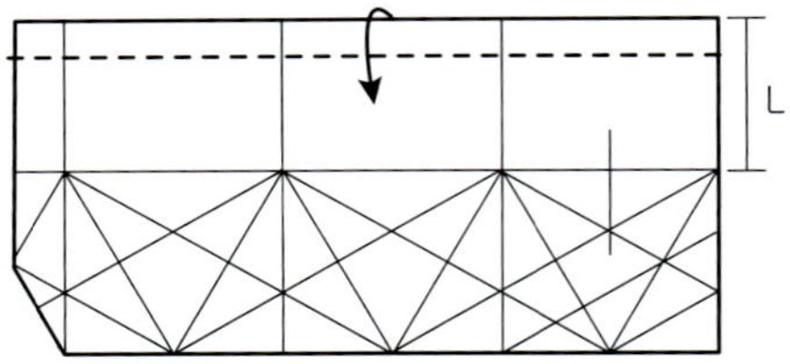

L의 1/3보다 작게 접는다.

18

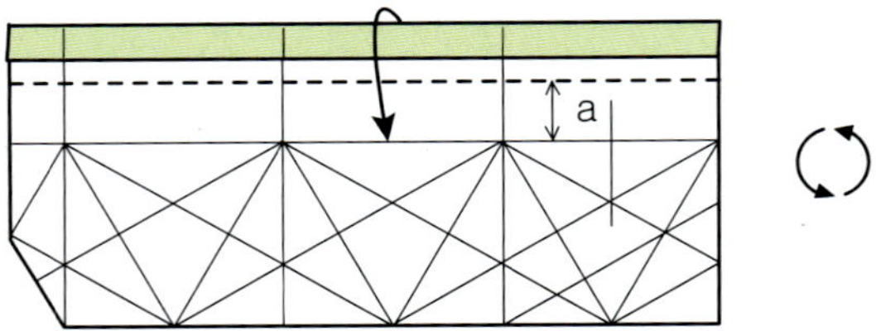

여기를 접으면 테두리가 튼튼해진다.
또 상자의 깊이가 정해진다.

19

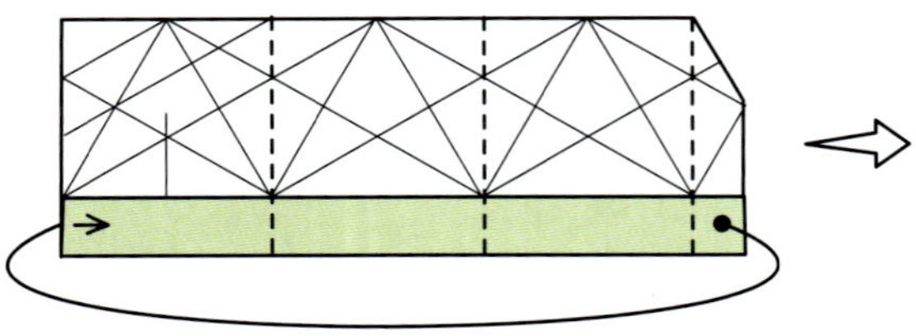

끝 부분을 끼워 삼각의 통 모양을 만든다.
여기에서 풀칠을 하면 좋다.

20

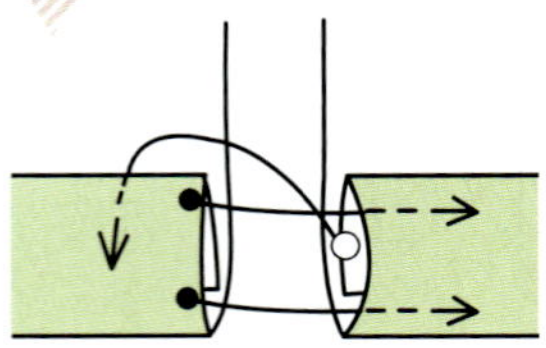

21

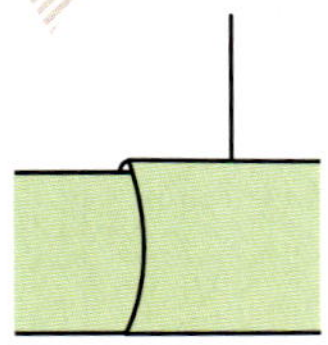

종이가 두꺼운 경우 그림과 같이 끼워 넣는다.

22

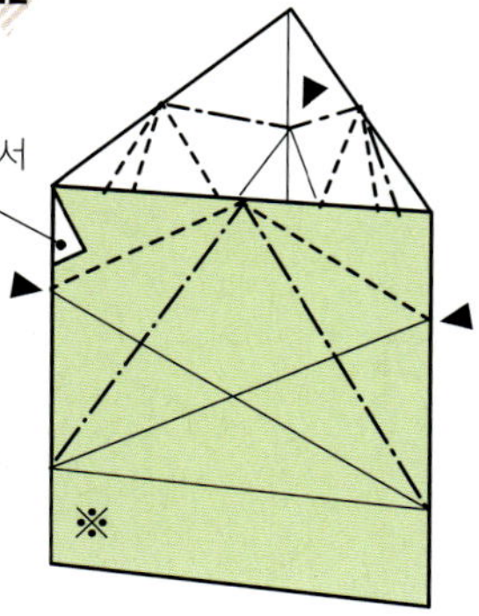

36쪽 12번에서 접은 부분

▲ 표시 부분(3군데)을 가볍게 밀어 넣는다.
(※ 표시는 겹친 부분)

23

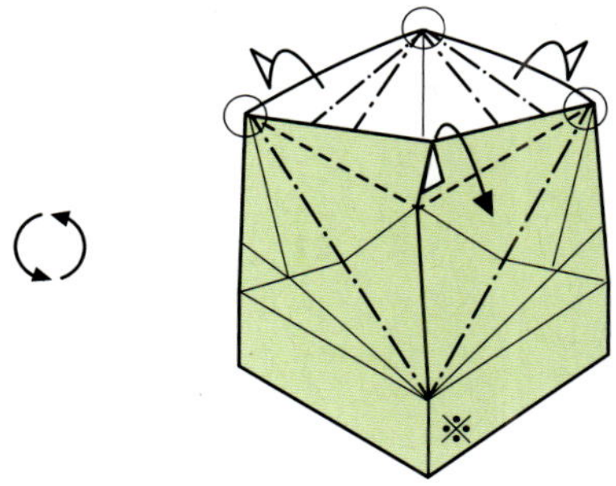

24

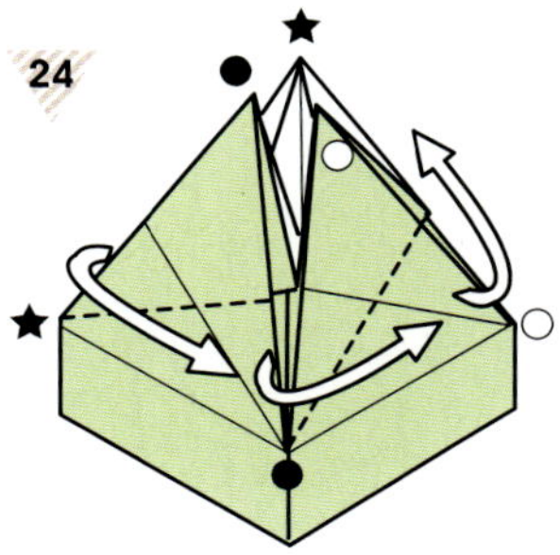

각각 두 개의 주름을 잡고 비틀어서 윗부분을 평평하게 한다.
표시가 맞는다.

25

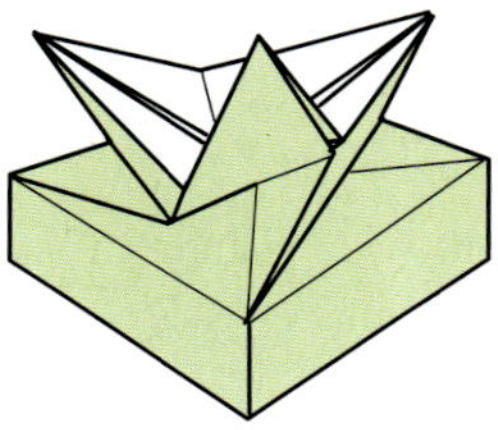

26 **[뚜껑 기본 2]**

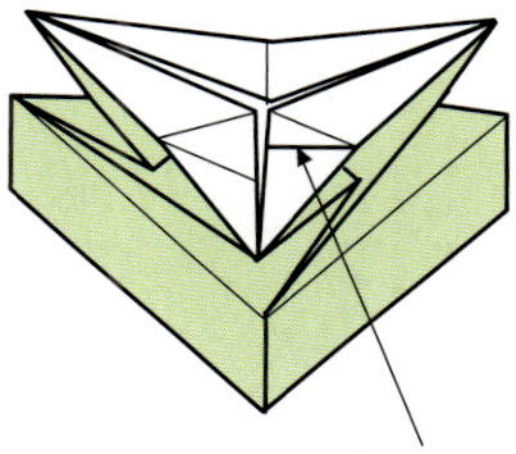

풀칠하는 곳의 선이 이곳에 나온다.

길이 예(단위 : cm)

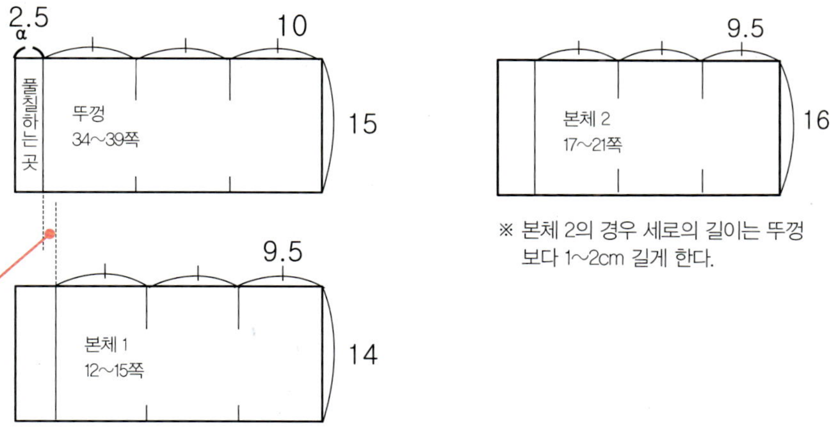

본체를 1.5cm 정도 작게 한다.
※ 본체 1의 경우 세로의 길이는 뚜껑과 같거나 1~2cm 짧게 한다.

※ 본체 2의 경우 세로의 길이는 뚜껑보다 1~2cm 길게 한다.

삼각 상자 뚜껑 **세 갈래 깃털**

★★★ 뚜껑 기본 2부터(37쪽 26번)

26

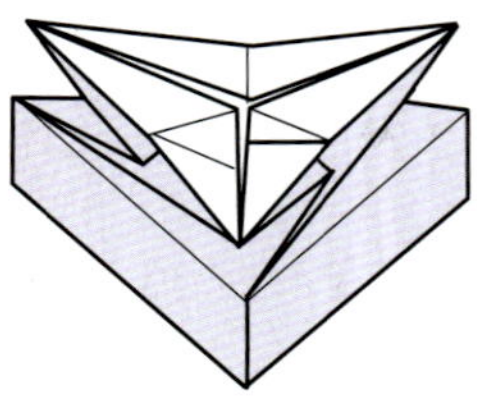

27

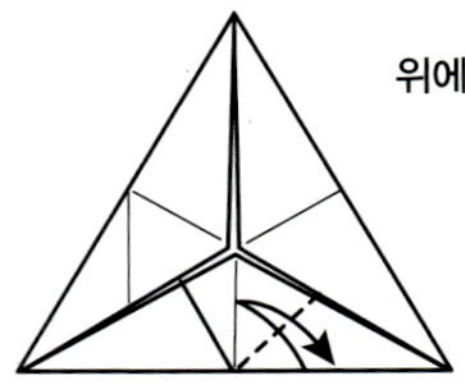

위에서 본 그림

28

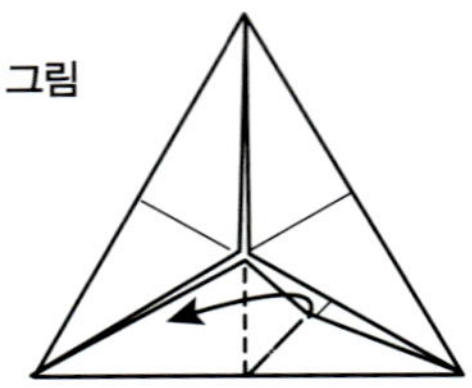

하나를 펼치면서 접는다.

29

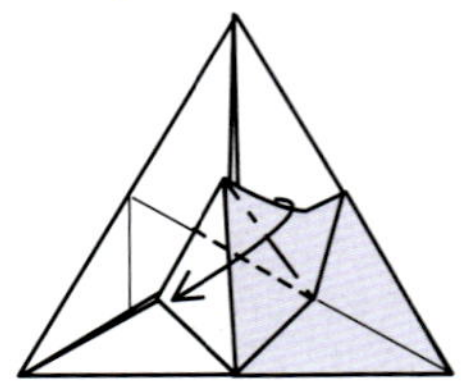

30

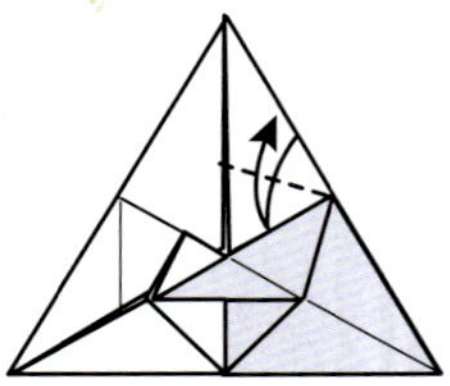

두 번째도 같은 방법을 반복한다.

31

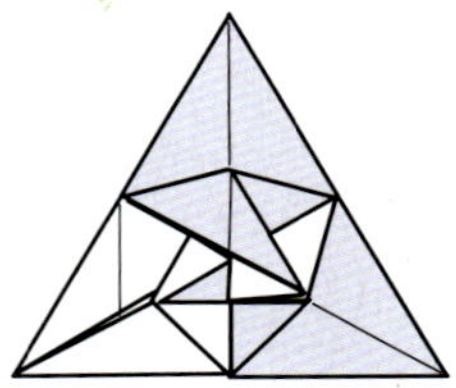

두 번째를 접은 다음 모두 펼친다.

32

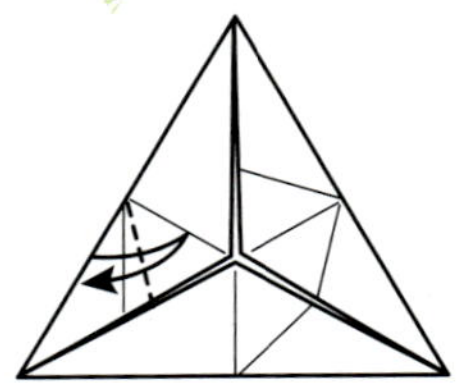

세 번째도 같은 방법을 반복한다.

33

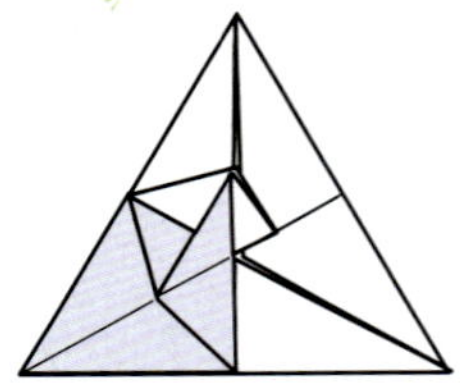

세 번째를 접은 다음 처음 접은 두 군데를 다시 접는다.

34

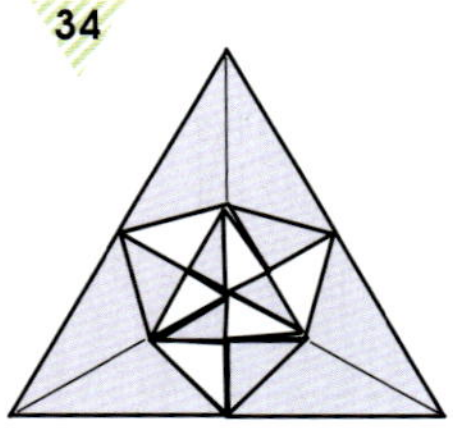

35

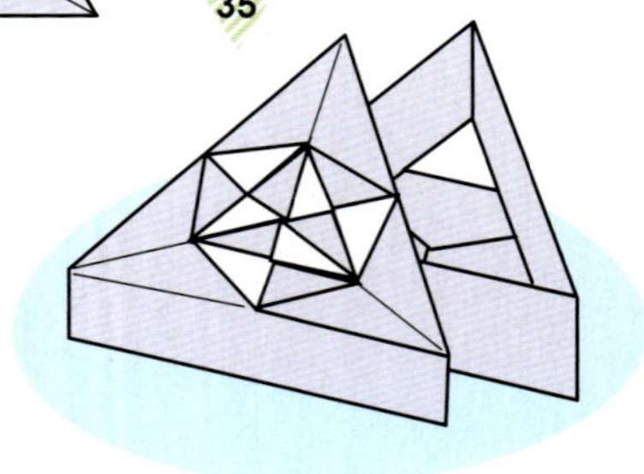

34

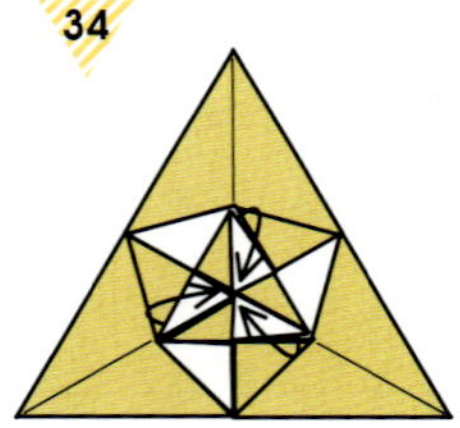

작은 삼각을 들어올려 끝 부분을 말아도 좋다.

35

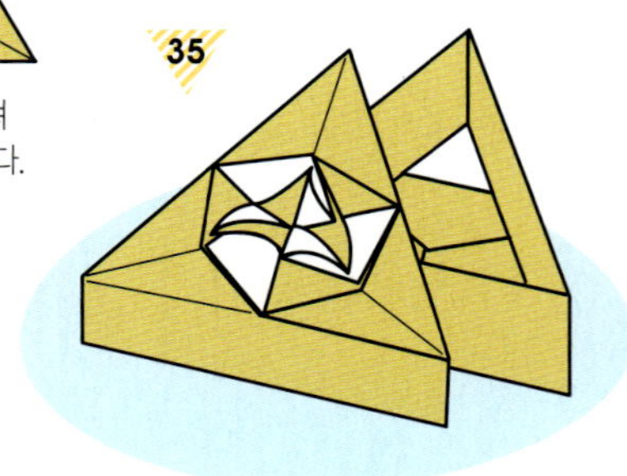

종이 크기 예
뚜껑 / (30+α)×16
본체 1 / (38.5+α)×14

상자 크기 11×11×4.5cm
뚜껑 종이 크기 (33+α)×17cm
본체 종이 크기 (31.5+α)×15cm

모양을 접을 부분이 꽤 작아지기 때문에 한 변이 10cm 정도인 종이로 연습하면 하기 쉽습니다.

★★★ 뚜껑 기본 2부터(37쪽 26번)

[향기별꽃]

26

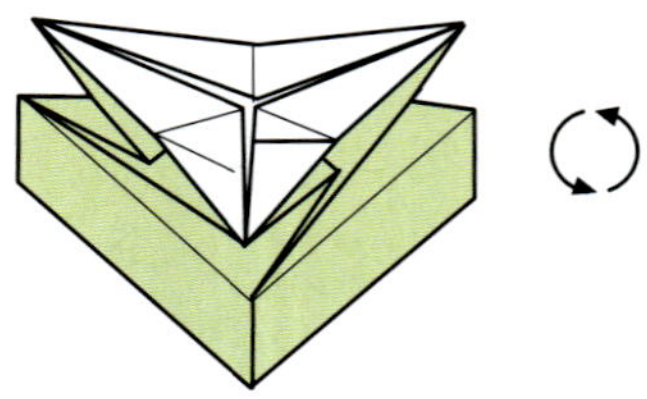

27

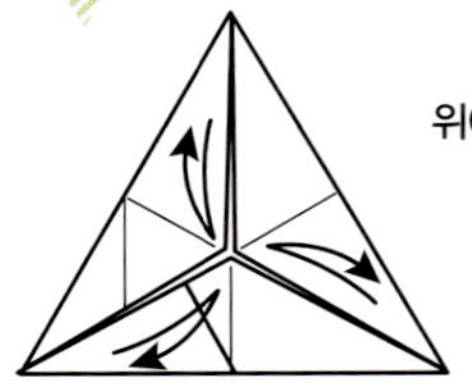

위에서 본 그림

28

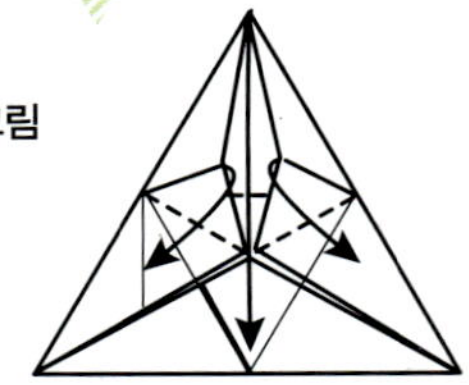

안을 펼치면서 아래로 접는다.

29

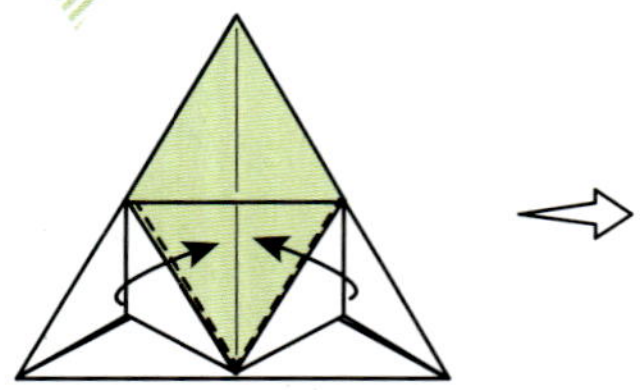

30

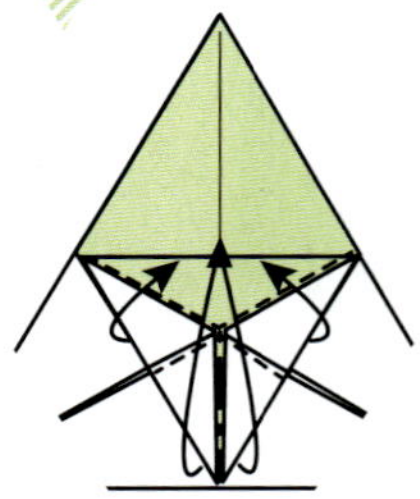

끝 부분을 안으로 접어 넣으면서
옆 부분을 세운다.

31

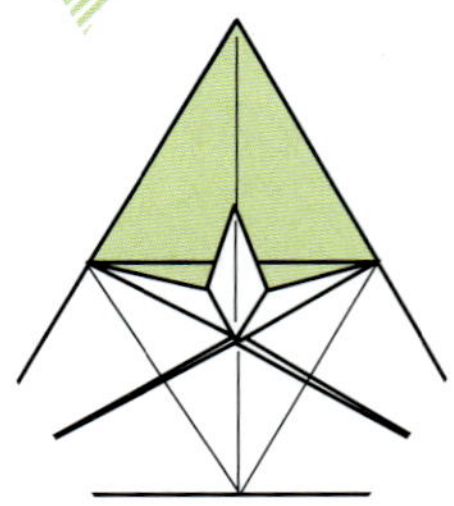

32

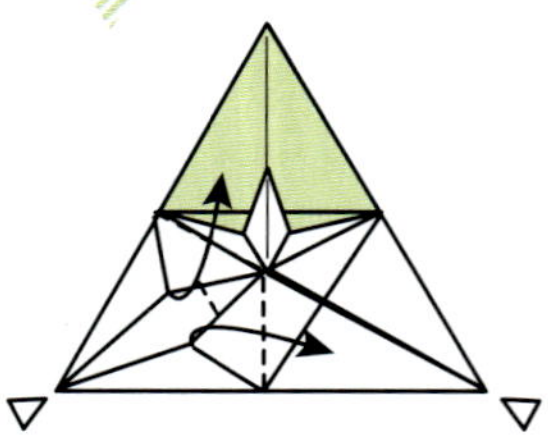

△ 표시의 나머지 두 군데도 같은 방법으로 접는다(일단 접기선을 전부 만든 다음 정리하면 좋다).

33

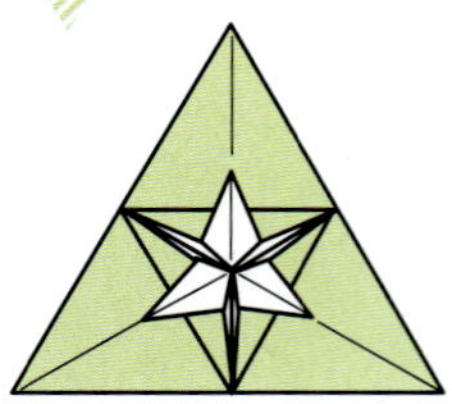

34

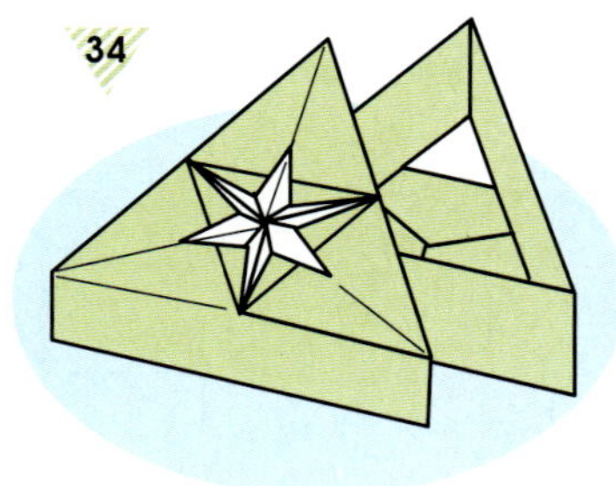

작품의 종이 크기
뚜껑 / (33+α)×17
본체 1 / (31.5+α)×15

★★★ 향기별꽃 26번부터

27

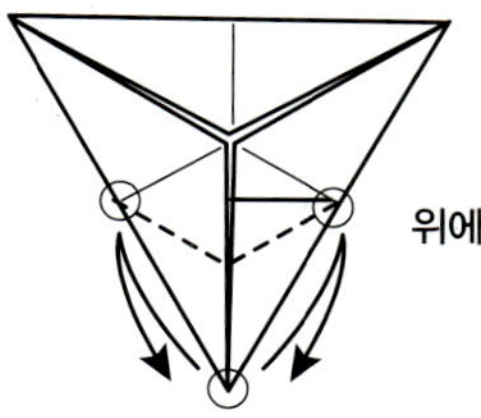

위에서 본 그림

28

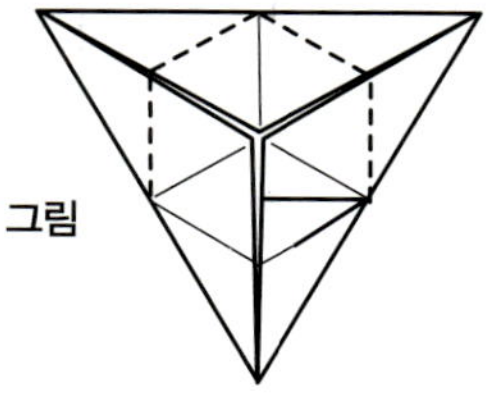

같은 방법으로
접기선을 만든다.

29

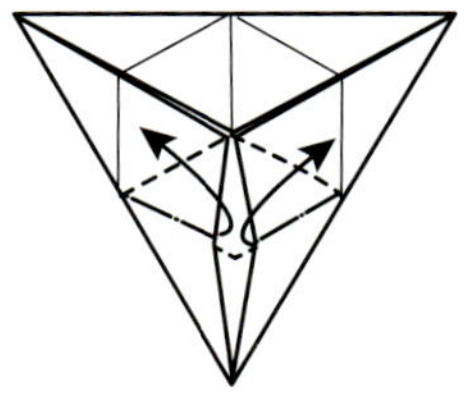

안을 벌려 접는다.

30

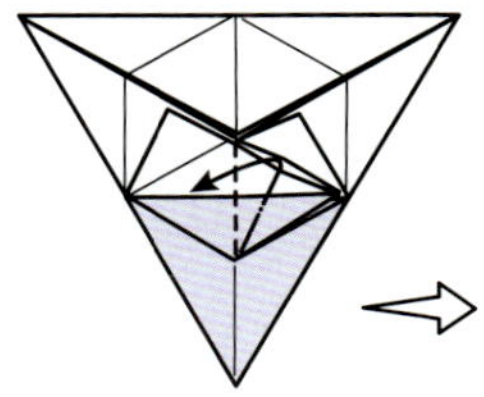

주머니를 벌려 누른다.

31

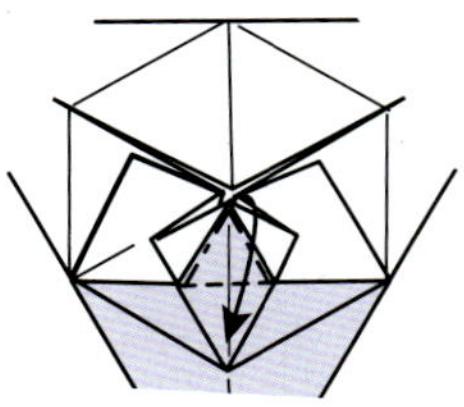

32

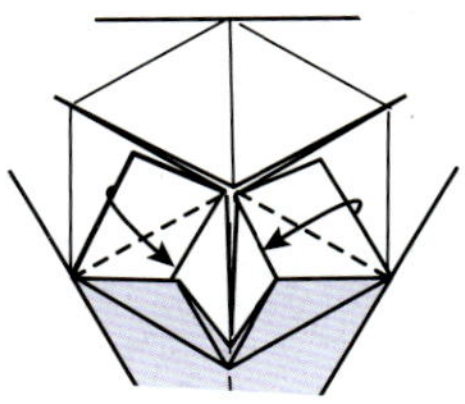

주름을 역방향으로 넘긴다.

33

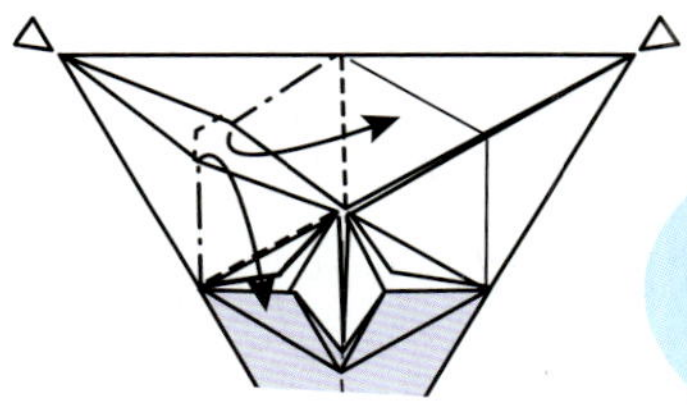

△ 표시의 나머지 두 군데도
같은 방법으로 접는다.

34

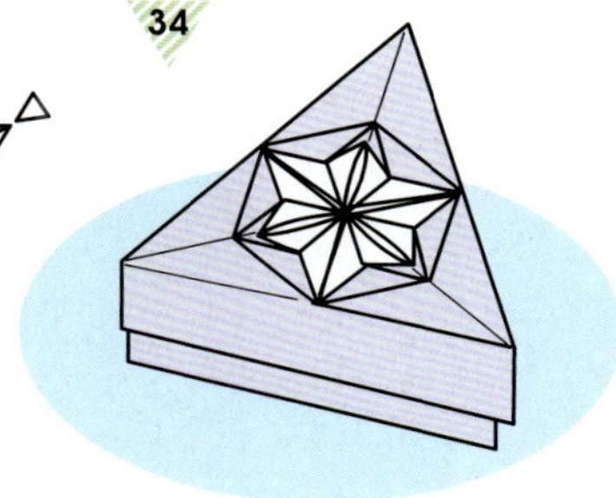

같은 향기별꽃과 클레마티스이지만
종이의 종류에 따라 꽃의 표정이 다르다.

상자 크기 11.5×11.5×6cm

삼각 상자 볼록한 뚜껑

연습 : A4(210×297mm)를 잘라 사용

상자 크기 10.5×10.5×9.5cm

상자 크기 8.2×8.2×8cm

부푼 모양의 뚜껑입니다.

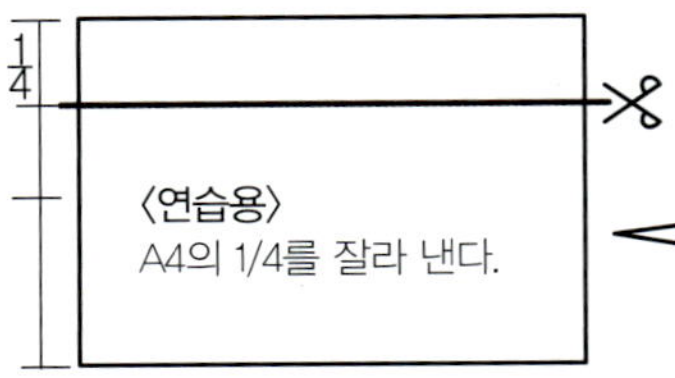

변의 비율 1:2 정도

1

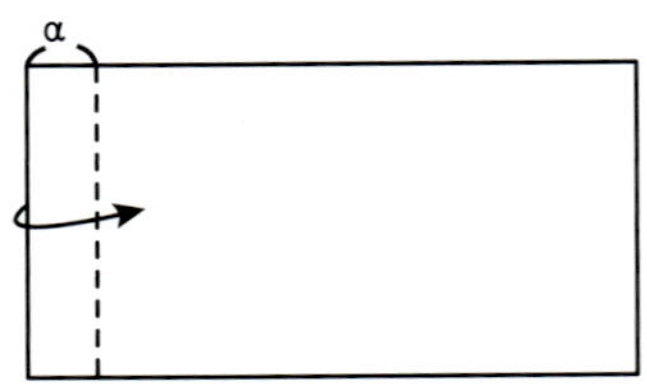

풀칠하는 곳(α)으로 2cm 정도
끝 부분을 접는다.

2

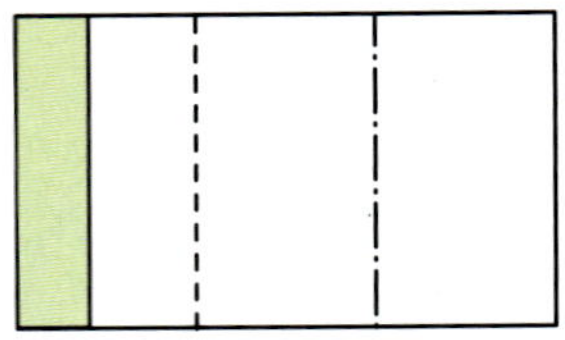

3

그림과 같이 종이를
겹치듯 접는다.

4

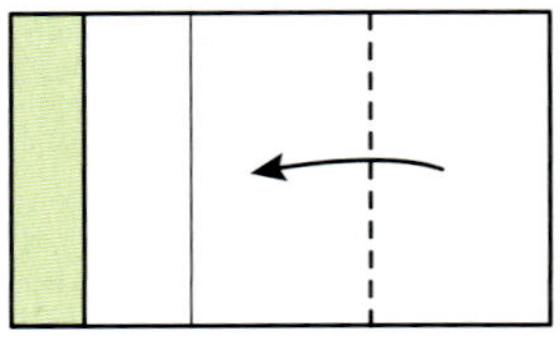

5

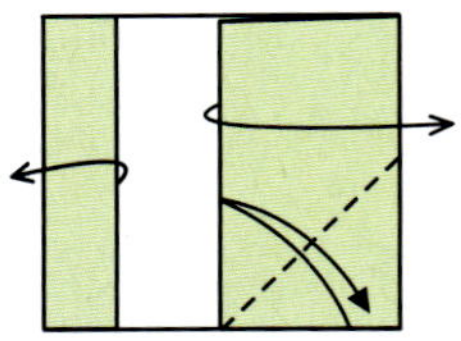

접기선을 만들고 펼친다.

6

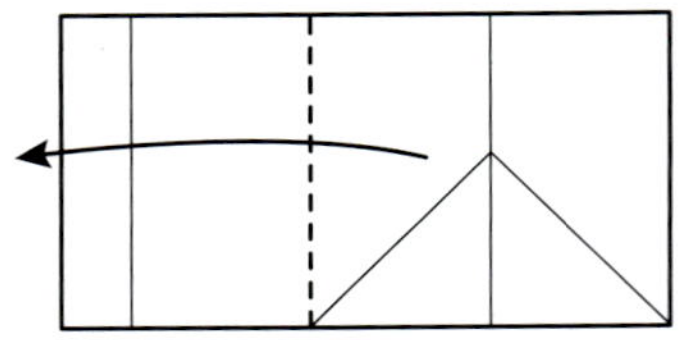

7

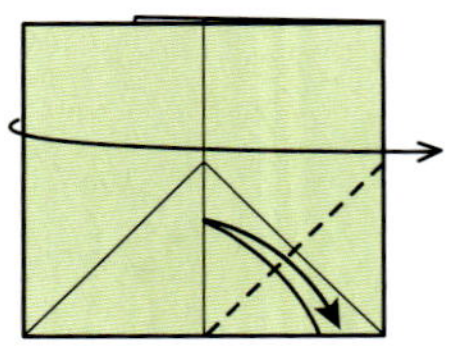

접기선을 만들고 펼친다.

8

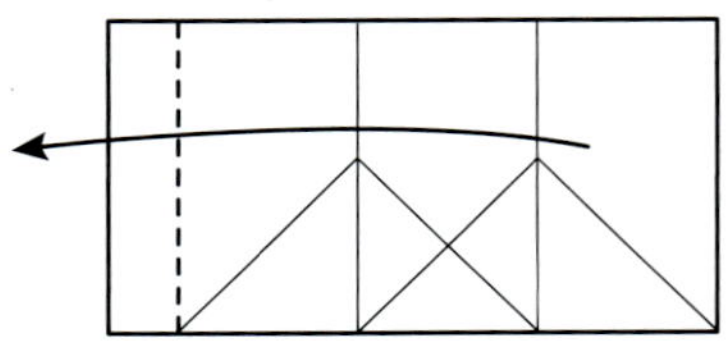

9

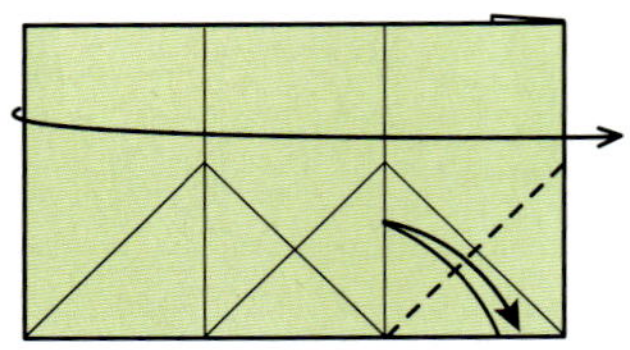

10

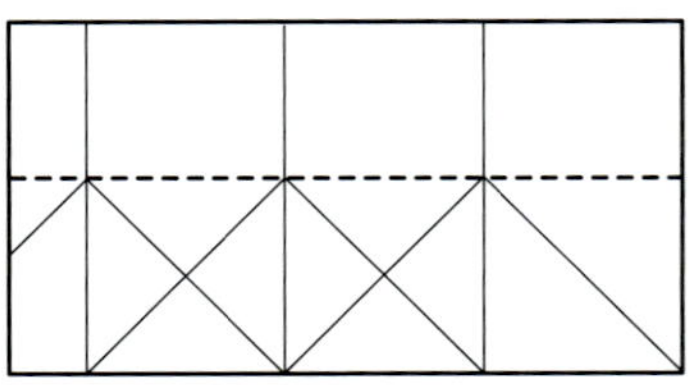

11

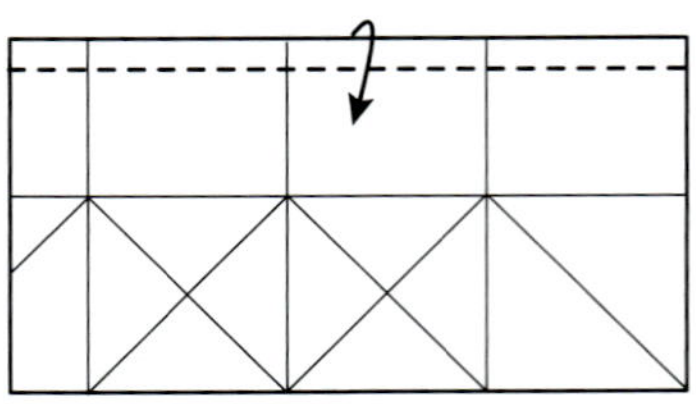

1cm 정도의 폭으로 접는다
(12번의 a가 깊이가 된다).

12

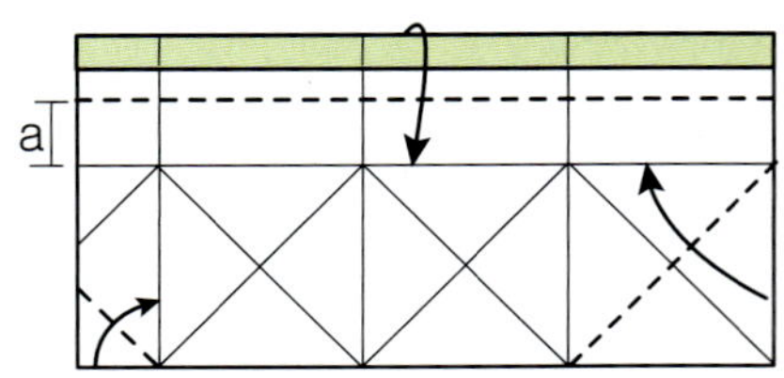

13

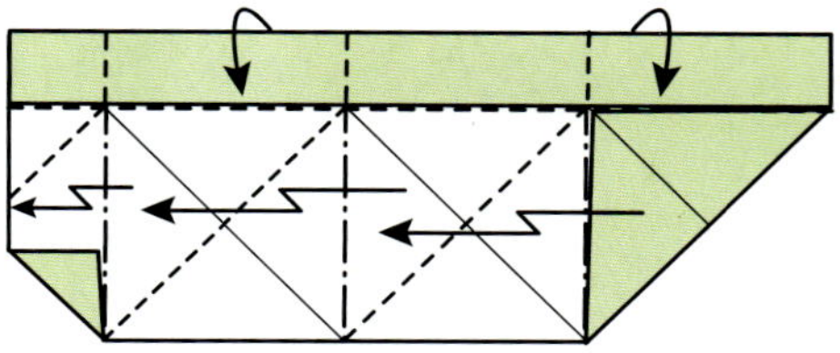

가장자리를 세우고 아랫부분의 주름을 모아 접는다.

14

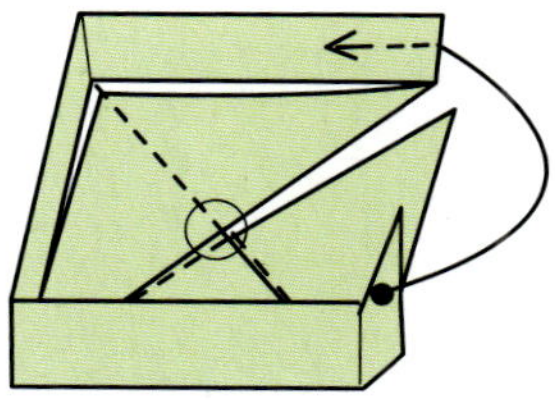

○ 표시의 중앙을 움푹 들어가게 하고
● 표시를 옆 부분에 걸어 끼워 넣는다.

15

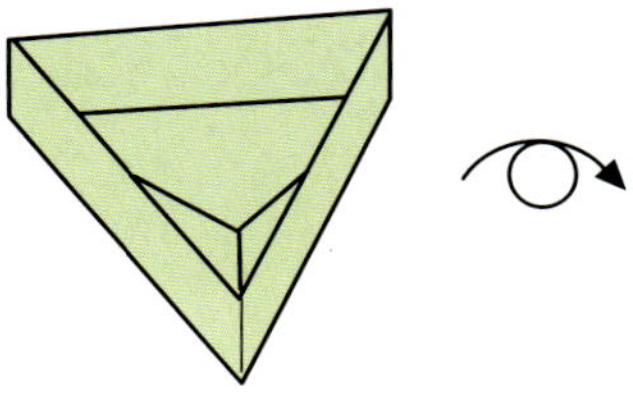

16

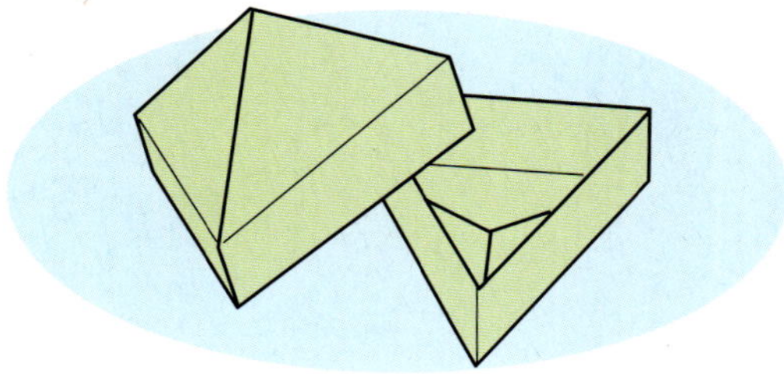

왼쪽
작품의 종이 크기
뚜껑 / (31.5+α)×18
본체 / (30+α)×15

오른쪽
작품의 종이 크기
뚜껑 / (25+α)×15
본체 / (24+α)×14

길이 예(단위 : cm)

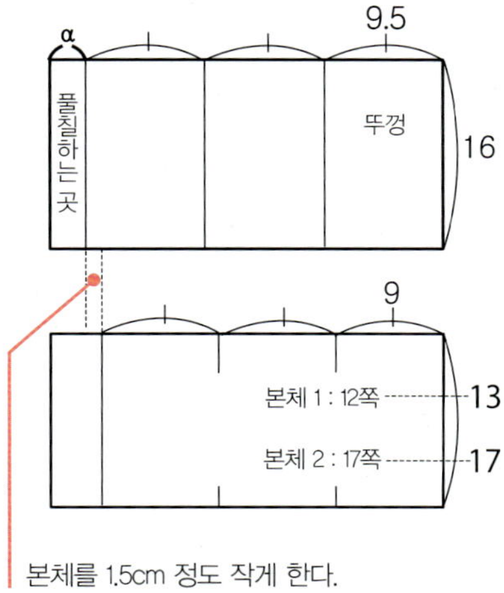

본체를 1.5cm 정도 작게 한다.
※ 본체 1의 경우 세로의 길이는 뚜껑보다 3cm 정도 짧게 한다.
※ 본체 2의 경우 세로의 길이는 뚜껑보다 1cm 정도 길게 한다.

PART 2 SQUARE

사각형 상자

뚜껑과 본체를 각각 한 장으로 만드는 상자입니다.
우선 A4 용지로 연습을 한 후 크기를 바꾸거나
마음에 드는 종이로 접어 주세요.
4등분된 한 변의 폭과 풀칠하는 곳(α)이
종이의 가로 폭입니다. 사각 상자의 본체는 상자의 바닥이
바깥쪽과 안쪽에서 이중으로 잠겨 튼튼합니다.

【더블 로크 사각 상자 본체/48쪽】

【사각 상자 뚜껑 · 풍차 1/57쪽】

【사각 상자 뚜껑 · 단추/58쪽】

【사각 상자 뚜껑 · 풍차 2/58쪽】

【사각 상자 뚜껑 · 꽃 모양/60쪽】

【사각 상자 뚜껑 · 손잡이/62쪽】

【사각 상자 뚜껑 · 피튜니아/64쪽】

【사각 상자 뚜껑 · 수레국화/64쪽】

【사각 상자 뚜껑 · 롤/66쪽】

【사각 상자 뚜껑 · 꽃다발 A/69쪽】

【사각 상자 뚜껑 · 꽃다발 B/71쪽】

【사각 상자 뚜껑 · 꽃봉오리/71쪽】

【울퉁불퉁 사각 상자 뚜껑 ·
네 개의 산/73쪽】

【울퉁불퉁 사각 상자 뚜껑 ·
두 개의 산/76쪽】

【울퉁불퉁 사각 상자 본체/78쪽】

더블 로크 사각 상자

연습 : A4(210×297mm)를 잘라 사용

상자 크기 5.4×5.4×3cm
뚜껑 종이 크기 (21.5+α)×13cm
본체 종이 크기 (20+α)×13.5cm

바닥이 바깥쪽과 안쪽에 이중으로 잠긴 상자로, 안쪽의 측면과 바닥에 이음매가 없습니다.
상자로서 완성도가 높기 때문에 이 책의 사각 상자 본체는 모두 이것을 사용했습니다.

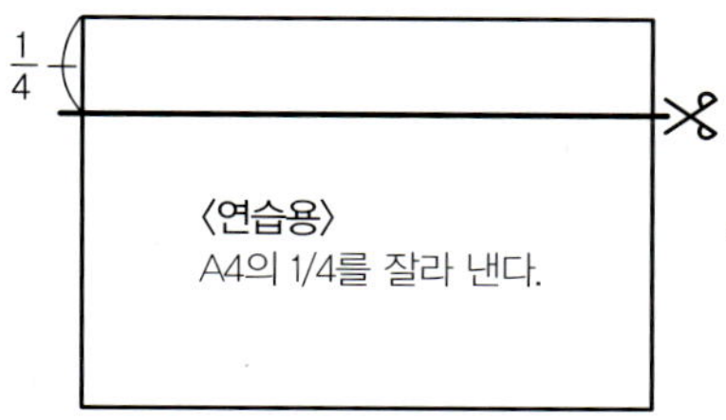

변의 비율 1:2 정도

1

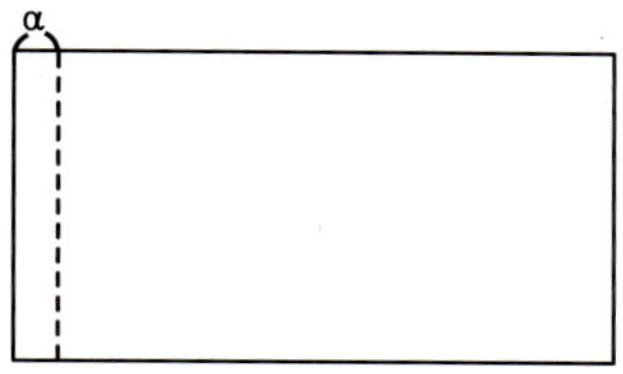

풀칠하는 곳(α)으로 1~2cm 정도
끝 부분을 접는다.

2

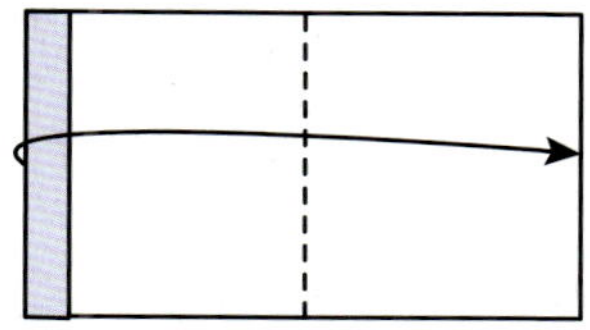

3

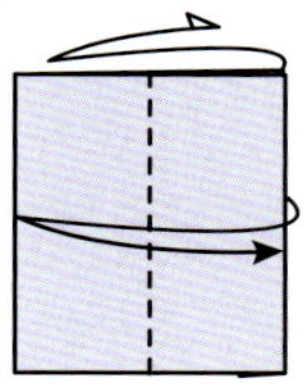

접기선을 만들고 펼친다.

4

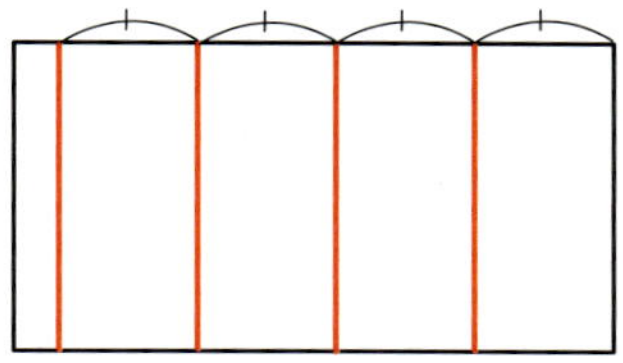

빨간 선은 산선과 계곡선 둘 다 만든다.

5

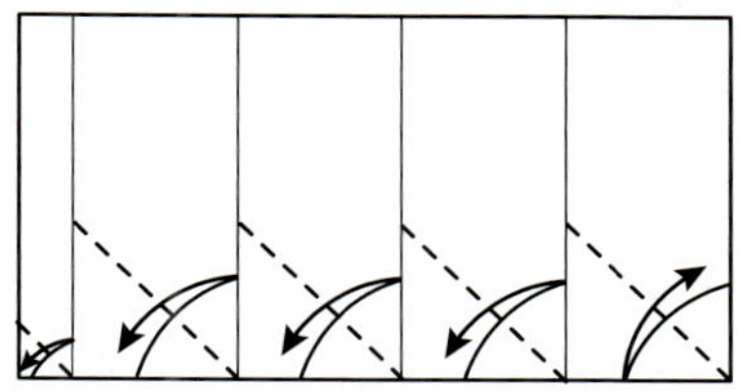

6

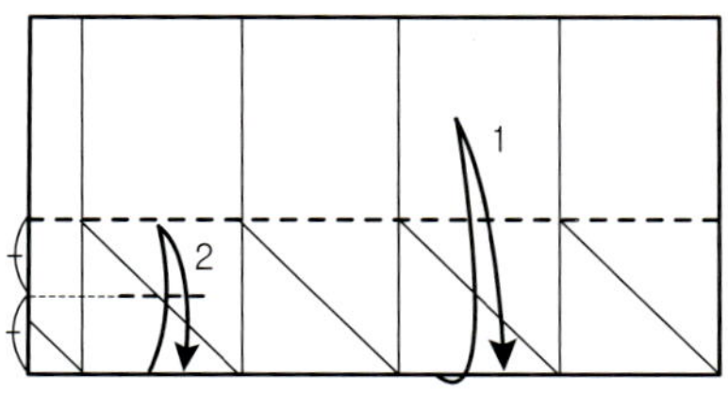

7

(a가 상자의 깊이가 된다)

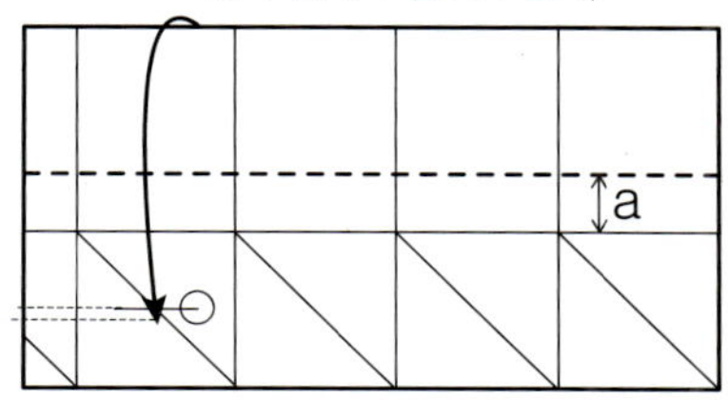

○ 표시의 선보다 4~5mm 아래로 접는다(안쪽의 중심에 구멍이 생기지 않도록 정리하기 위해).

8

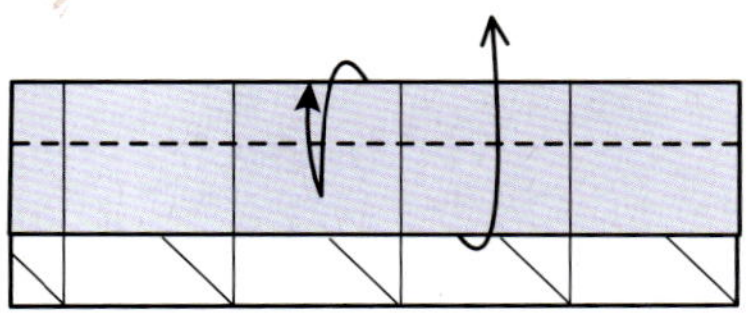

접기선을 만들고 펼친다.

9

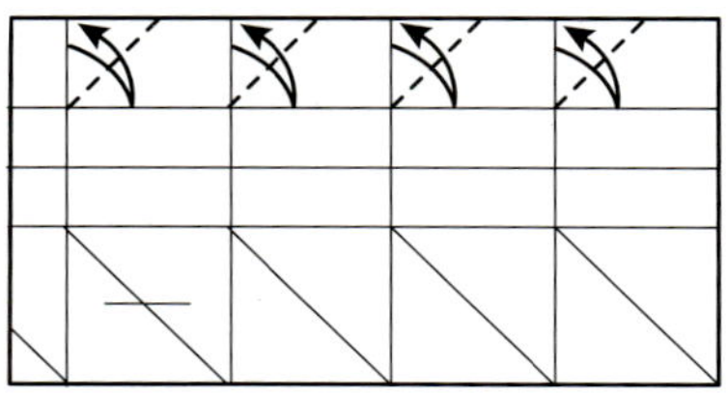

10

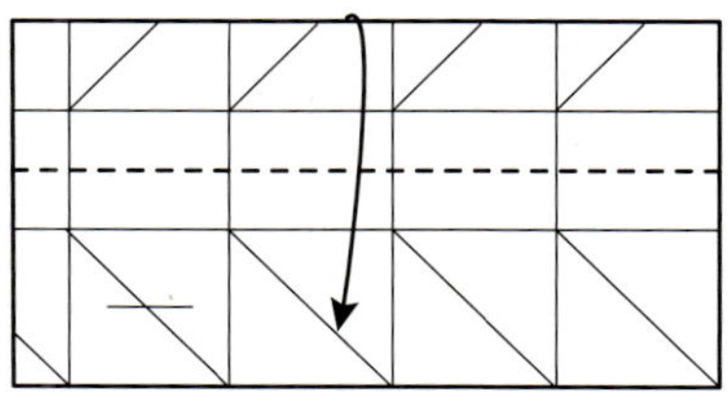

11

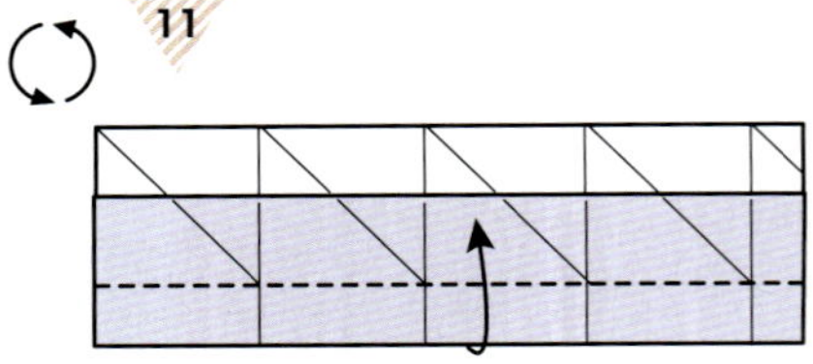

가장자리를 접어 올린다.

12

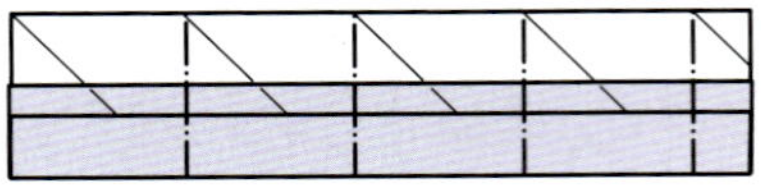

위아래 모두 산선을 만든다.

13

바깥쪽에서 본 그림

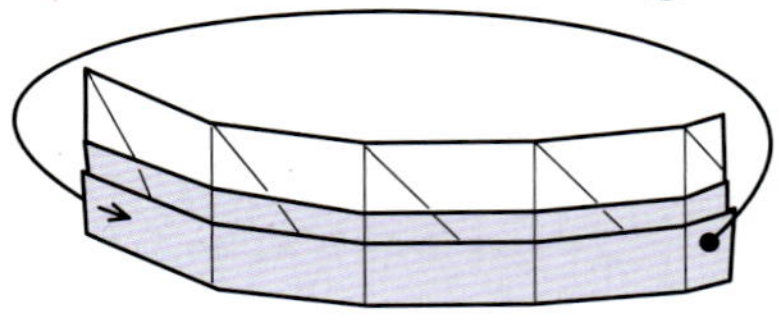

끝 부분을 끼워 사각의 통을 만든다.

14

안쪽에서 본 그림

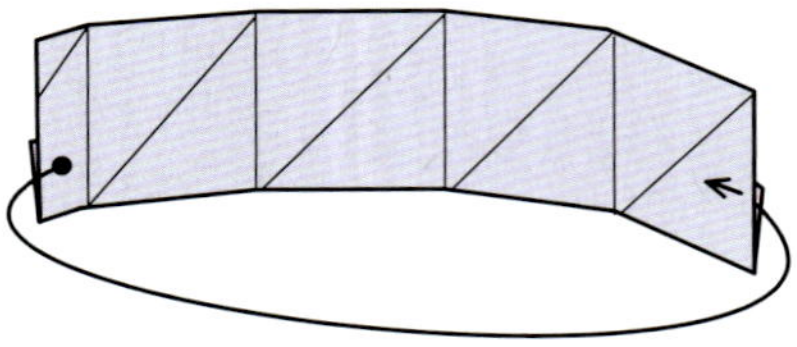

15

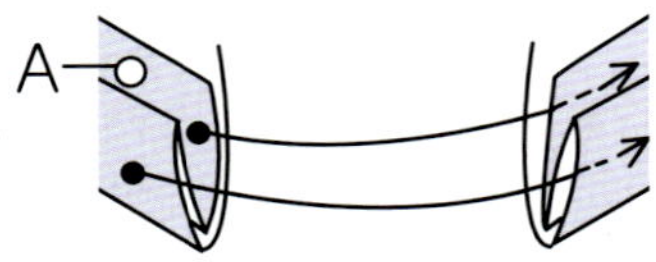

깊이가 깊은 상자의 경우, 여기에서 바닥의 안쪽이 될 A 이외의 풀칠하는 곳에 풀칠하면 좋다.

16

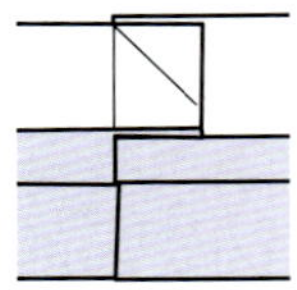

사각의 통으로 만든 모습
(바닥은 닫혀 있지 않다)

17

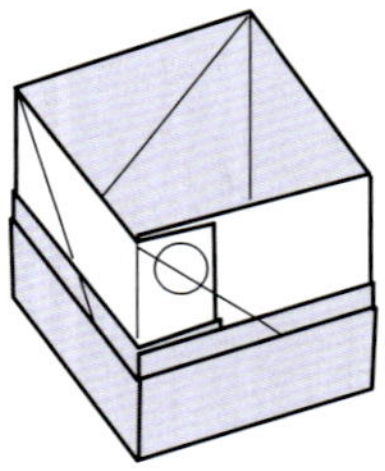

○ 표시 근처의 안쪽을 풀칠하면 나중에 작업하기 쉽다.
깊이가 깊은 상자는 한 번 더 적당히 풀칠한다(15번 참조).

18

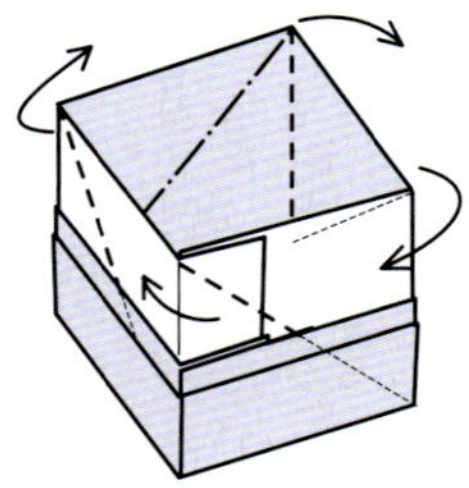

안쪽을 비틀어 삼각형의 주름을 만들고 평평하게 한다.

19

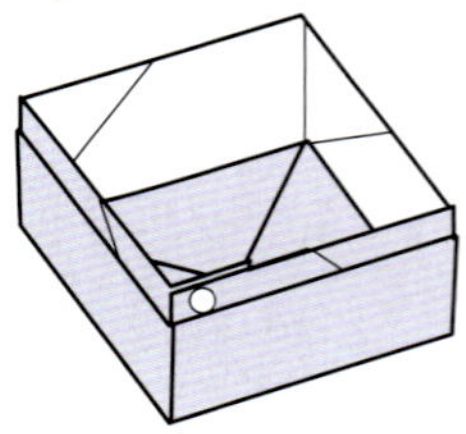

안쪽을 비틀어 평평하게 하고 한 겹의 바닥을 만든 모습

▲▼ 조립 포인트

1. 풀칠하는 곳을 끼우고 풀칠하여 사각의 통을 만든다.

2. 안쪽에 18번과 같이 시계 방향으로 계곡선과 산선을 접어 간다.

3. 비틀어서 삼각형의 주름을 포개어 중심 부분을 닫는다.

20

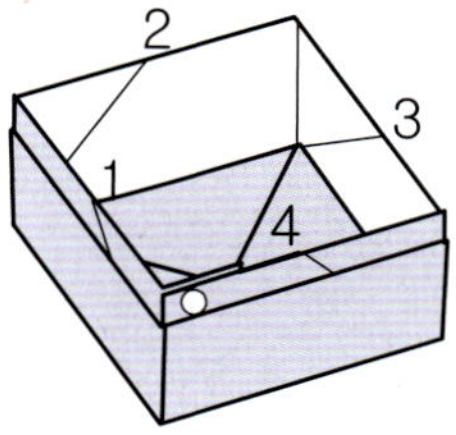

번호순으로 덮어 포개어 가면
두 겹째의 바닥이 완성된다.

21 안쪽을 위에서 본 그림

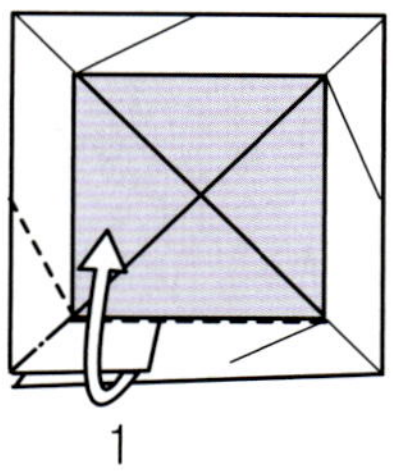

우선 앞의 폭이 좁은 부분
을 바닥에 포갠다.

22

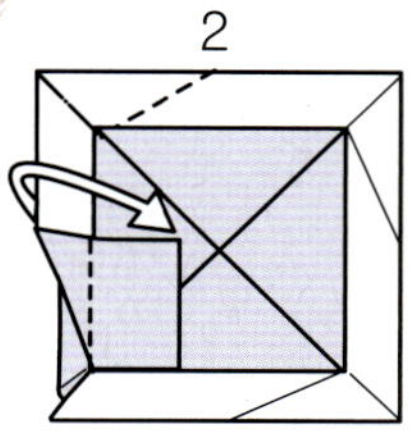

순서대로 덮으며 바닥에
포개어 간다.

23

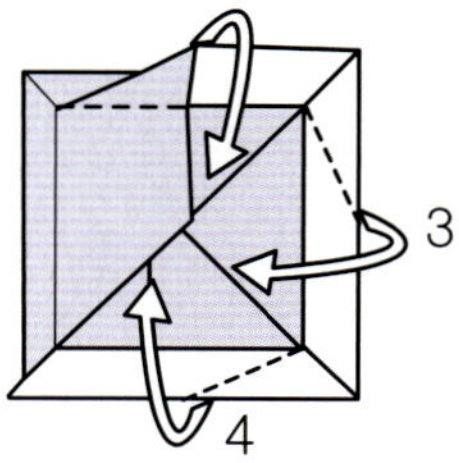

순서대로 포개어 접어 간다.

24

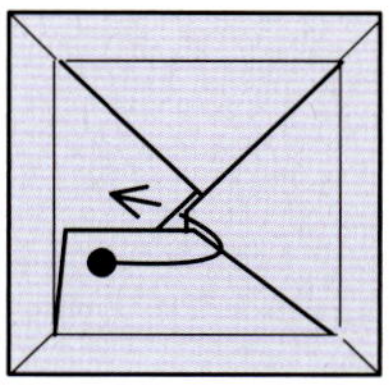

마지막은 안쪽에 끼워 넣는다.

25

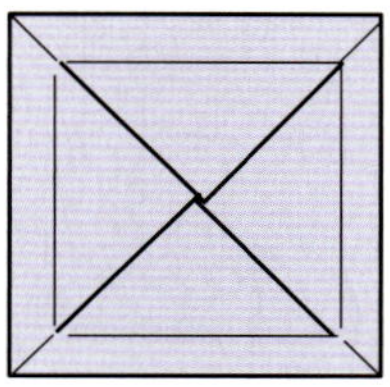

바닥이 안쪽과 바깥쪽에서
이중으로 잠겼다.

26

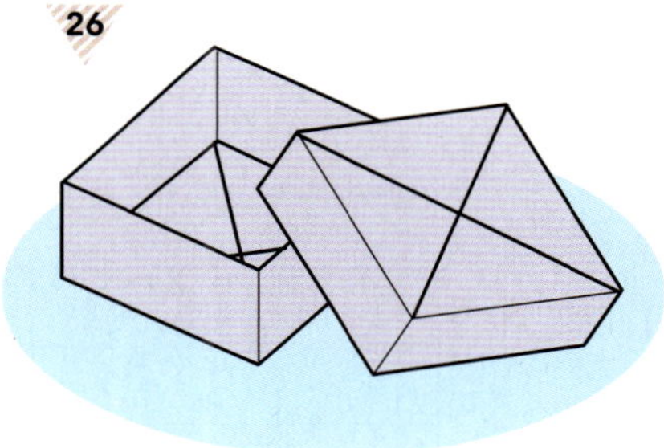

▲▼ 조립 포인트

1. 20번의 요령에서 두 번째 바닥이 될 부분을
접는다.

2. 앞쪽의 좁은 부분(풀칠하는 곳)부터 바닥에
포개 순서대로 덮어 간다.

사각 상자 본체와 뚜껑의 길이

뚜껑과 본체는 그림과 같이 풀칠하는 곳에서 차를 두어도 좋고, 종이의 크기를 바꿔도 상관없습니다.
포인트는 L과 H의 길이입니다. L과 H를 가감하여 적당한 길이를 찾아봅니다.

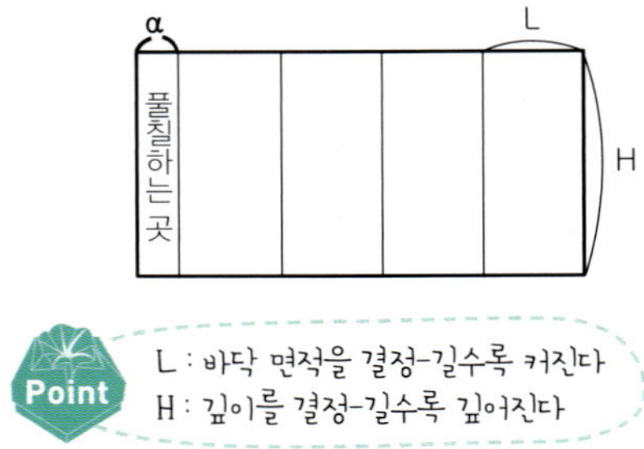

길이 예(단위 : cm)

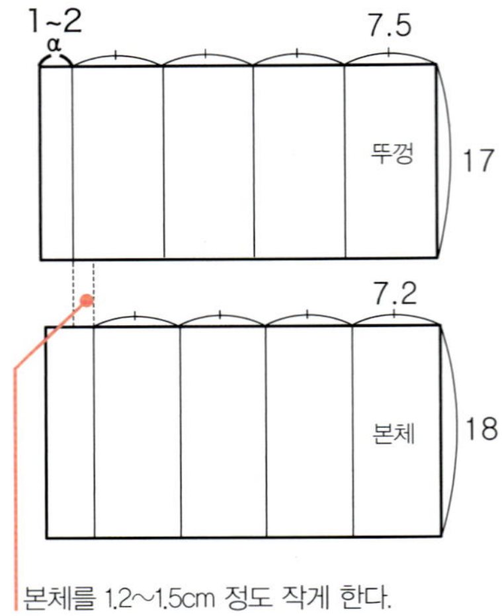

사각 상자 간이 버전

종이가 두꺼운 경우 아래의 오른쪽 그림과 같이 접으면 더블 로크의 안쪽을 생략할 수 있습니다.
상황에 맞게 사용해 주세요.

이하 49쪽 7번부터

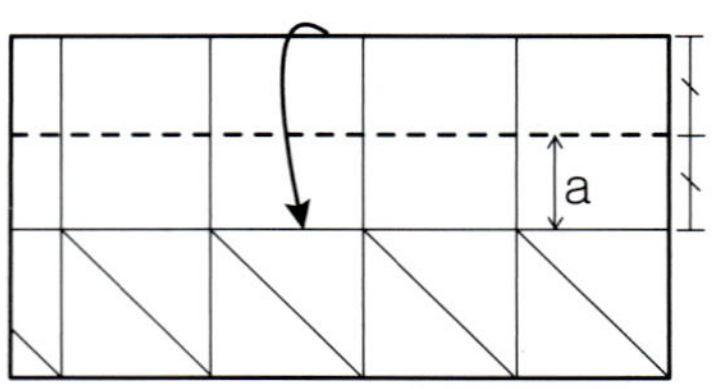

(a가 상자의 깊이가 된다)

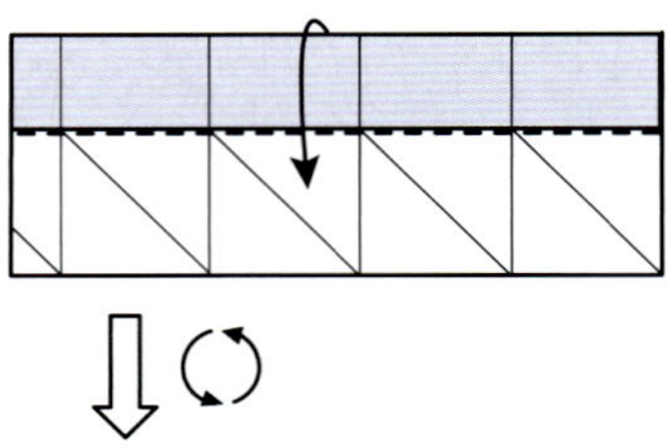

이하 50쪽 12번부터와 같다.

더블 로크 사각 상자 모음

마트료시카 인형과 같이 상자를 무한대로 넣어 즐길 수 있습니다.

사각 상자 뚜껑 기본 1

연습 : A4(210×297mm)를 잘라 사용

다양한 장식을 접을 수 있는 기본 모양입니다.

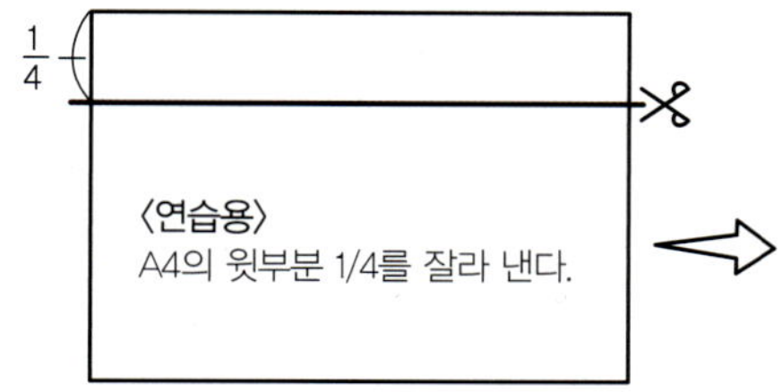

변의 비율 1:2 정도

1

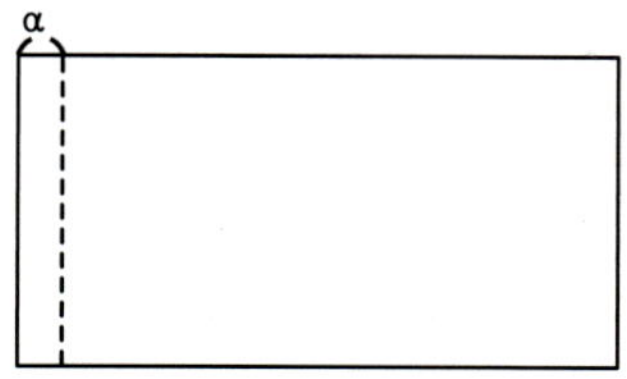

풀칠하는 곳(α)으로 1~2cm 정도
끝 부분을 접는다.

2

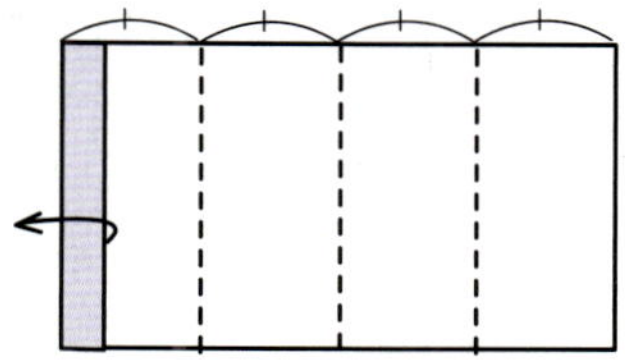

4등분의 접기선을 만들고 끝 부분을 펼친다.

3

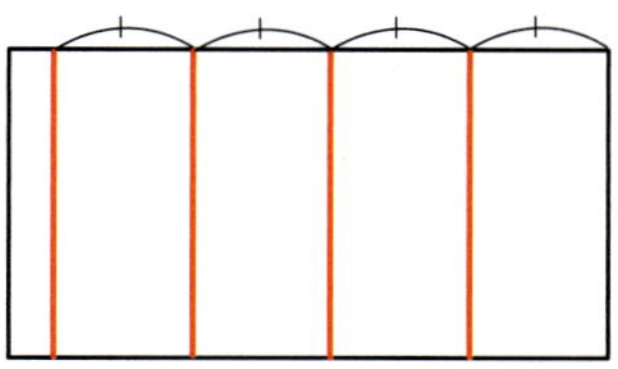

빨간 선은 산선과 계곡선을 둘 다 만든다.

4

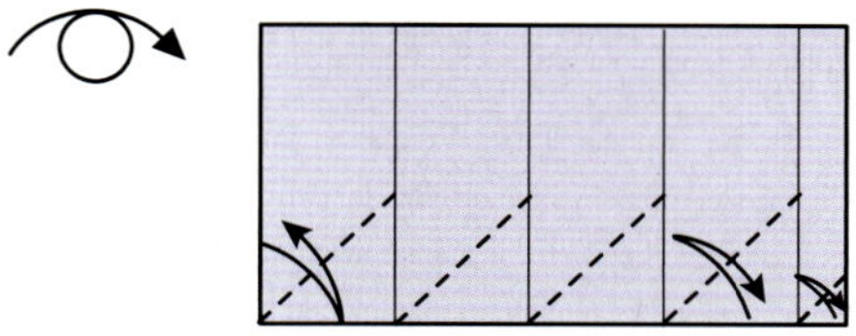

5

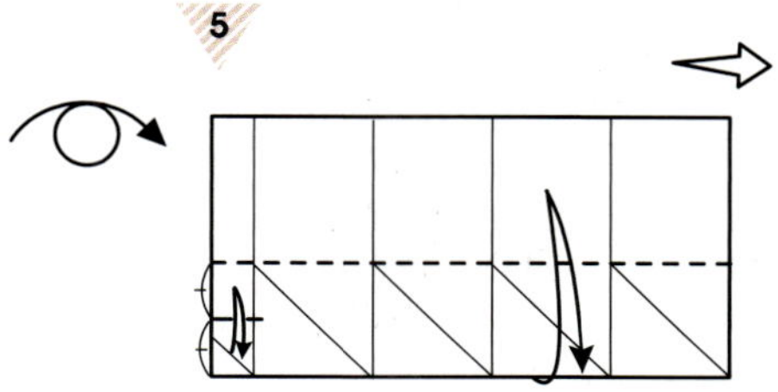

6

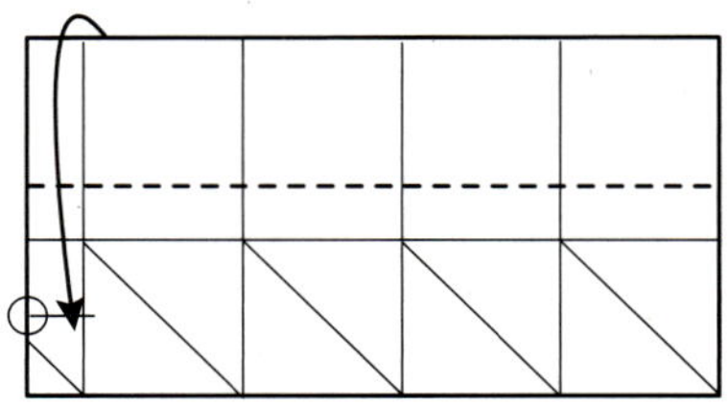

○ 표시의 선보다 4~5mm 아래로 접는다
(안쪽의 중심에 구멍이 생기지 않도록 정리
하기 위해).

7

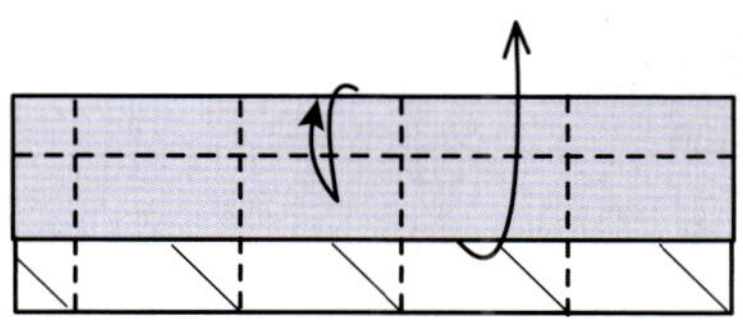

위아래에 함께 접기선을 만들고 펼친다.

8

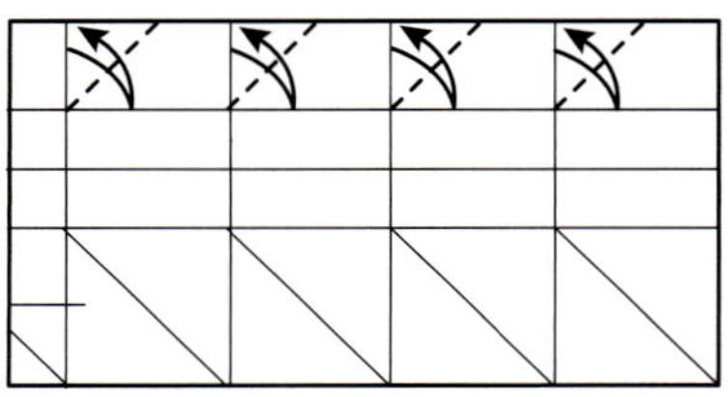

9

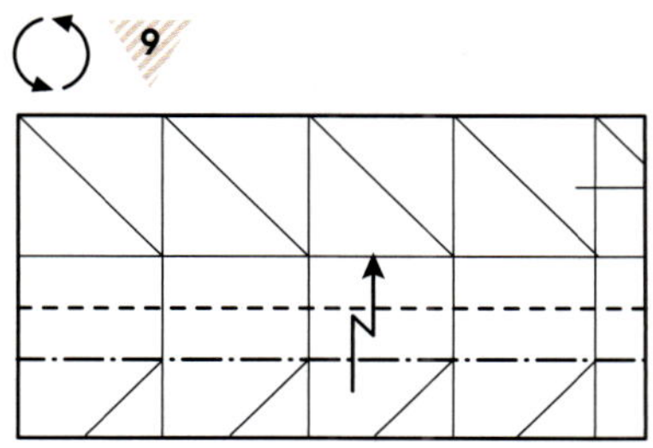

계단 접기를 한다.

10

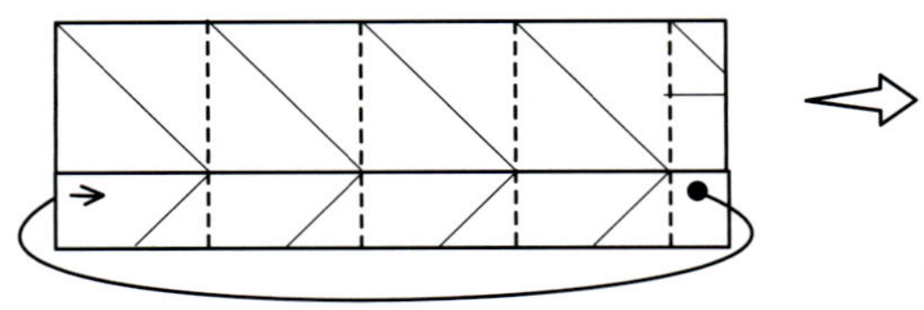

끝 부분을 끼우고 사각의 통으로 만든다.

11

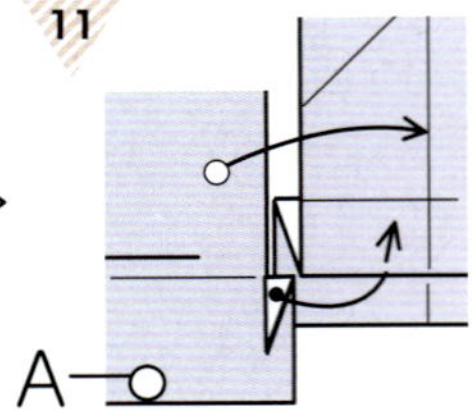

12

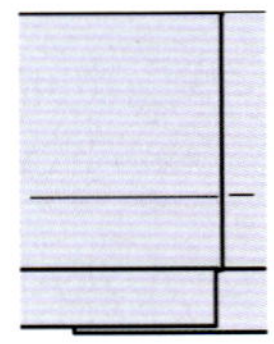

깊이가 깊은 상자의 경우 여기에서 안쪽의 바닥이 될 A 이외의 풀칠하는 곳에 풀칠해 두면 좋다.

▲▼ 조립 포인트

1. 단으로 포개어진 부분에 풀칠하는 곳을 끼워 넣는다.

2. 14번과 같이 산선과 계곡선을 접고 반시계 방향으로 비틀어 접고 중심을 닫는다.

13

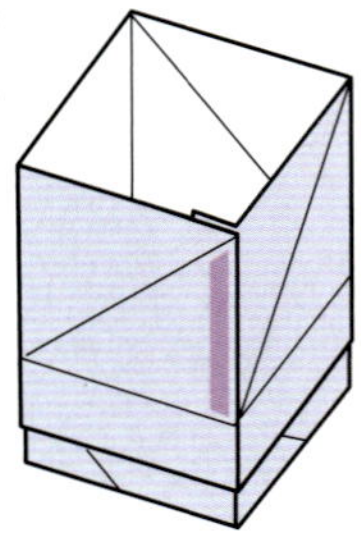

색이 짙은 부분(위의 접기선에 걸치지 않도록 주의)의 안쪽에 풀칠해 두면 나중에 작업하기 쉽다. 깊이가 깊은 상자는 한 번 더 적당히 풀칠한다.

14

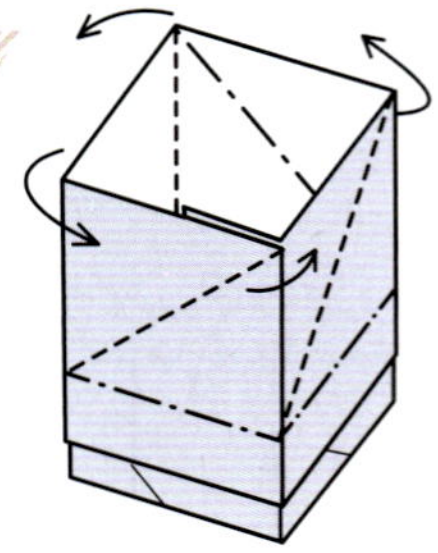

위를 비틀어 평평하게 한다.

15

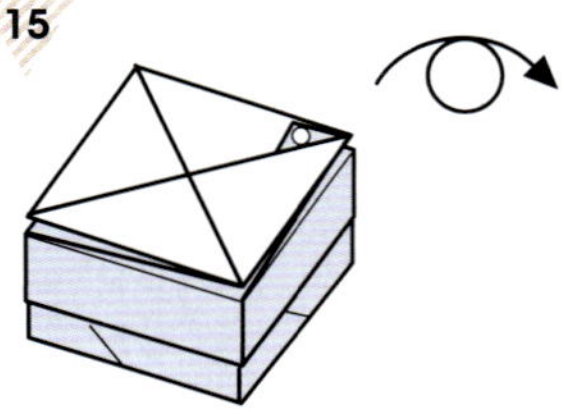

○ 표시(풀칠하는 곳의 삼각 부분)은 되접지 않아도 된다.

16

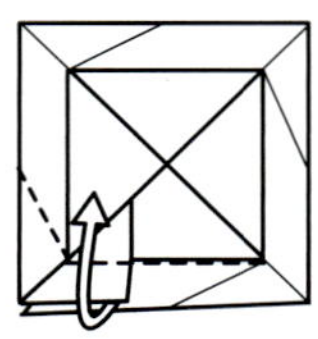

17

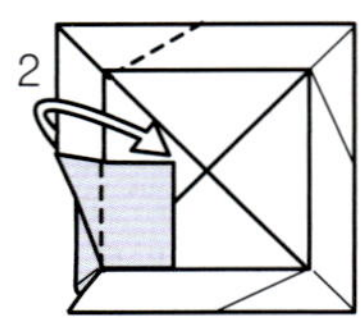

번호순으로 덮어 바닥에 포개어 간다.

18

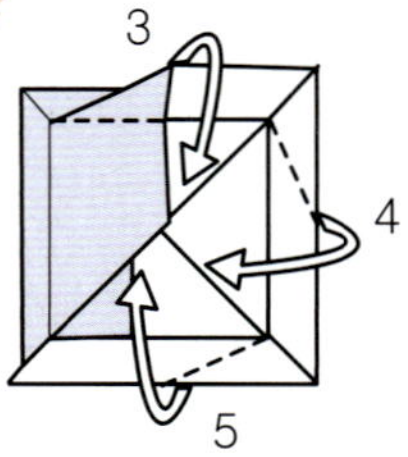

19

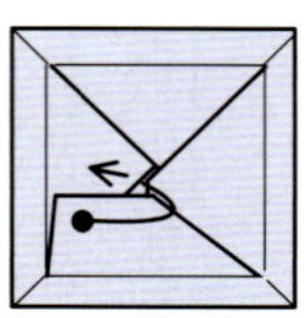

마지막은 안쪽으로 끼워 넣는다.

20

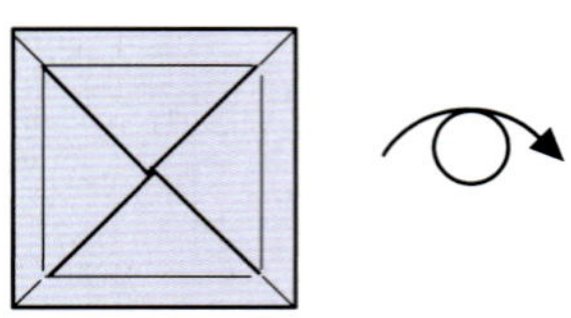

[뚜껑 기본 1]

21

※ 표시는 겹쳐 있는 부분.
풀칠하는 곳의 삼각 부분은 다시 접지 않아도 된다.

길이 예(단위 : cm)

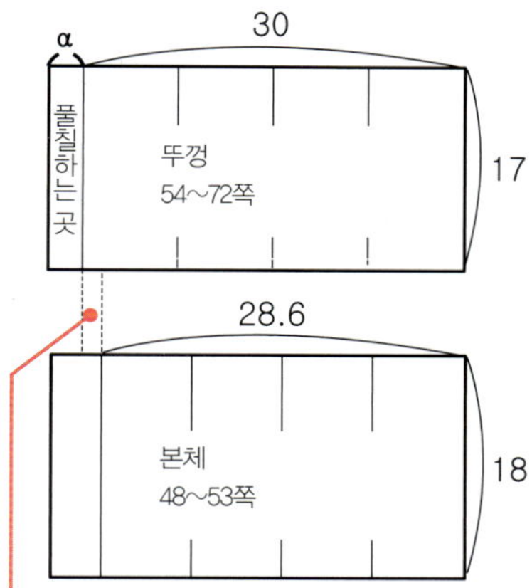

본체를 1.2~1.5cm 정도 작게 한다.

사각 상자 뚜껑 풍차 1, 단추, 풍차 2

★★★ 뚜껑 기본 1부터(56쪽 21번)

[풍차 1]

21

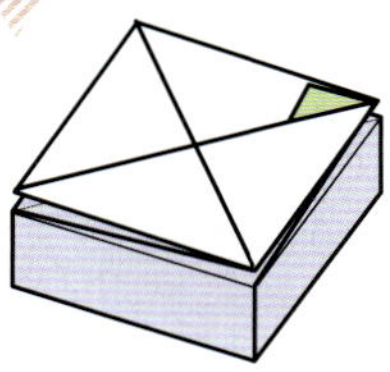

위에서 본 그림

22

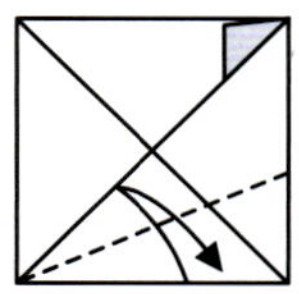

첫 번째는 접기선을 만들고 펼친다.

23

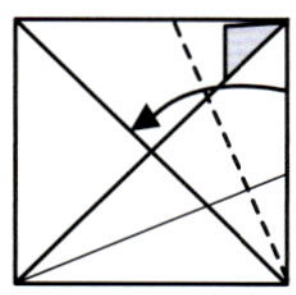

24

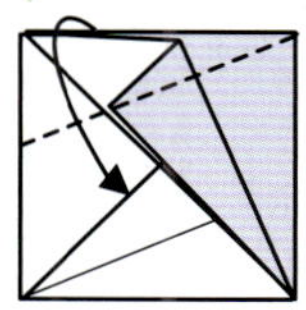

접으면서 반시계 방향으로 겹친다.

25

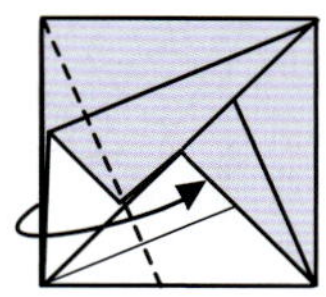

26

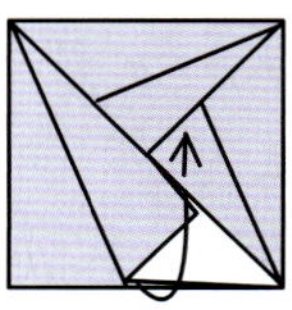

27

28

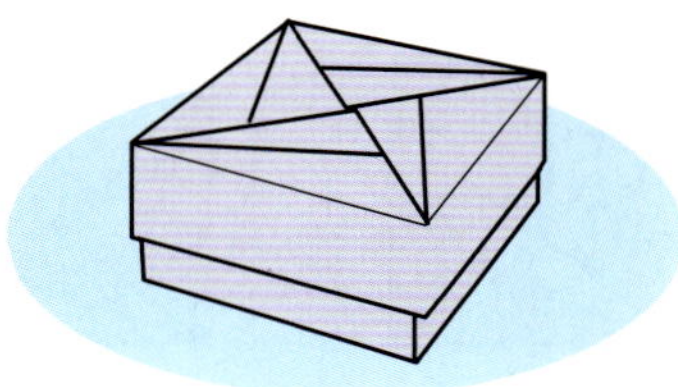

작품의 종이 크기
뚜껑 / (33+α)×17
본체 1 / (31.5+α)×15

[단추]

22 위에서 본 그림

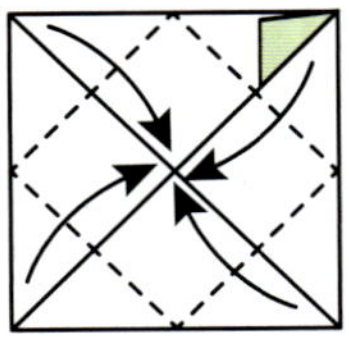

23

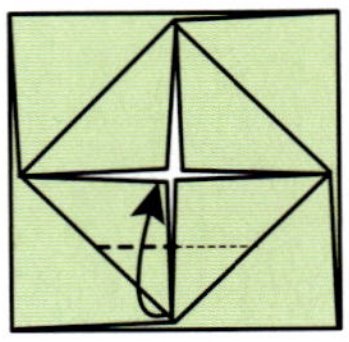

24

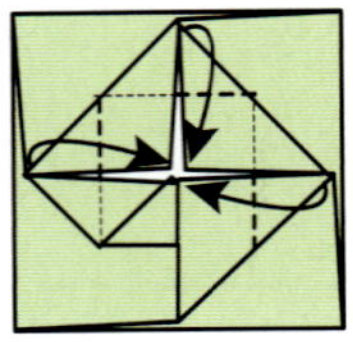

25

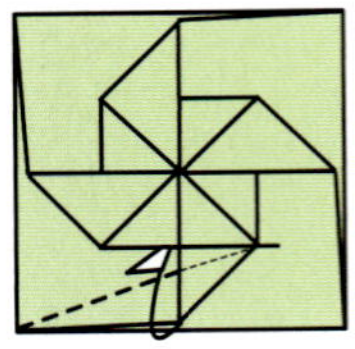

안으로 접어 넣는다.

26

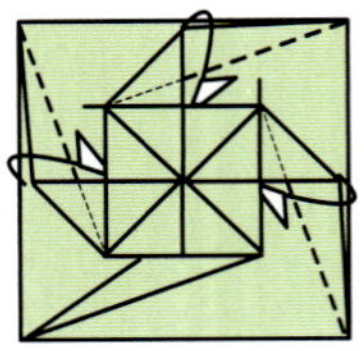

27

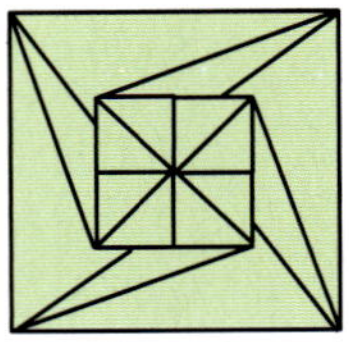

28

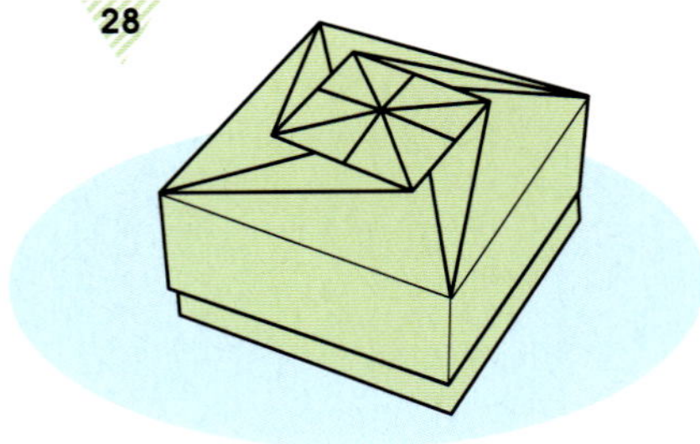

[풍차 2]

22 위에서 본 그림

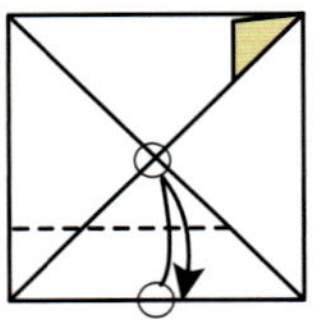

23

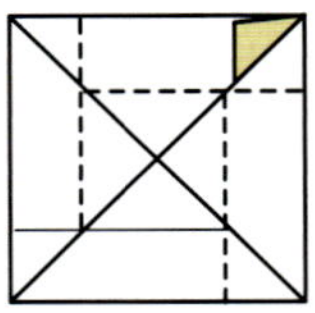

그림과 같이 접기선을 만든다.

24

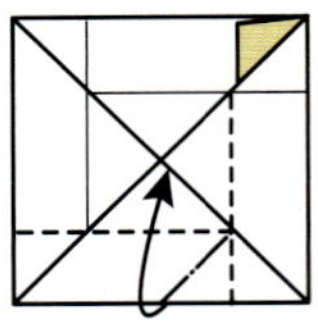

중앙으로 모아 집어
접는다.

25

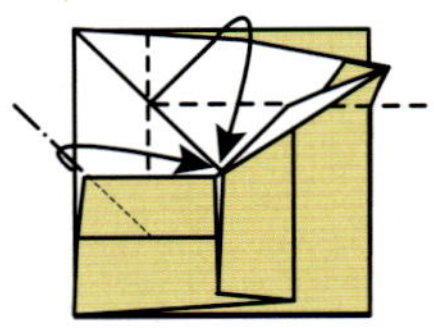

26

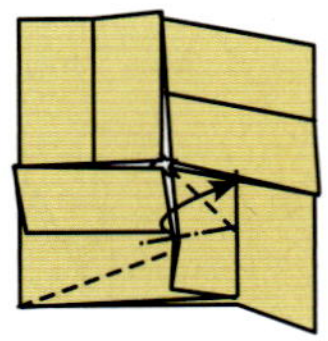

접으면서 시계 방향
으로 겹친다.

27

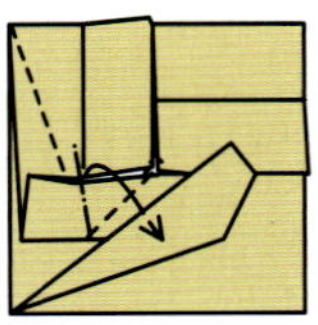

28

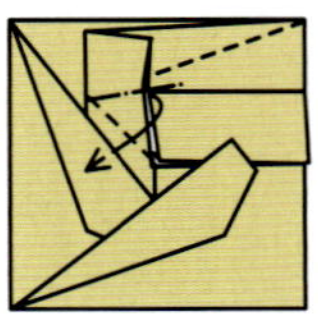

29

30

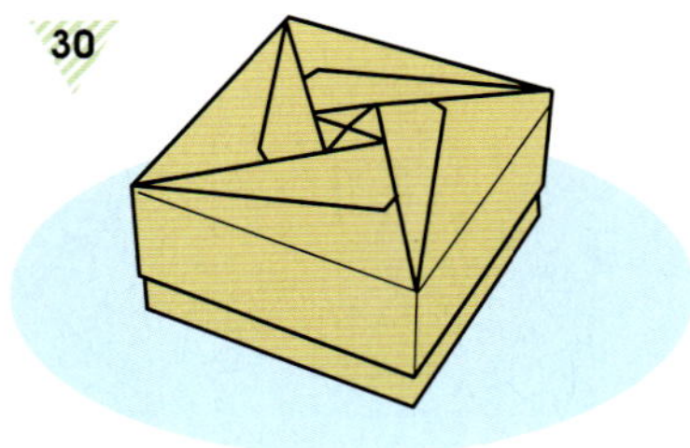

상자 크기 8×8×5cm
뚜껑 종이 크기 (32+a)×18cm
본체 종이 크기 (30.5+a)×19.5cm

사각 상자 뚜껑 **꽃 모양**

★★★ 55쪽 9번부터

9

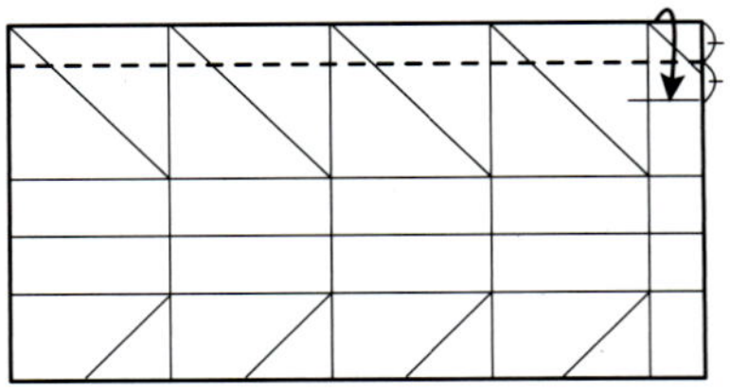

10

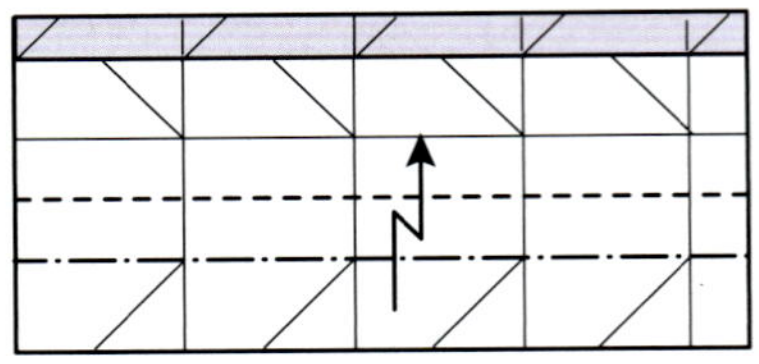

11

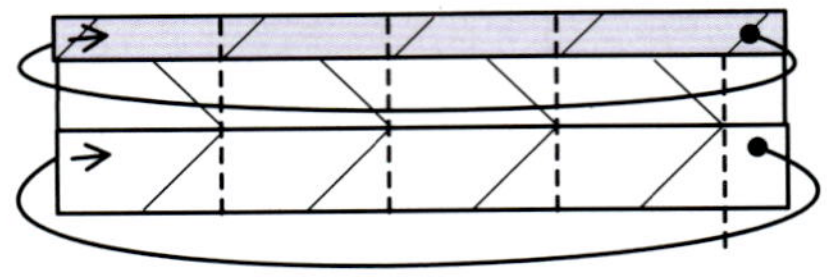

끝 부분은 끼워서 사각의 통으로 만든다.

Point 안쪽의 처리는 56쪽과 같다.

12

윗부분은 비틀어서 평평하게 한다.

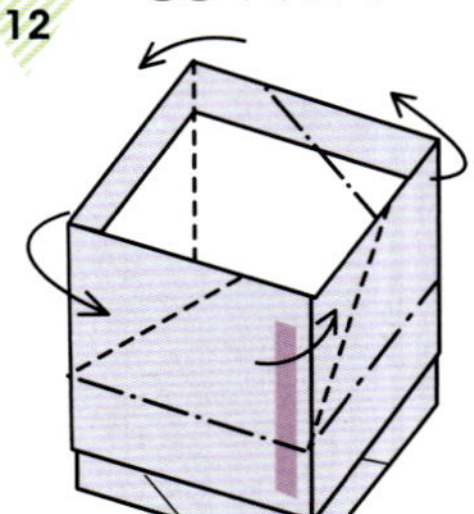

색이 짙은 부분에 풀칠한다.

13

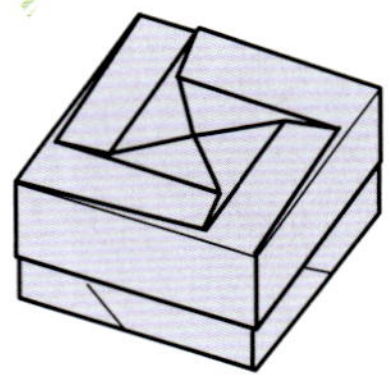

안쪽

14

순서대로 씌우며 접어 간다.
자세한 과정은 56쪽 참조.

15

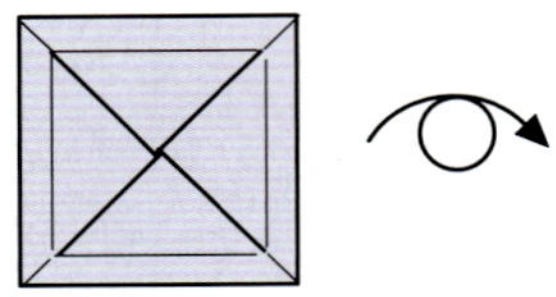

16

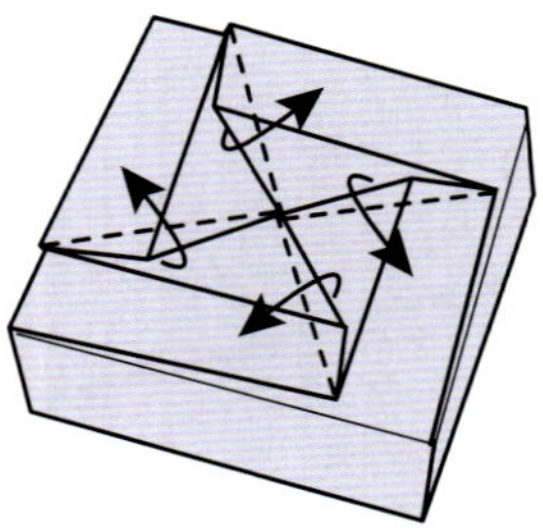

주름을 세운다.

17

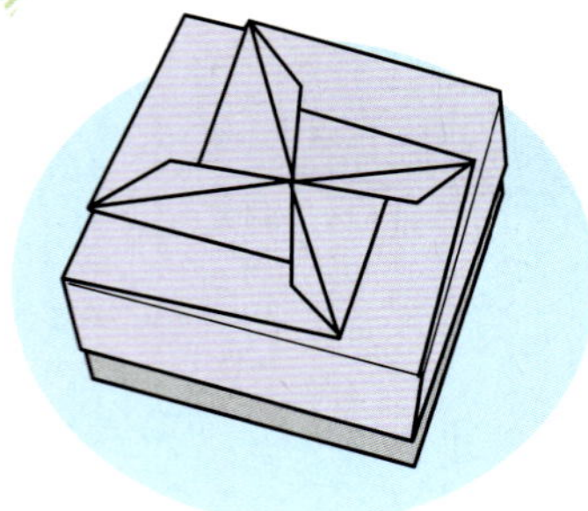

작품의 종이 크기
뚜껑 / (24+α)×15
본체 / (23.2+α)×18

꽃 모양
상자 크기 6×6×5.5cm

사각 상자 뚜껑 **손잡이**

★★★ **뚜껑 기본 1부터(56쪽 21번)**

21

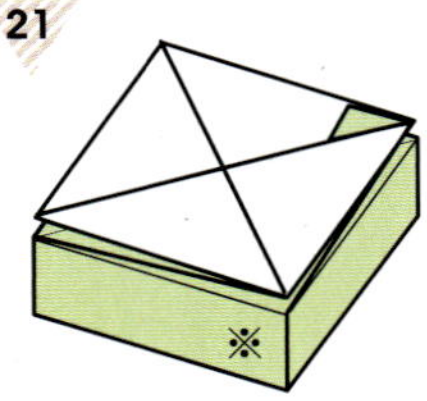

풀칠하는 곳의 삼각은
되접지 않아도 된다.

22

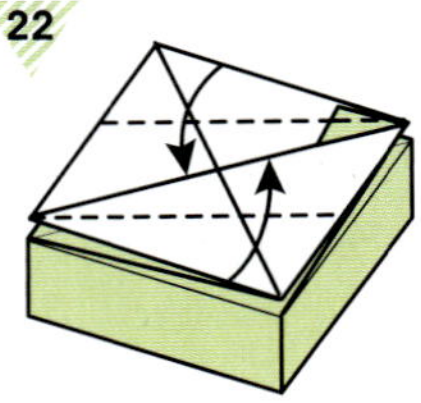

위에서 본 그림

23

24

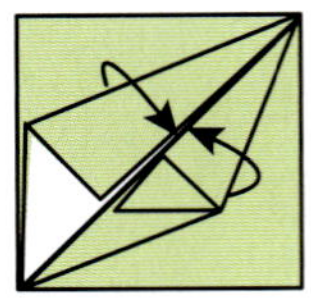

주름을 맞춰 세운다.

25

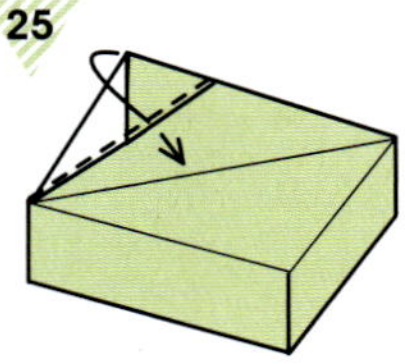

26

작품의 종이 크기
뚜껑 / (25+α)×16.5
본체 / (23.6+α)×24

상자 크기 6.3×6.3×9.5cm

사각 상자 뚜껑 **피튜니아, 수레국화**

모양을 잡기 쉽도록 뚜껑 기본 1(56쪽)에 접기선을 더 만든 것입니다. 풀칠하는 곳의 폭에 주의해 주세요.

★★★ **55쪽 3번부터**

α는 L의 반보다 짧게 한다.
넓을 경우 잘라 낸다.

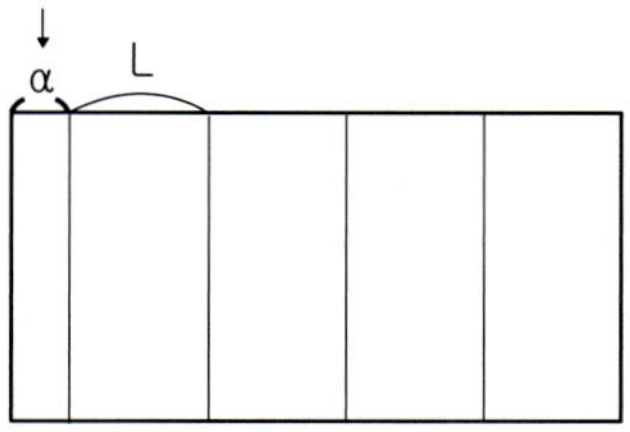

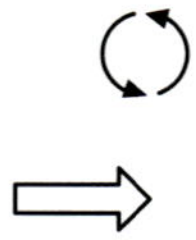

이하 55쪽 9번까지 접는다(단, 상하를 반대로 한다).

9

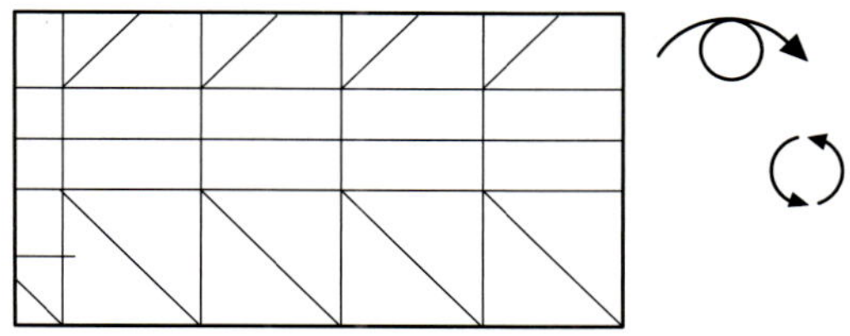

접기선을 만들고 펼친다.

10

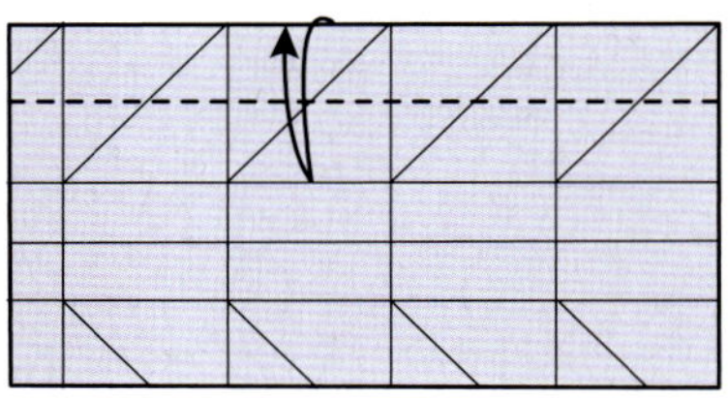

11

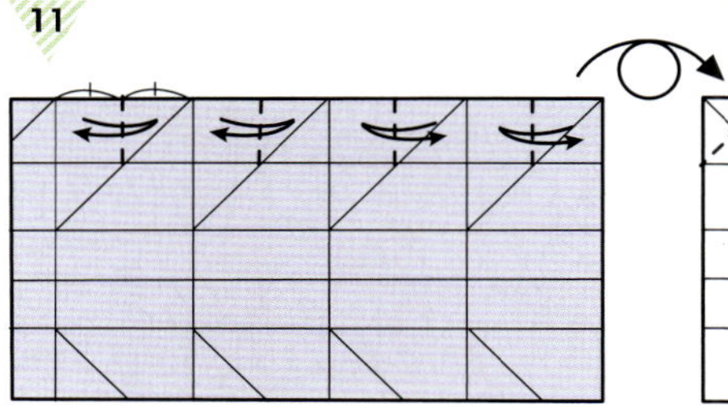

그림과 같이 접기선을 만든다.

12

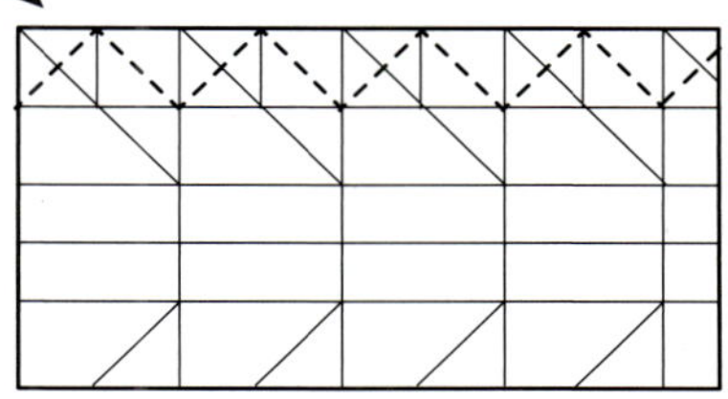

13

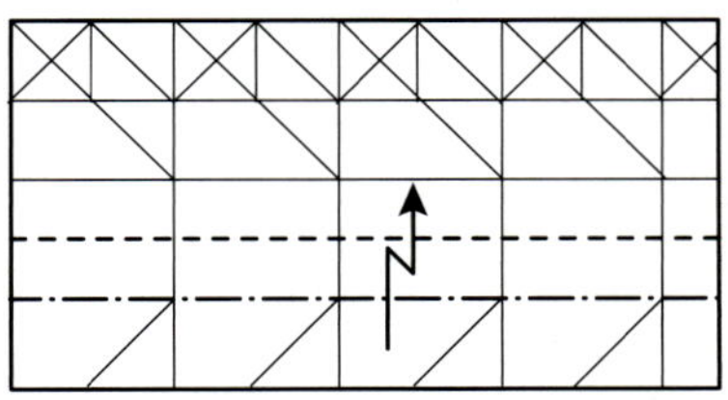

계단 접기를 한다.

14

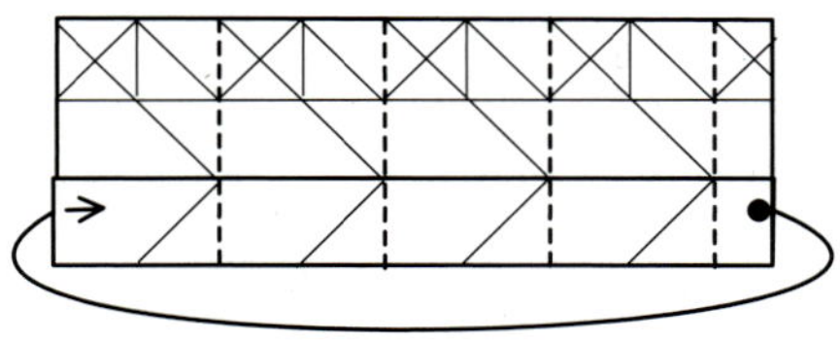

끝 부분을 끼워서 사각의 통으로 만든다.

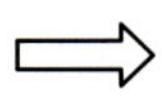

이하 56쪽 13~21번까지 접는다.

15

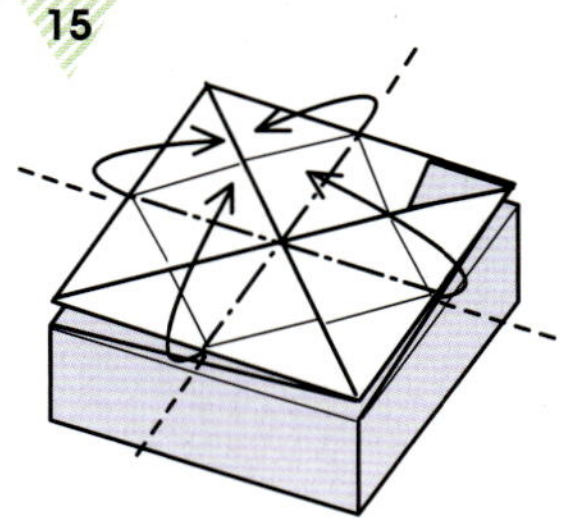

중심으로 모아 십자로 세운다.

[피튜니아]

16

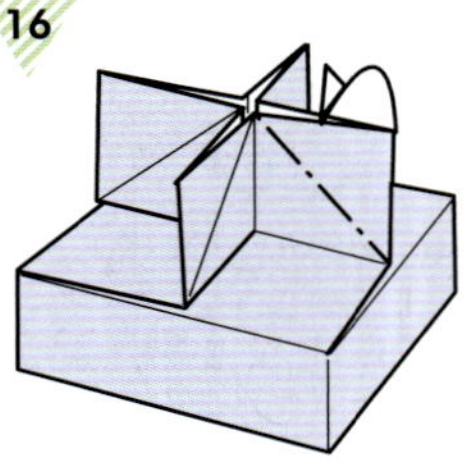

안으로 접어 넣는다.

17

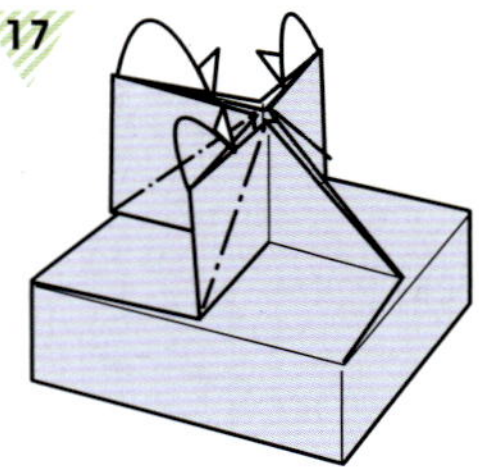

나머지 세 군데도 접어 넣는다.

18

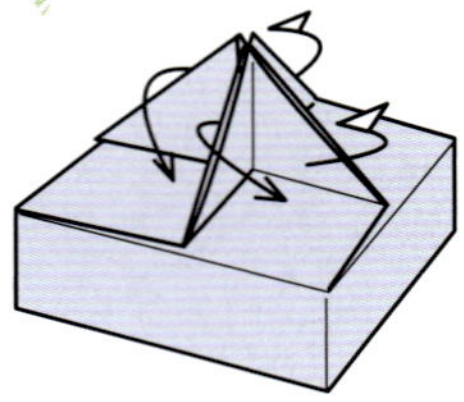

비틀어서 평평하게 한다.

19

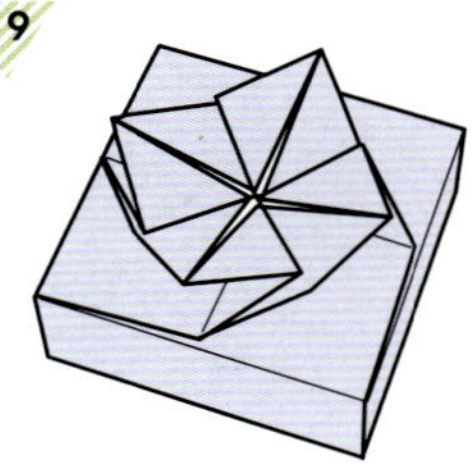

꽃잎을 말아 준다.
안으로 말아도, 밖으로 말아도 상관없다.

20

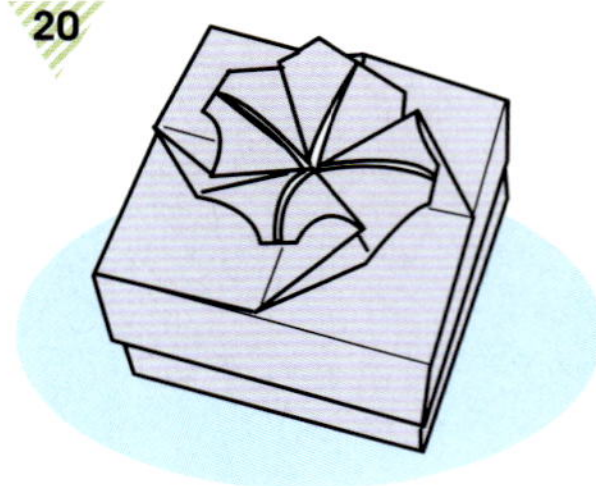

작품의 종이 크기
뚜껑 / (30+α)×17
본체 / (28.5+α)×18.5

[수레국화]

★★★ **피튜니아 19번부터**

19

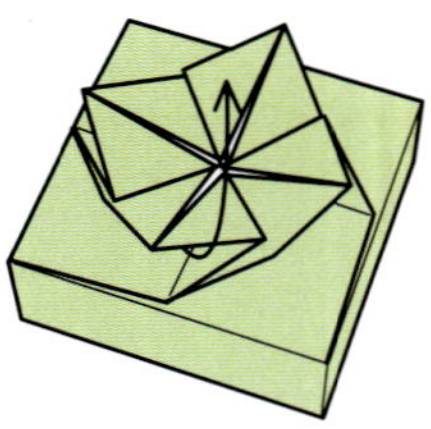

꽃잎을 하나 들어올린다.

20

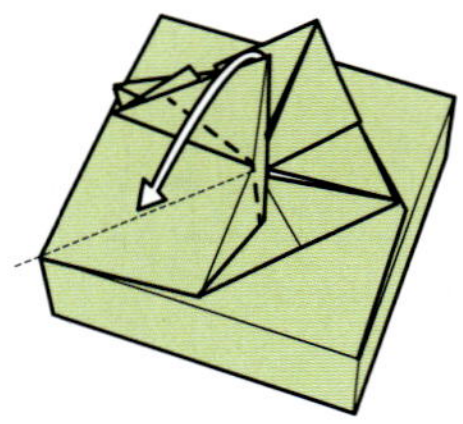

점선에 모서리 부분이 오도록 내리고 평평하게 한다.

21

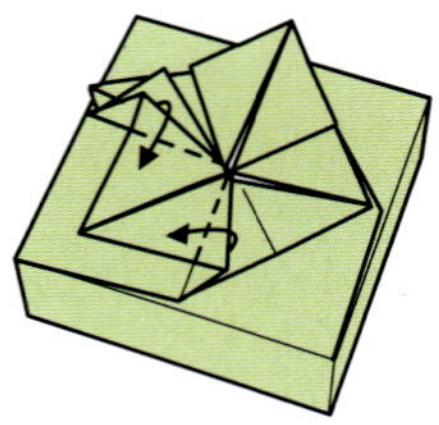

양옆을 접는다.

22 **위에서 본 그림**

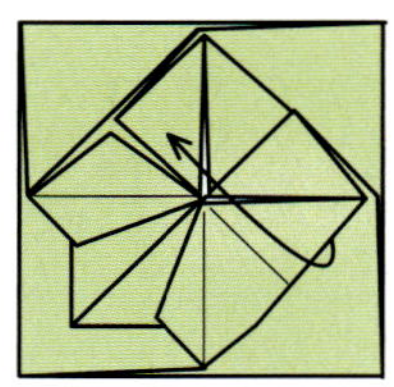

꽃잎을 들어올린다.

23

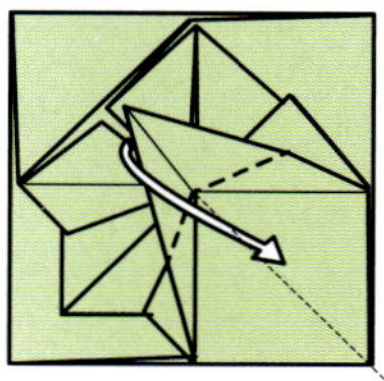

점선에 모서리 부분이 오도
록 내리고 평평하게 한다.

24

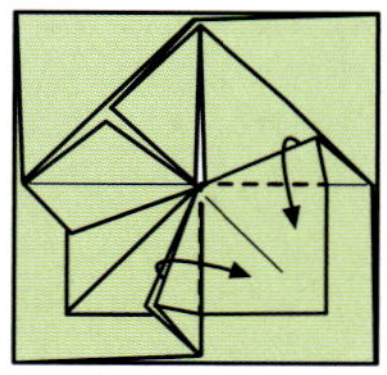

양옆을 접는다.

25

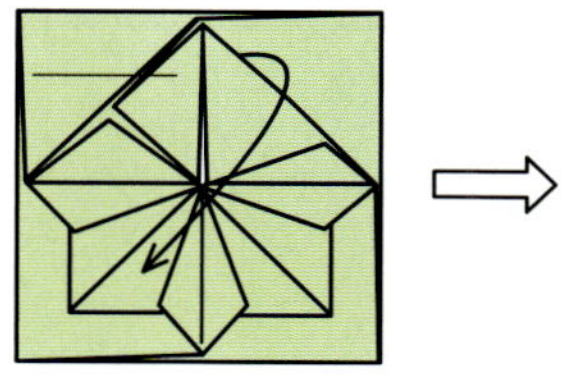

같은 요령으로
나머지 두 군데도 접는다.

26

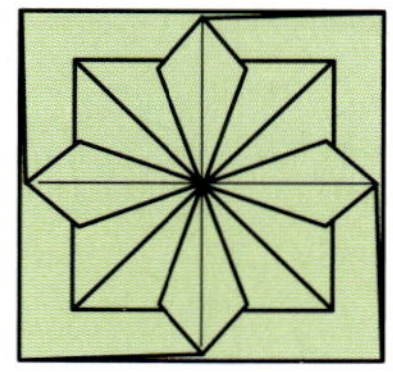

27

작품의 종이 크기
뚜껑 / (29+α)×17
본체 / (27.8+α)×18

사각 상자 뚜껑 **롤**

★★★ **63쪽 15번부터**

15

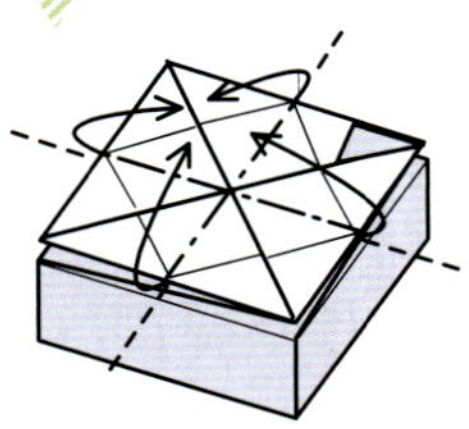

중심으로 모아 십자로 세운다.

16

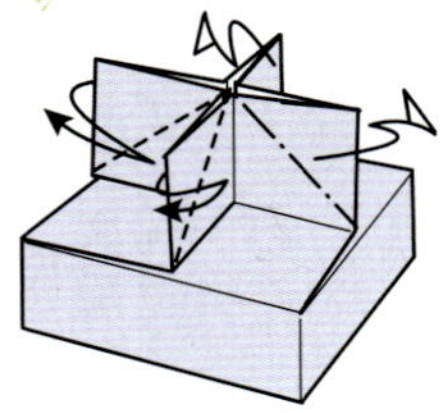

17

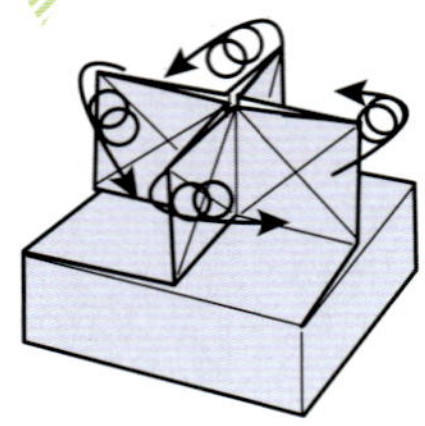

끝을 말아 준다.

18

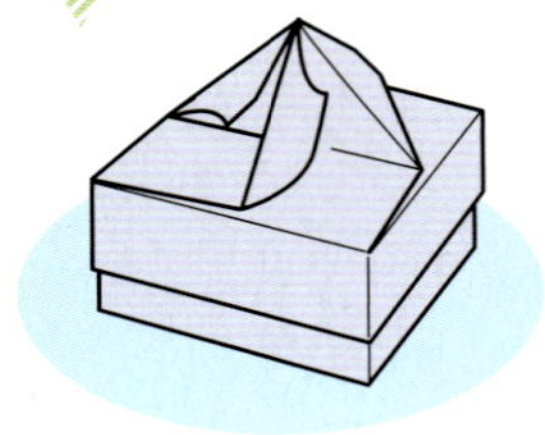

작품의 종이 크기
뚜껑 / (30+α)×17
본체 / (28.5+α)×20

상자 크기 7.5×7.5×7.5cm

사각 상자 뚜껑 기본 2

연습 : A4(210×297mm)를 잘라 사용

모양을 잡기 쉽도록 뚜껑 기본 1(54쪽)에 접기선을 더 만든 것입니다. 풀칠하는 곳의 폭에 주의해 주세요.

★★★ 55쪽 3번부터

α는 L의 반보다 짧게 한다. 넓을 경우 잘라 낸다.

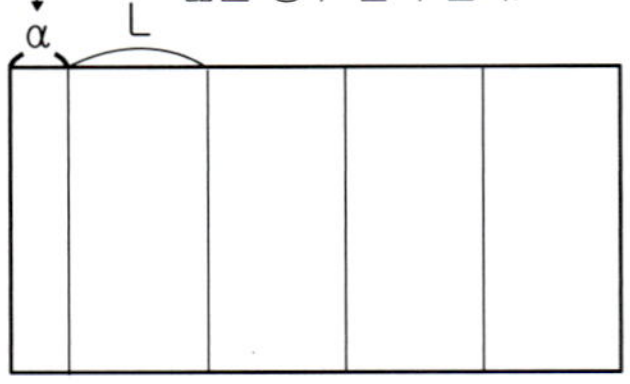

이하 55쪽 9번 까지 접는다.

9

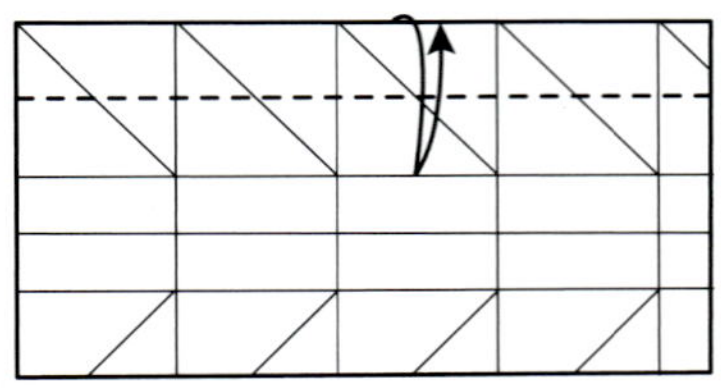

10

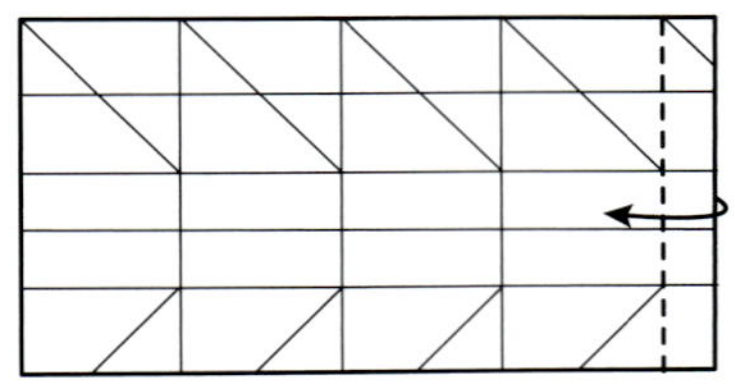

11

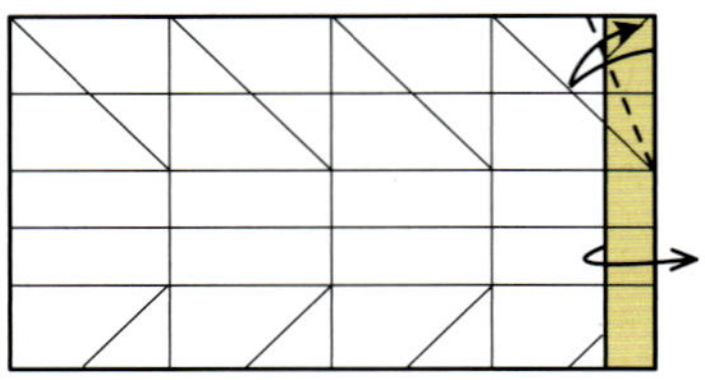

그림과 같이 접기선을 만들고 펼친다.

12

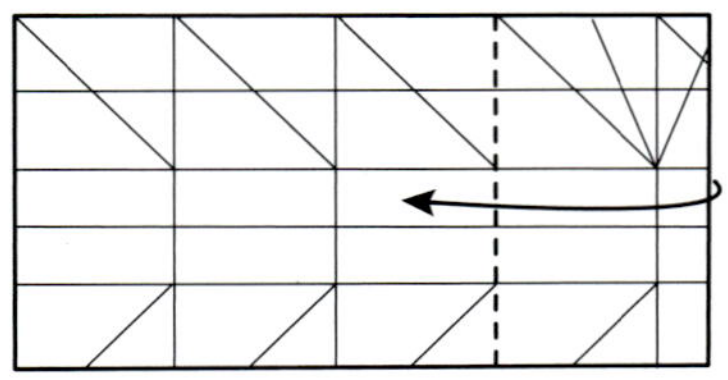

13

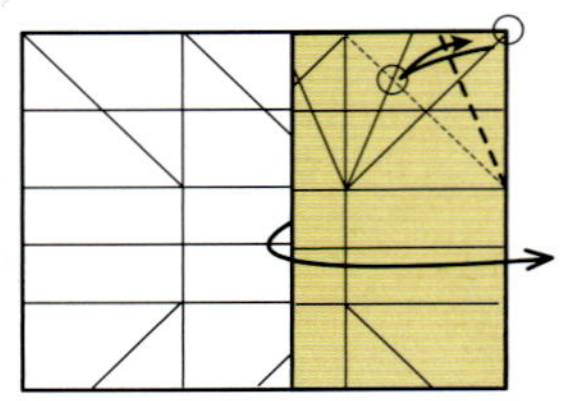

○ 표시를 맞춰 접는다. 뒷장의 사선도 기준으로 한다(11번 참조).

14

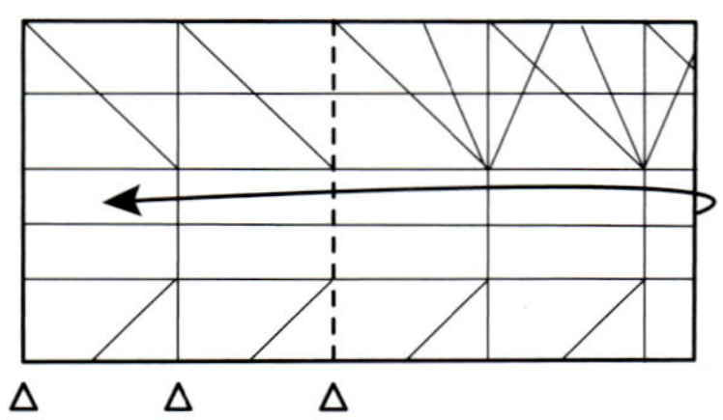

△ 표시의 나머지 세 군데도 같은 방법으로 접는다.

15

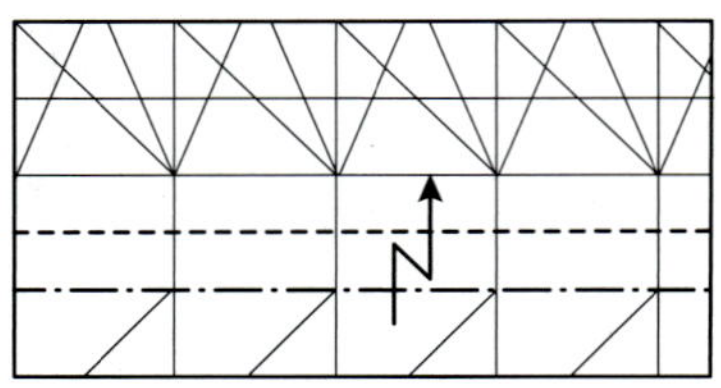

계단 접기를 한다.

16

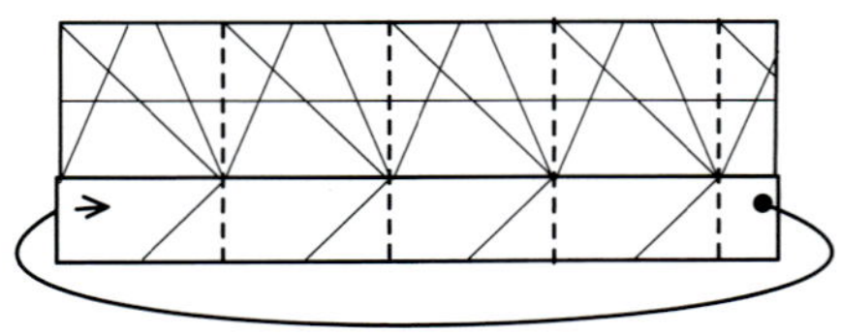

끝 부분을 끼워 사각의 통을 만든다.

이하 56쪽 10~21의 요령으로 접는다.

17

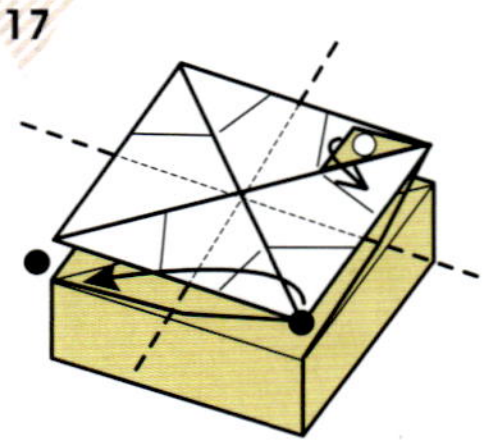

아래의 주름을 역방향으로 90도 비튼다(● 표시가 만남). 이때 풀칠하는 곳의 삼각 부분이 자연스럽게 넘어간다.

18 [뚜껑 기본 2]

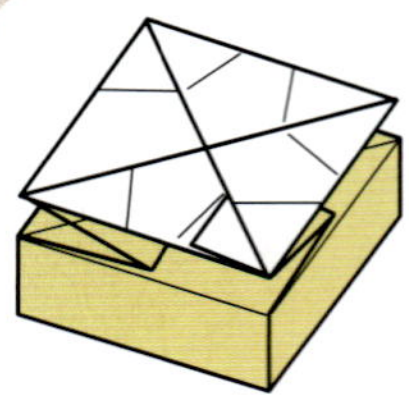

17번의 요령으로 비틀고 중심을 닫아 평평하게 펼친다.

★★★ 뚜껑 기본 2부터(68쪽 18번)

[꽃다발 A]

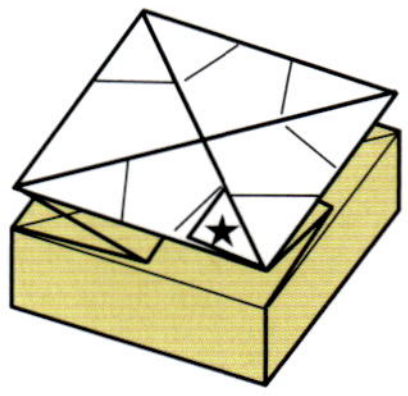

19 위에서 본 그림

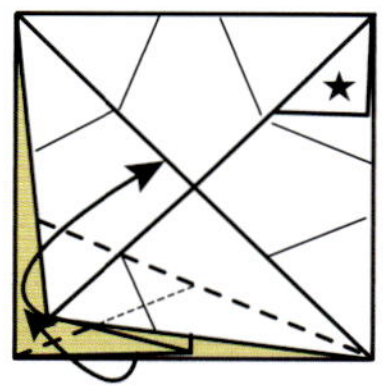

두 군데를 동시에 접어 올린다(★ 표시의 위치에 주의).

20

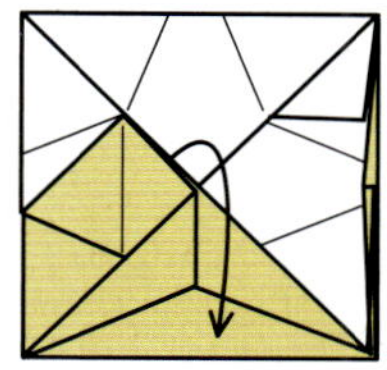

다시 되돌린다.

21

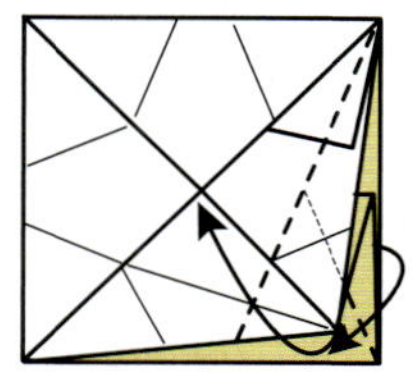

두 번째도 같은 모양으로 접는다.

22

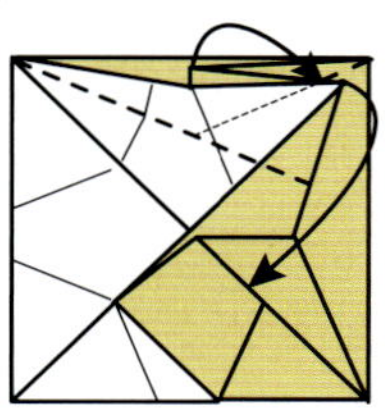

세 번째를 접는다.

23

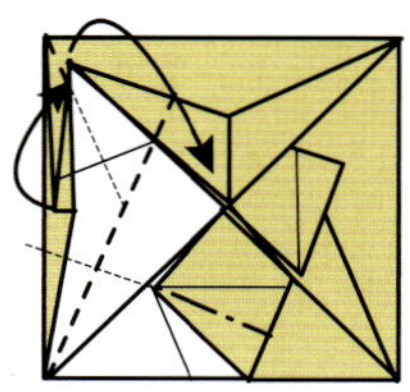

네 번째를 접는다.

24

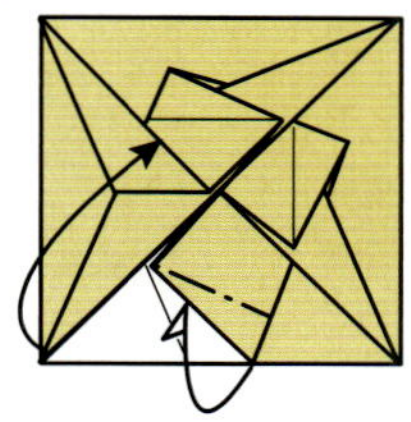

19번에서 만든 접기선을 다시 접는다.

25

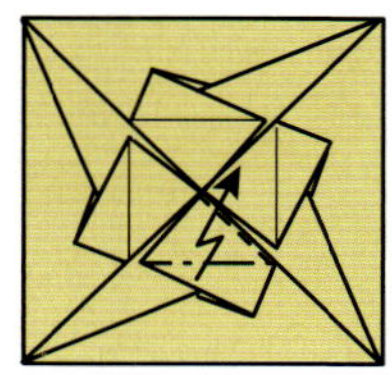

끝을 잡아 반대쪽으로 접는다.

26

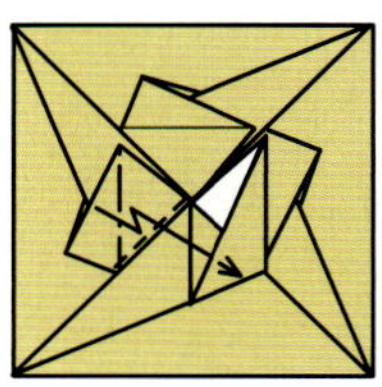

끝을 잡아 반대쪽으로 접고 끝 부분은 끼워 넣는다.

27

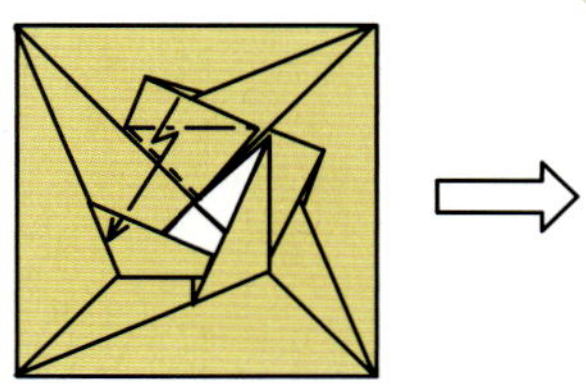

나머지 두 군데도 같은 요령으로 접는다.

28

29

작품의 종이 크기
뚜껑 / (30+α)×17
본체 / (28.5+α)×18.5

컬이 들어간
꽃다발
꽃다발 A
상자 크기 7.5×7.5×5.3cm

[꽃다발 B]

★★★ 꽃다발 A의 25번부터

25

위에서 본 그림

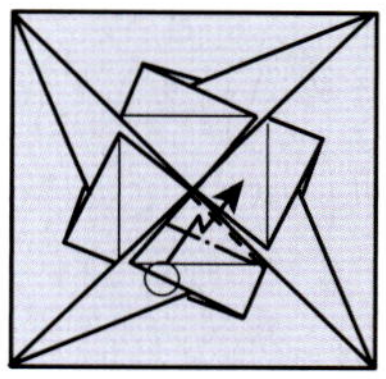

주름을 모아 접고 ○ 표시의 변을 중앙에 맞춘다.

26

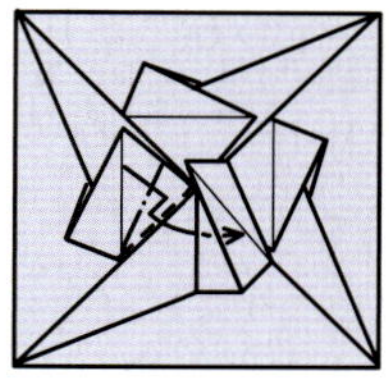

주름을 모아 접고 끝 부분을 끼워 넣는다.

27

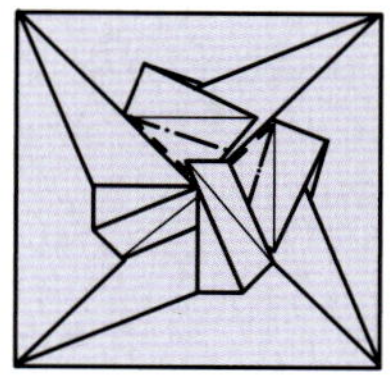

나머지 두 군데도 같은 요령으로 접는다.

28

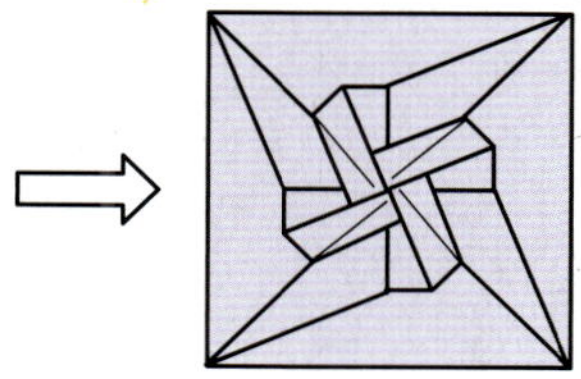

29

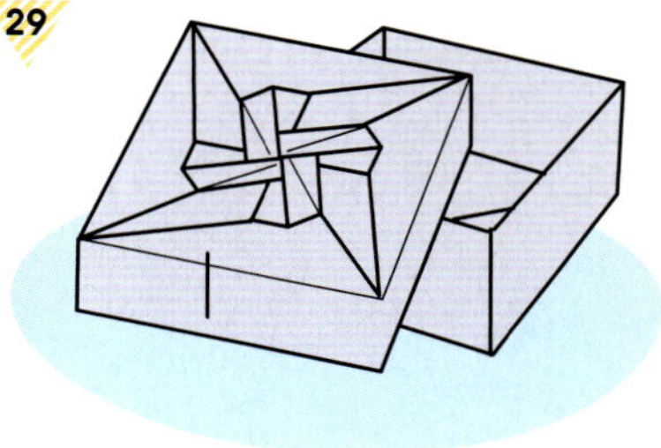

[꽃다발 컬]

★★★ 꽃다발 A의 25번부터

26

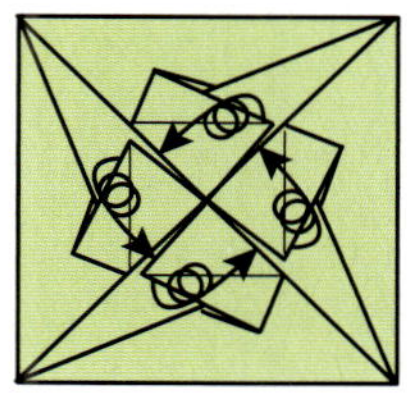

끝을 만다.

사각 상자 뚜껑 **꽃봉오리**

★★★ 뚜껑 기본 2부터(68쪽 18번)

18

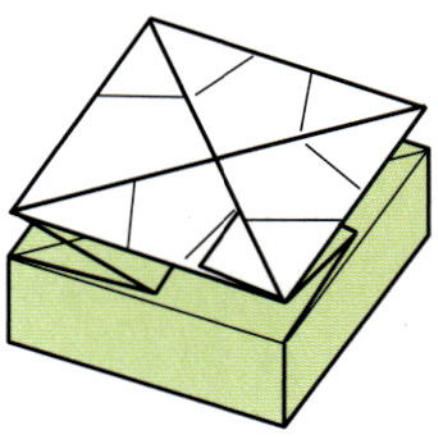

19

위에서 본 그림

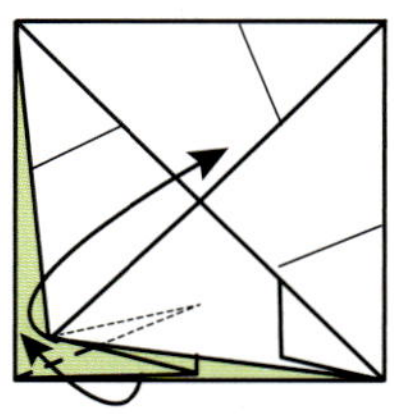

위로 올리면서 위아래의 모서리부터 모서리까지 접는다. 결과적으로 주름을 안으로 접어 넣는 모양이 된다.

20

21

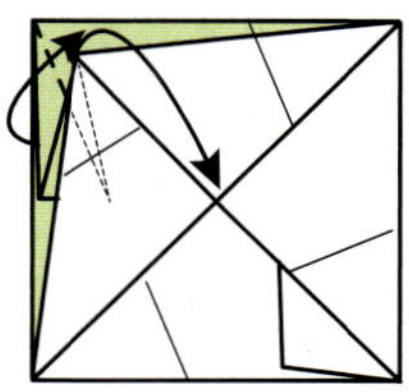

나머지 세 군데도 같은 요령으로 접는다.

22

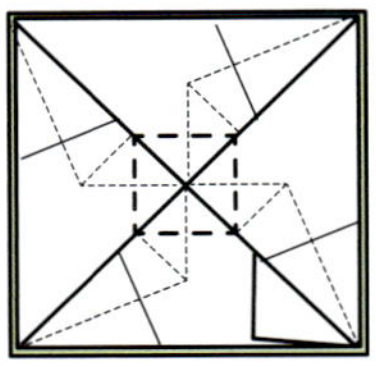

19, 20번에서 접은 아래에 있는 모서리를 기준으로 위의 1장만 접기선을 만든다.

23

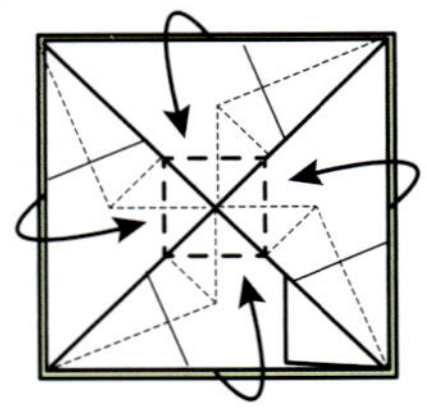

중앙에 사각 기둥을 만든다는 이미지를 그리며 세운다.

24

중앙에 사각 기둥이 있는 이미지

25

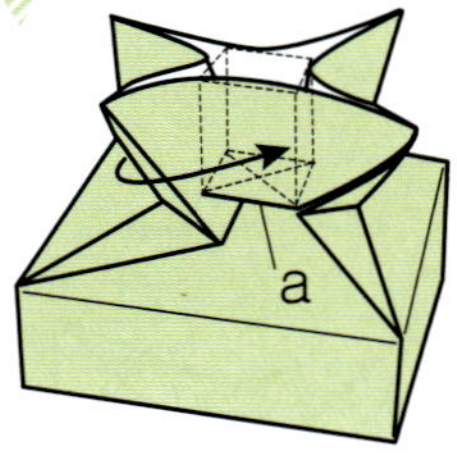

주름을 사각 기둥에 맞춰 감고, a의 선에서 되접을 선을 만든다.

26

나머지 세 군데도 같은 방법으로 한다.

27

봉오리 모양으로 다듬고 ○ 표시를 한 네 곳의 끝부분을 가볍게 만든다.

28

작품의 종이 크기
뚜껑 / (31.5+α)×20
본체 / (30+α)×24

상자 크기 7.9×7.9×10.5cm

올록볼록 사각 상자 뚜껑 네 개의 산

연습 : A4(210×297mm)를 잘라 사용

상자 크기 6.7×6.7×12cm
뚜껑 종이 크기 (26.8+a)×20.5cm
본체 종이 크기 (26+a)×21cm

종이의 크기는 어느 정도 자유롭습니다. 그림의 비율을 기준으로 시작하세요. 뚜껑의 장식으로 삼각의 산 모양이 네 개 생깁니다.

기본선과 길이 예(단위 : cm)

α는 L의 반보다 짧게 한다.
넓은 경우 잘라 낸다.

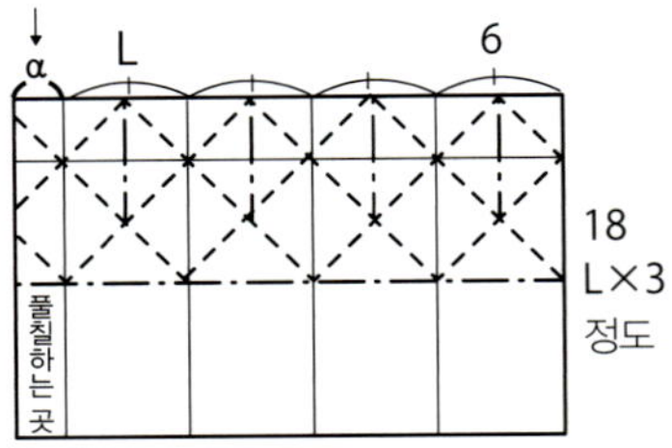

※ 본체(48쪽)는 뚜껑보다 가로를 1.2~1.5cm 정도 짧게 한다. 높이를 같게 하거나 그보다 길게 한다.

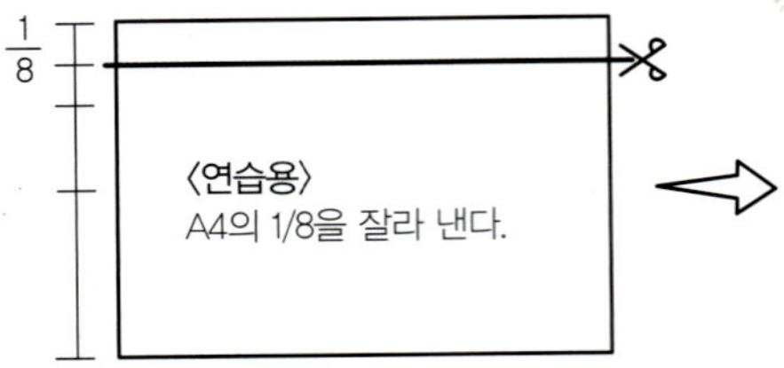

1

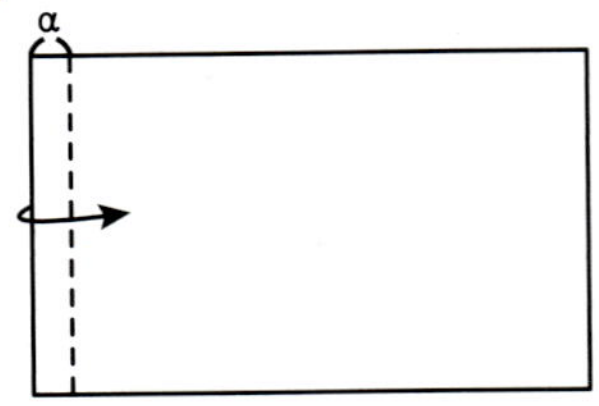

풀칠하는 곳(α)으로 2cm 정도 끝부분을 접는다. 풀칠하는 곳의 폭에 주의(왼쪽 팁 참조).

2

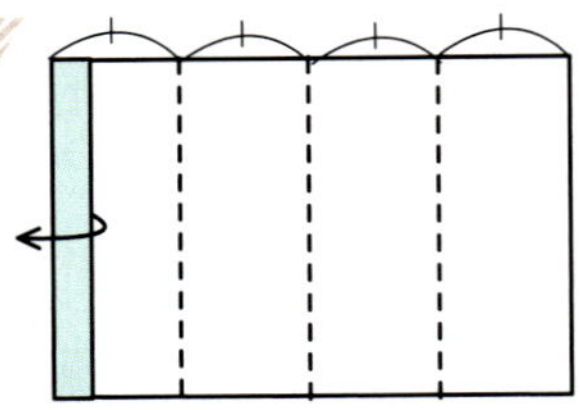

접기선을 만들고 펼친다.

3

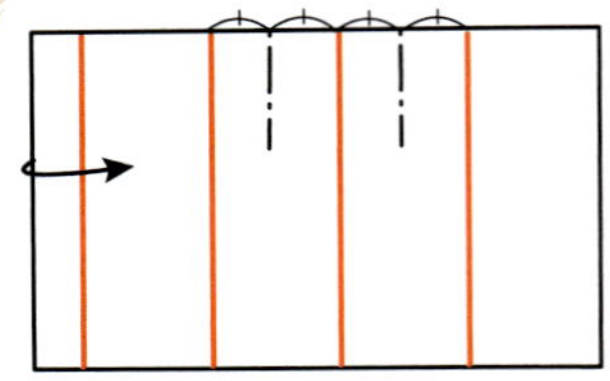

빨간 선은 산선과 계곡선을 둘 다 만든다. 산선은 4~5cm 정도만 만든다. 마지막으로 풀칠하는 곳을 접는다.

4

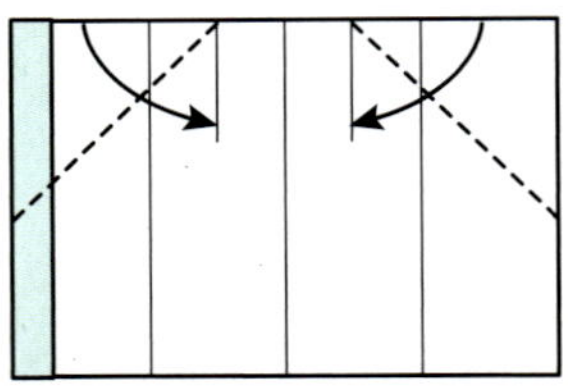

5

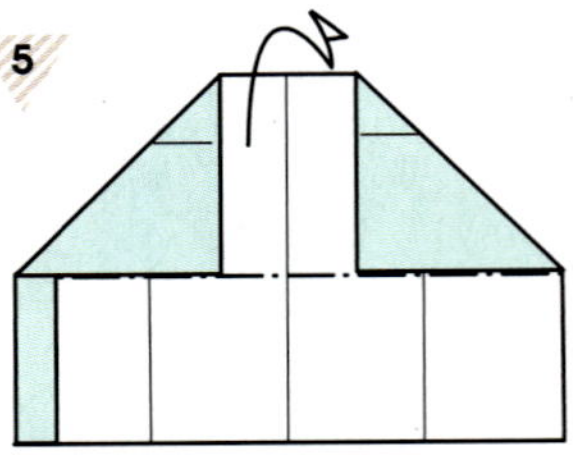

산선을 접고 전부 펼친다.

6

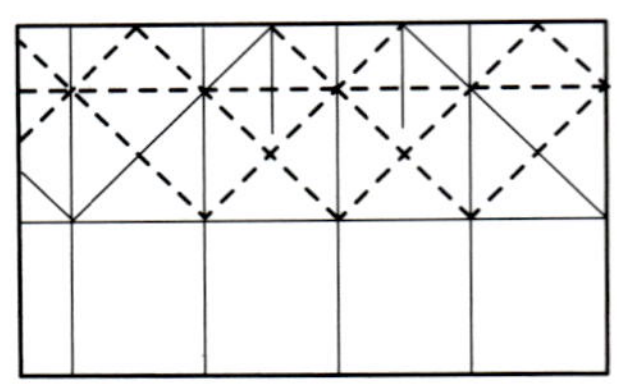

계곡선을 접는다.

7

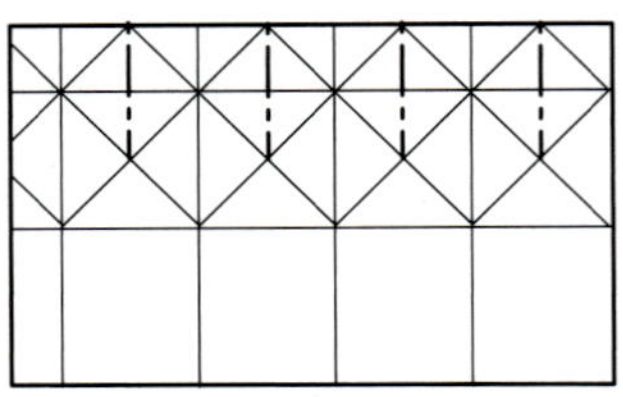

산선을 접는다.

8

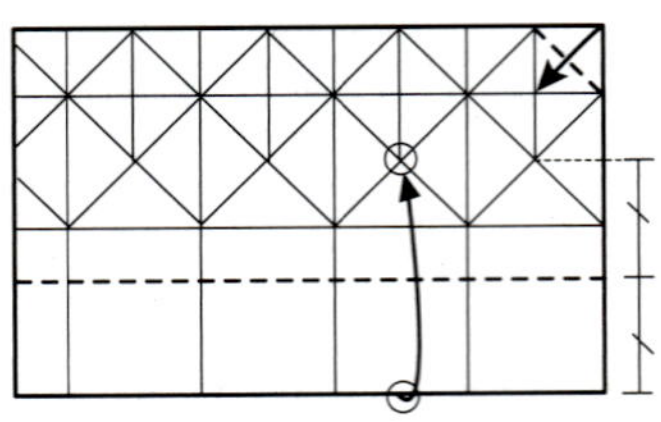

○ 표시를 맞춰 접는다.

9

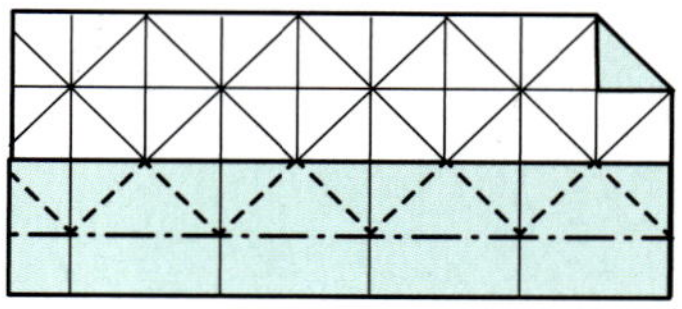

위아래에 함께 접기선을 만든다.

10

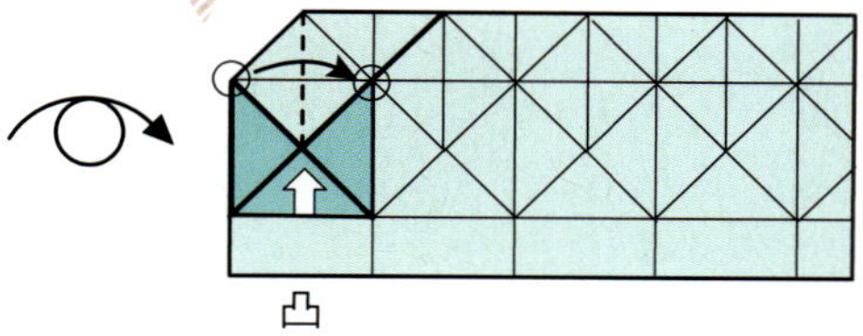

굵은 선을 산선으로 접어 ○ 표시를 맞춰 화살표 끝을 볼록하게 하고 주름을 안쪽의 오른쪽으로 기울여 하나의 산을 만든다.
(색이 짙은 부분이 삼각의 산이 된다.)

11 **바깥쪽**

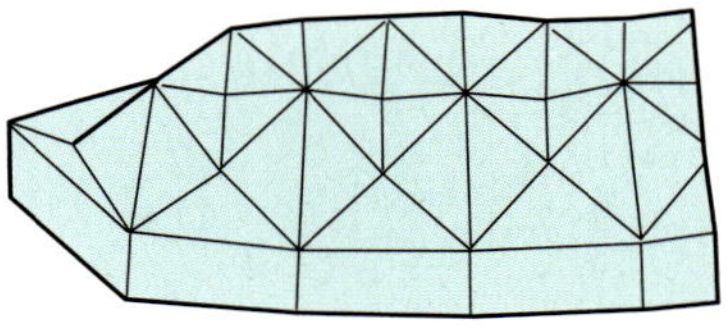

11 -1 **11번을 안쪽에서 본 모습**

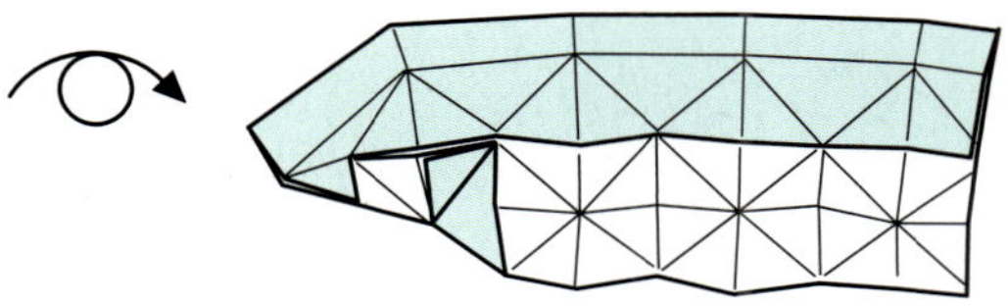

12

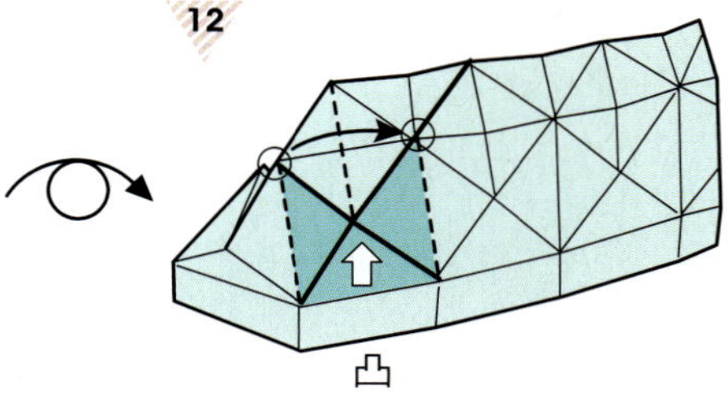

굵은 선을 산선으로 접어 ○ 표시를 맞춰 화살표 끝을 볼록하게 하고 주름을 안쪽의 오른쪽으로 기울여 하나의 산을 만든다.
(색이 짙은 부분이 삼각의 산이 된다.)

13

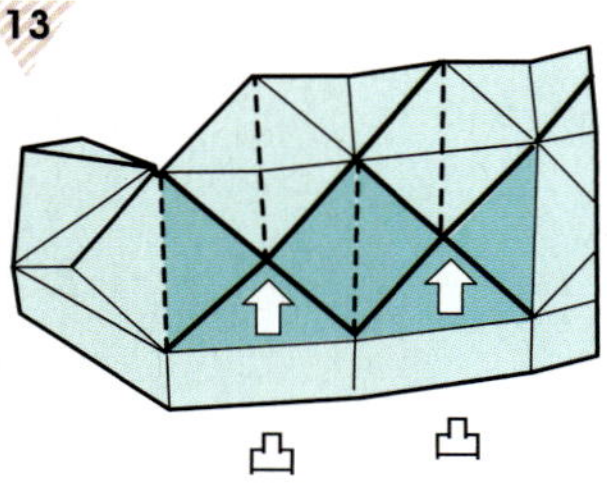

순서대로 같은 방법으로 정리해 간다.

14

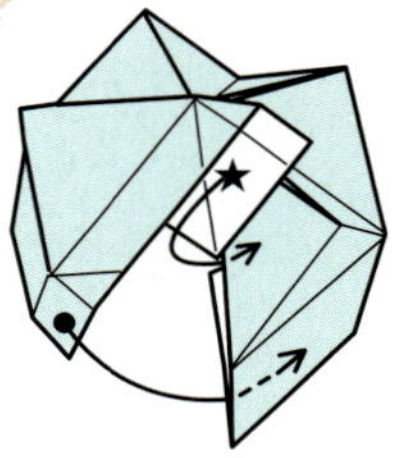

★ 표시는 안으로 넣고,
● 표시를 끼운다.
여기에서 풀칠을 하면 좋다.

15

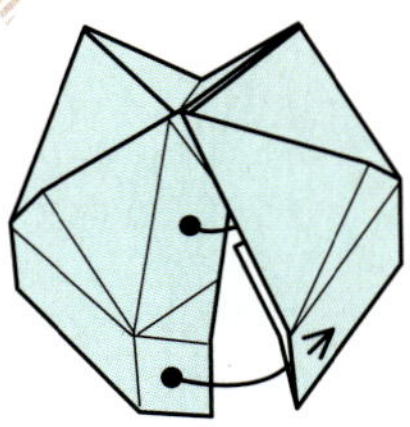

16

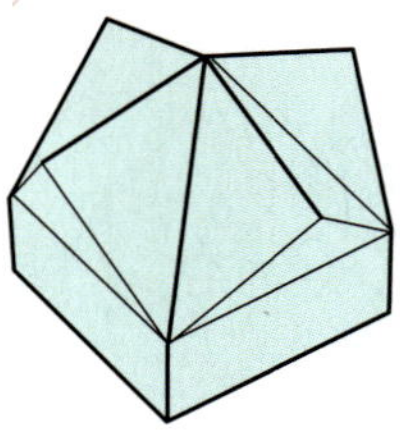

17

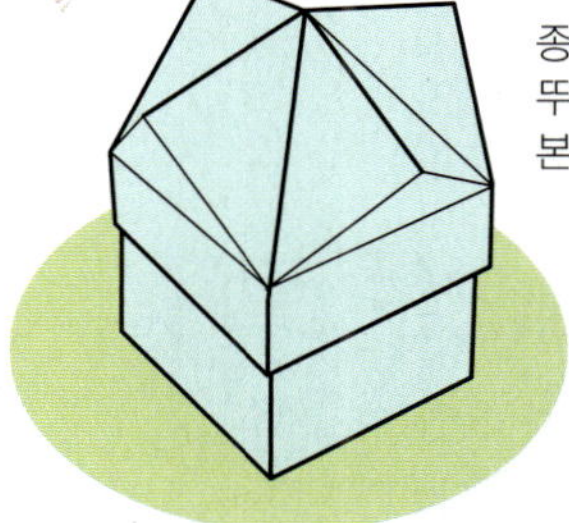

종이 크기 예
뚜껑 / (28+α)×20
본체 / (26.7+α)×24

올록볼록 사각 상자 뚜껑 두 개의 산

연습 : A4(210×297mm)를 잘라 사용

삼각이 볼록과 오목을 하나씩 번갈아가며 두 개의 산을 이루는 장식이 만들어집니다.

★★★ **75쪽 10번부터**

10

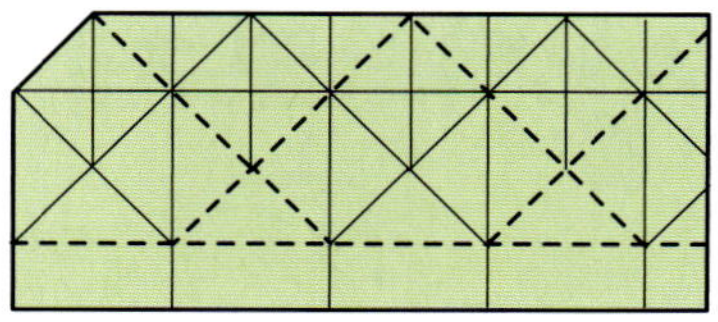

계곡선을 다시 만든다.

11

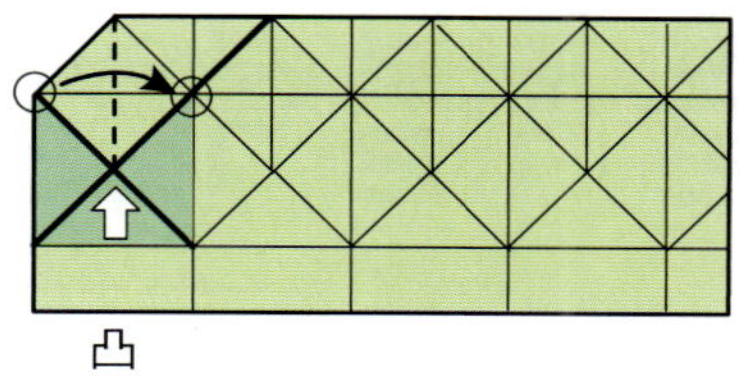

굵은 선을 산선으로 접어 ○ 표시를 맞춰 화살표의 끝 부분을 볼록하게 하고 주름을 안쪽의 오른쪽으로 기울여 하나의 산을 만든다.
(색이 짙은 부분이 삼각의 산이 된다.)

12

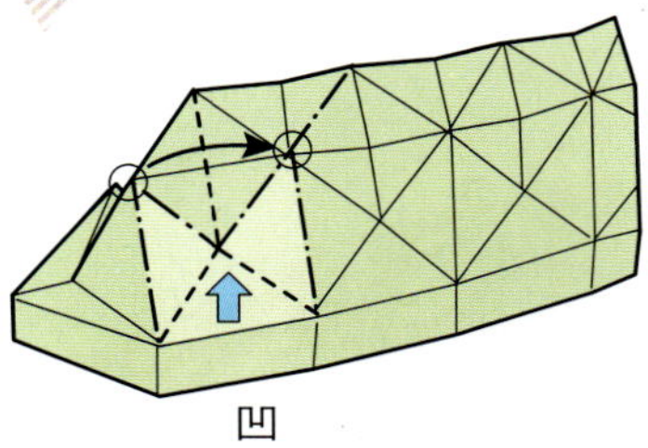

○ 표시를 맞춰 화살표의 끝을 오목하게 하고 주름을 안쪽의 오른쪽으로 기울인다.
(색이 짙은 부분이 오목하게 들어가는 삼각이 된다.)

13

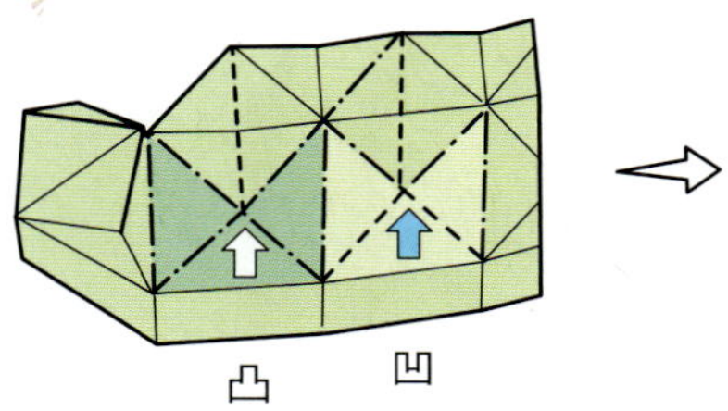

하나씩 번갈아가며 볼록하고 오목하게 만들어진다.

14

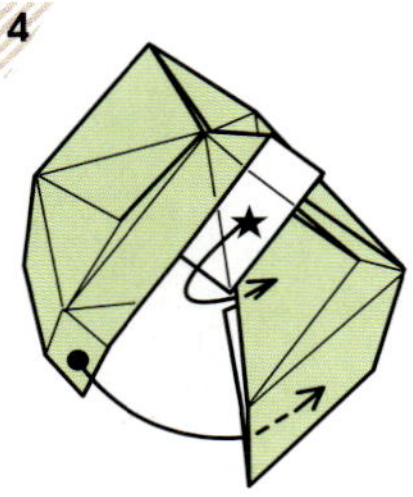

★ 표시는 안으로 넣고,
● 표시를 끼운다.
여기에서 풀칠을 하면 좋다.

15

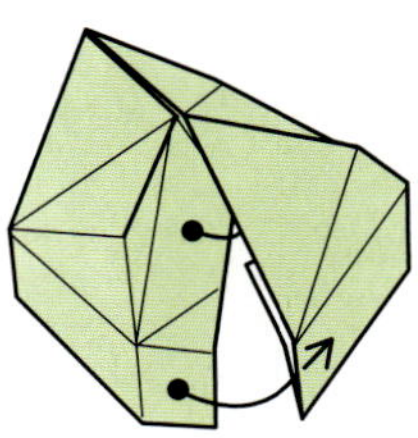

16

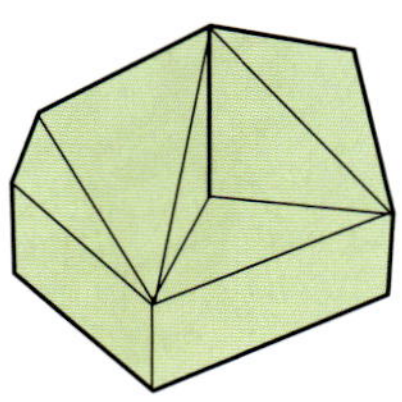

17

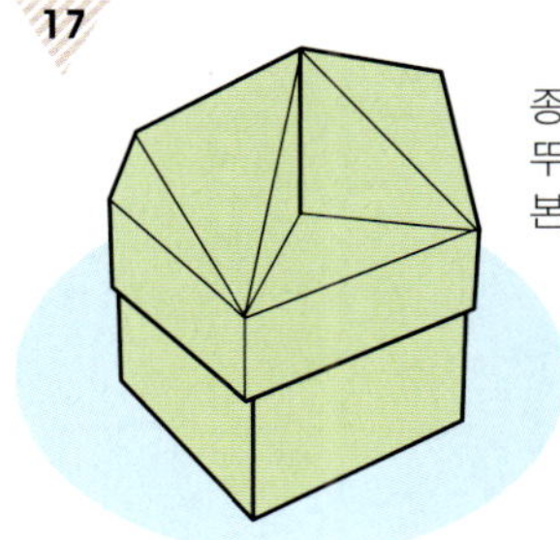

종이 크기 예
뚜껑 / (28+α)×20
본체 / (26.7+α)×24

올록볼록 사각 상자 본체

연습 : A4(210×297mm)를 잘라 사용

상자 크기 7×7×9cm
뚜껑 종이 크기 (28+α)×17cm
본체 종이 크기 (27.4+α)×21cm

올록볼록한 사각 상자의 본체입니다.

1

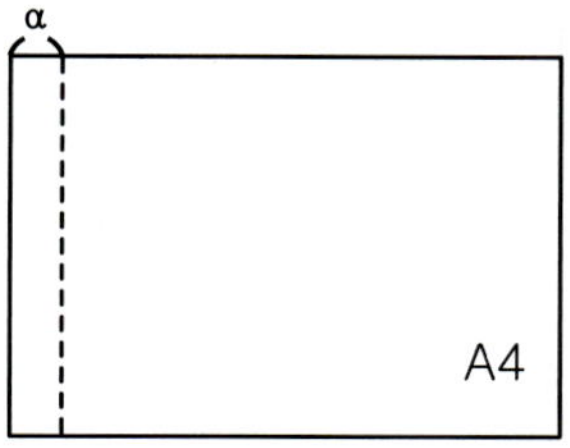

풀칠하는 곳(α)으로 2cm 정도 끝 부분을 접는다.

2

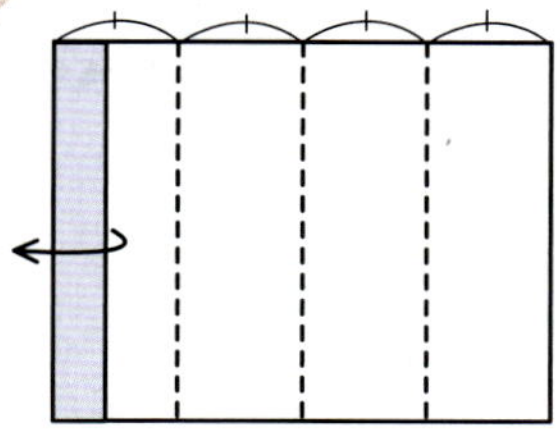

3

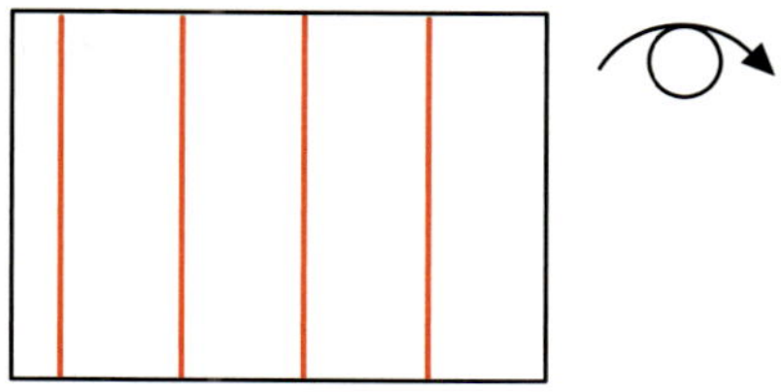

빨간 선은 산선과 계곡선을 둘 다 접는다.

4

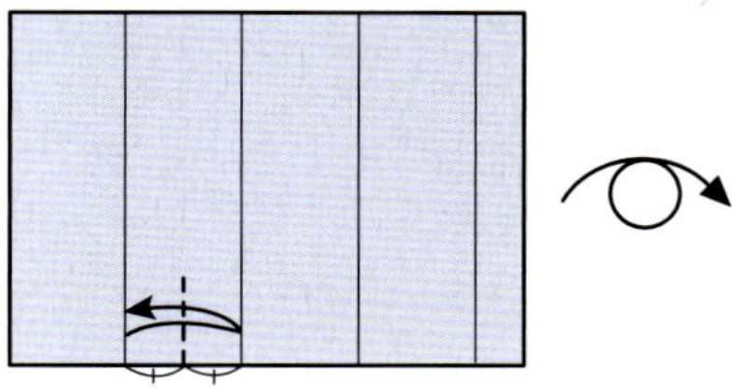

5

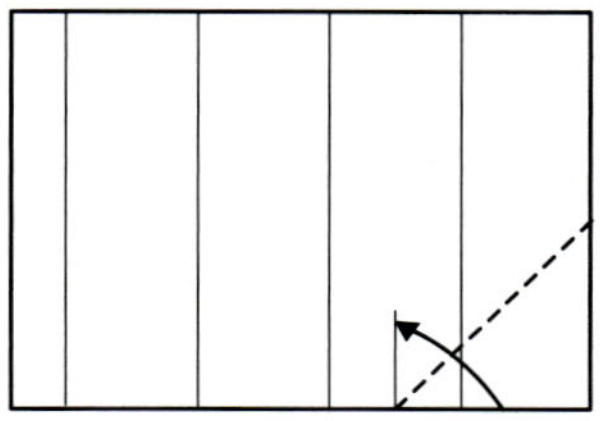

6

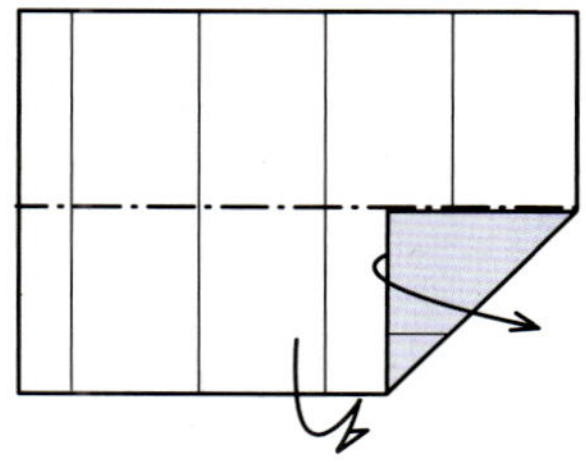

접기선을 만들고 펼친다.

7

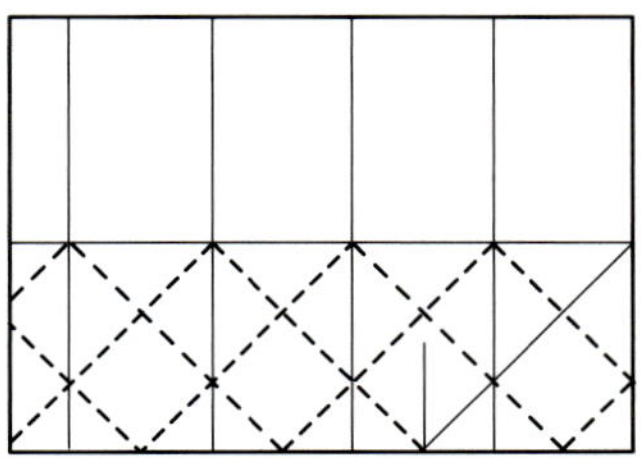

그림과 같이 계곡선을 접는다.

8

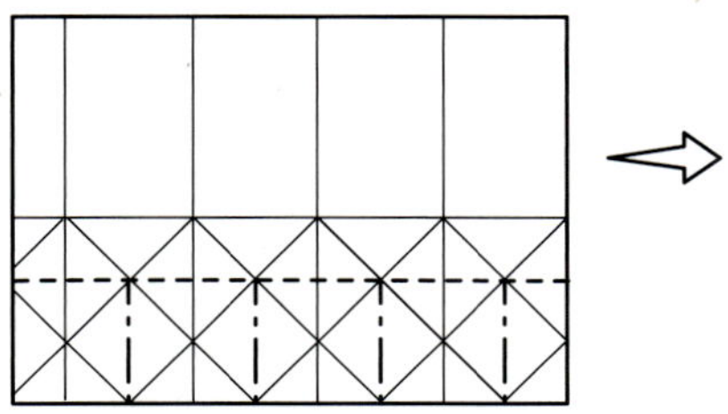

9

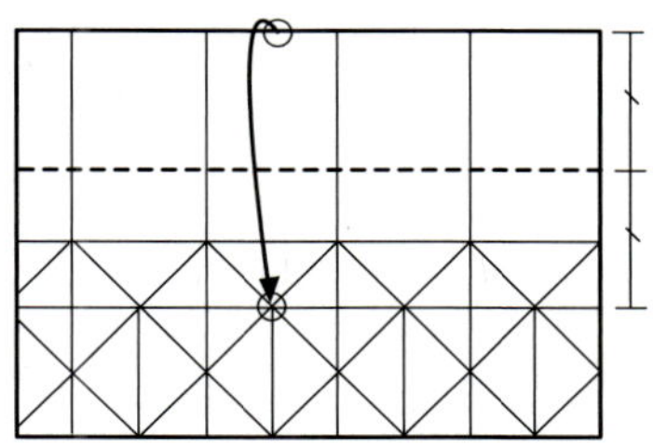

10

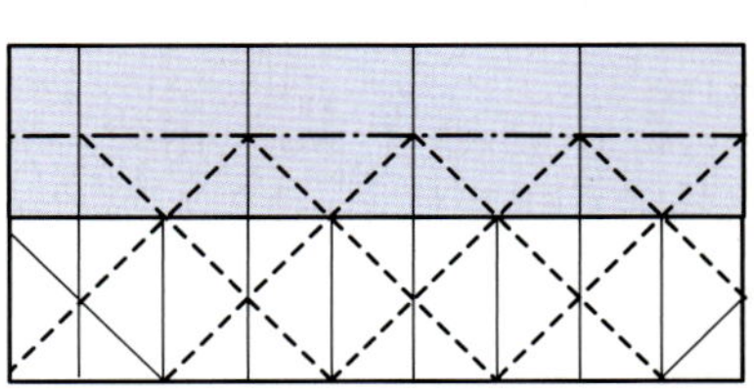

그림과 같이 접기선을 만든다.

11

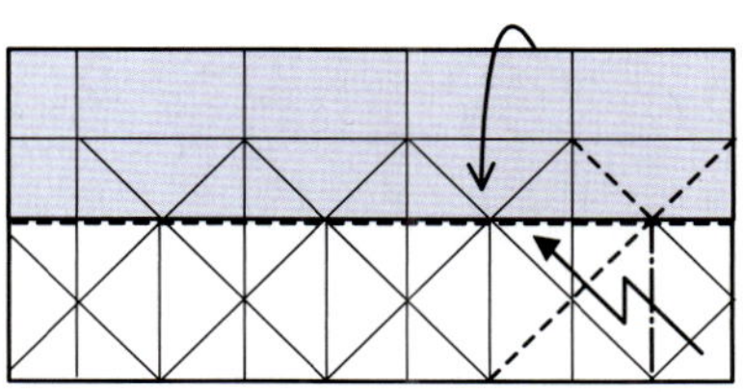

위아래 같이 접기선을 만든다.

12

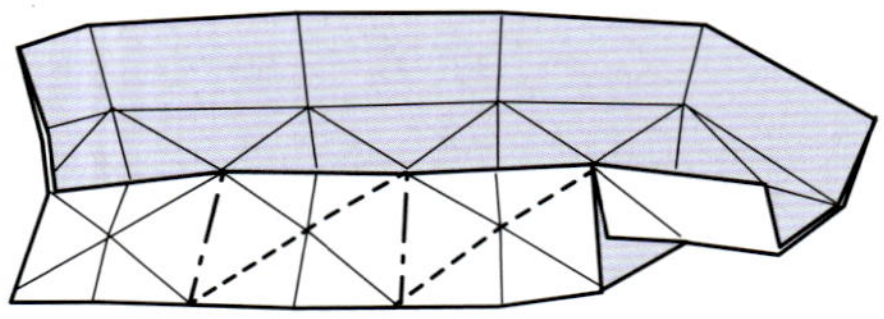

순서대로 주름을 접어 정리해 간다.

13

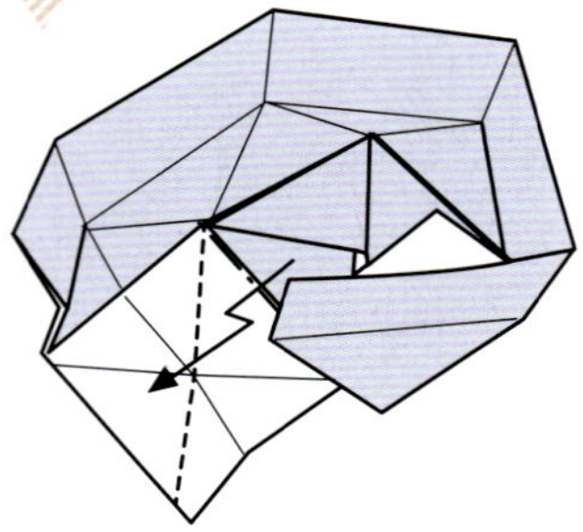

14

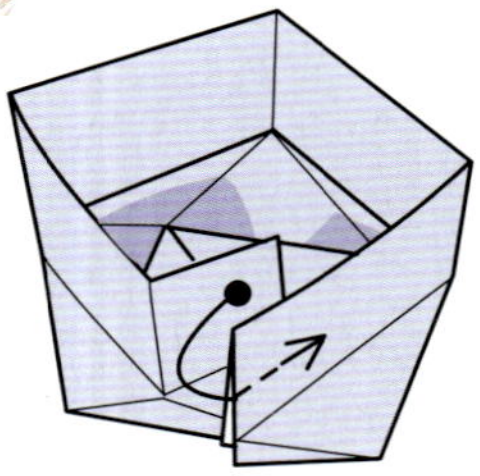

● 표시의 끝을 끼워서 사각으로 만든다.
여기에서 풀칠을 하면 된다.

15

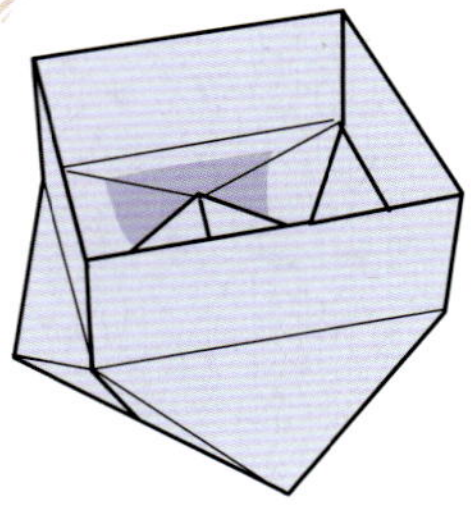

16 **바닥에서 본 그림**

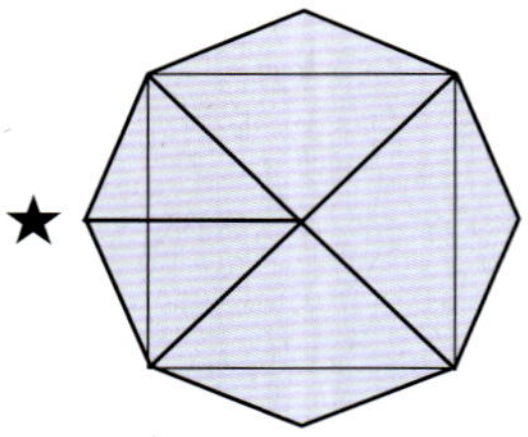

17

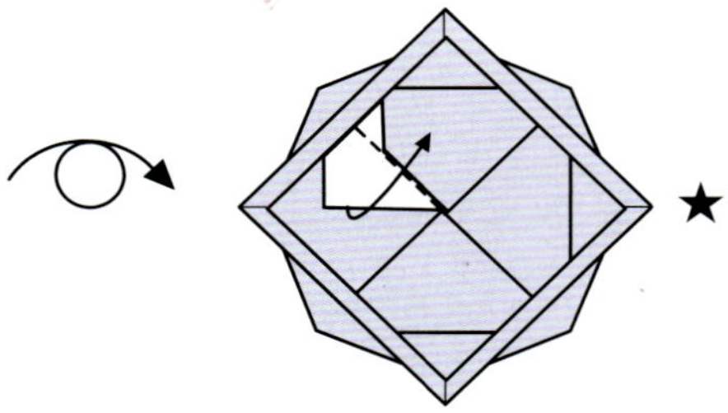

18 **안쪽을 위에서 본 그림**

길이 예(단위 : cm)

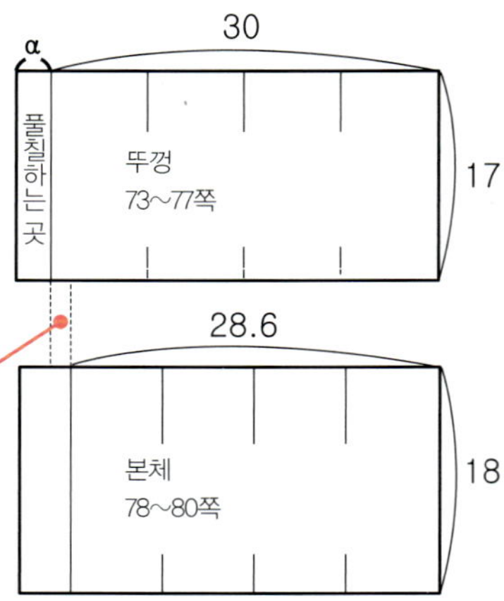

본체를 1.2~1.5cm 정도 작게 한다.

사진 속 작품의 뚜껑 장식은 '롤'입니다.
사각 상자뿐만 아니라 다음 파트에서 만들 오각 상자에서도
같은 방법을 사용할 수 있습니다.
두 종류를 세트로 만들어 사용하거나 장식하는 것도 재미있습니다.

PART 3 PENTAGON

오각형 상자

뚜껑과 본체를 각각 한 장으로 만드는 상자입니다.
우선 A4 용지로 연습하고 나서 크기를 바꾸거나
마음에 드는 종이로 접어 주세요.
5등분된 한 변의 폭과 풀칠하는 곳(α)이
종이의 가로 폭입니다. 본체의 높이를 조절해서
보기 좋게 상자를 만들어 봅시다.

【더블 로크 오각 상자(본체)/85쪽】

【오각 상자 뚜껑 · 모란/94쪽】

【오각 상자 뚜껑 · 꽃잎/96쪽】

【오각 상자 뚜껑 · 입체 오각/99쪽】

【오각 상자 뚜껑 · 별/100쪽】

【오각 상자 뚜껑 · 꽃 모양 A/102쪽】

【오각 상자 뚜껑 · 롤/105쪽】

【올록볼록 오각 상자 뚜껑 · 버블/108쪽】

【올록볼록 오각 상자 뚜껑 · 빅 버블/113쪽】

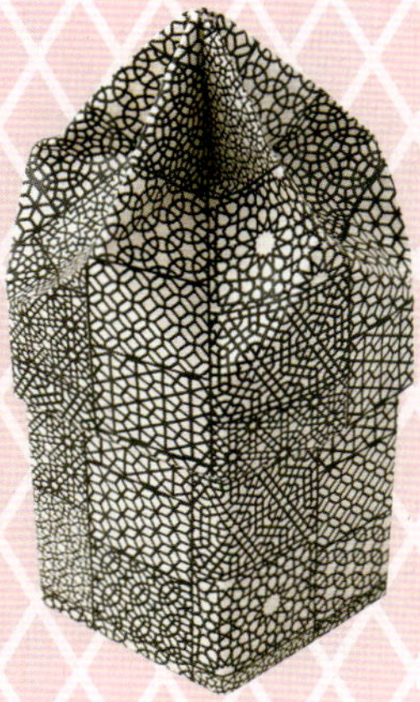

【올록볼록 오각 상자 뚜껑 · 타워/117쪽】

5등분하는 방법

이 접기 방법은 '점근등분법'이라고 부르는 것으로, 후지모토 슈조 씨가 고안한 방법입니다.
몇 번 반복해서 접는 사이에 선이 겹쳐져 5등분을 할 수 있습니다. 익숙해지면 그렇게 번거롭지 않습니다.
여기에서는 오각 상자를 만들 것이므로, 끝 부분에 풀칠할 부분을 남겨 두고 5등분하는 예를 들었습니다.
(아래의 종이 그림은 A4의 윗부분을 조금 잘라 낸 경우를 그려 놓은 것입니다.)

1

풀칠하는 곳(α)으로 2cm 정도 끝 부분을 접는다.

2

대략적으로 2:3의 비율로 윗부분만 조금 접는다.

3

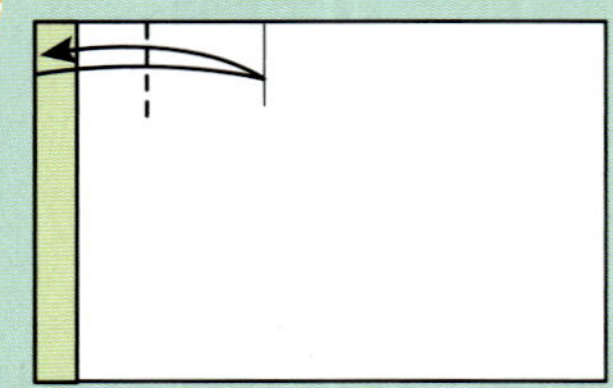

반을 접어 위에만 접기선을 만든다.

4

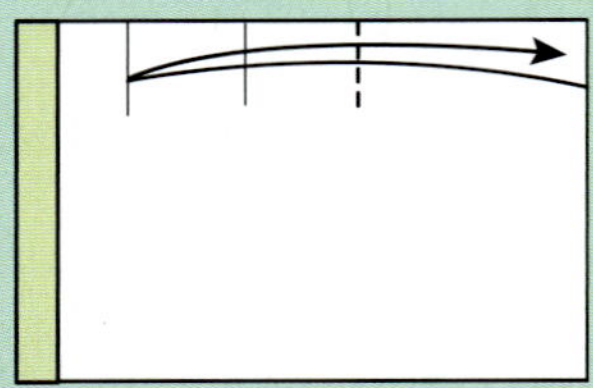

오른쪽 끝에 맞춰 윗부분만 조금 접는다.

5

반을 접어 위에만 접기선을 만든다.

6

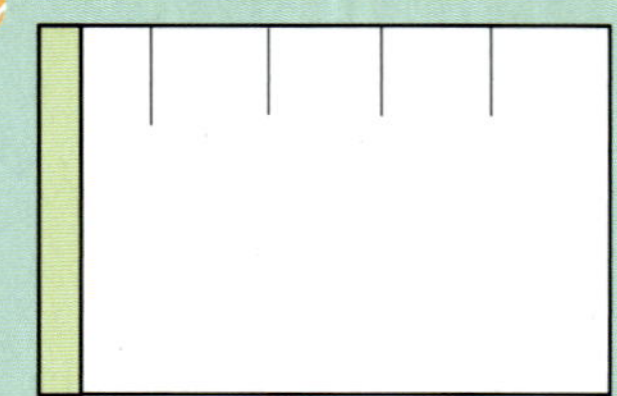

첫 번째 접기로 임시적으로 5등분이 되었다.

7

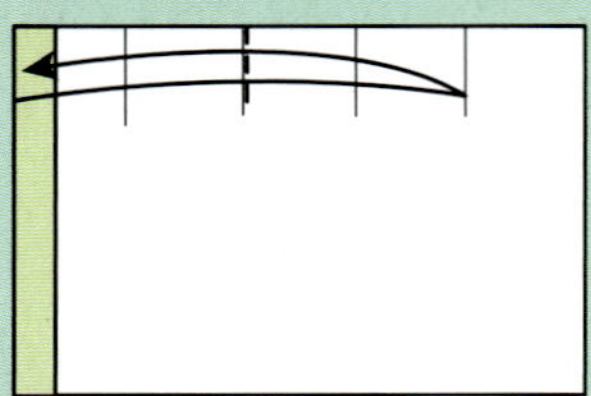

2번부터의 접기 방법을 반복한다.
점점 정확한 5등분이 되어간다.
두 번째 접기에서 선이 겹치게 된다.

8

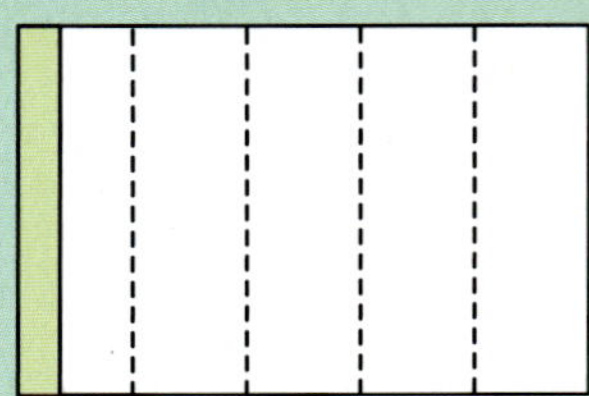

선이 겹치면 아래까지 접는다.
5등분 완성.

더블 로크 오각 상자(본체)

연습 : A4(210×297mm)를 잘라 사용

상자 크기 6×6×5cm
뚜껑 종이 크기 (30+a)×18cm
본체 종이 크기 (28.5+a)×22cm

약간의 오차가 있을 수도 있지만 신경 쓰지 않아도 됩니다.
이 책의 오각 상자 본체는 모두 이것을 사용했습니다.

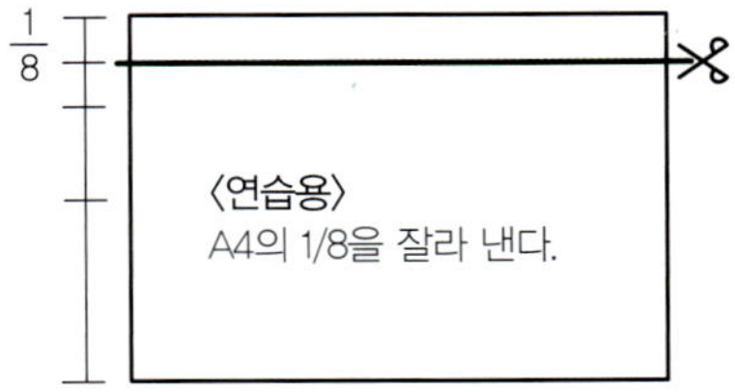

1

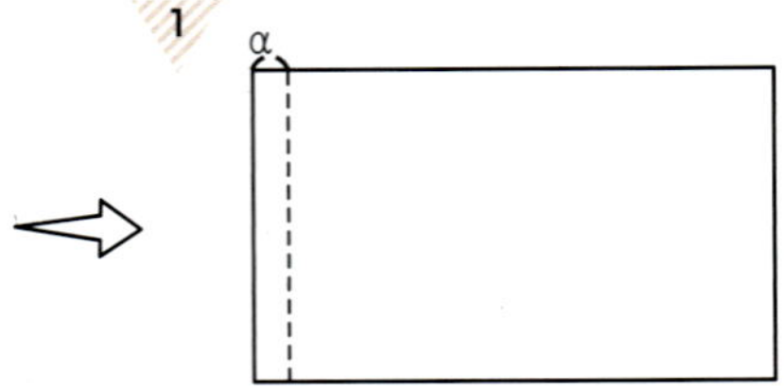

풀칠하는 곳(α)으로 2cm 정도 끝 부분을 접는다.

2

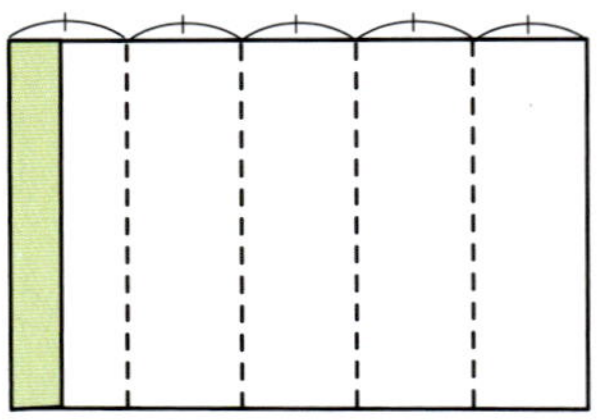

5등분의 접기선(84쪽 참조)을 만들고 왼쪽을 펼친다.

3

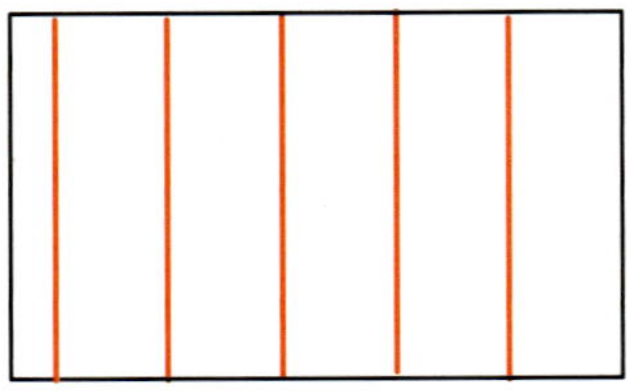

빨간 선은 산선과 계곡선을 둘 다 만든다.

4

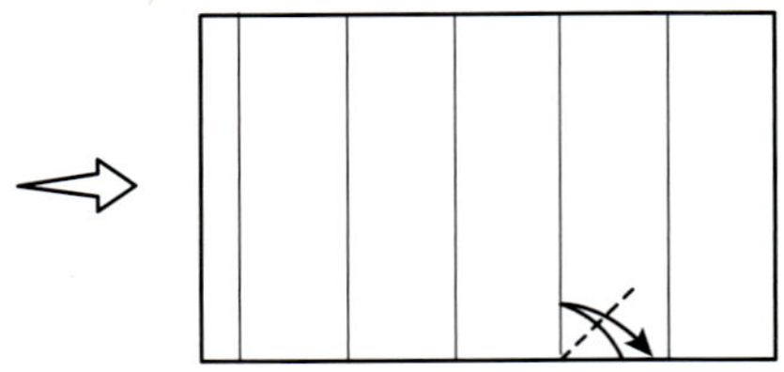

5

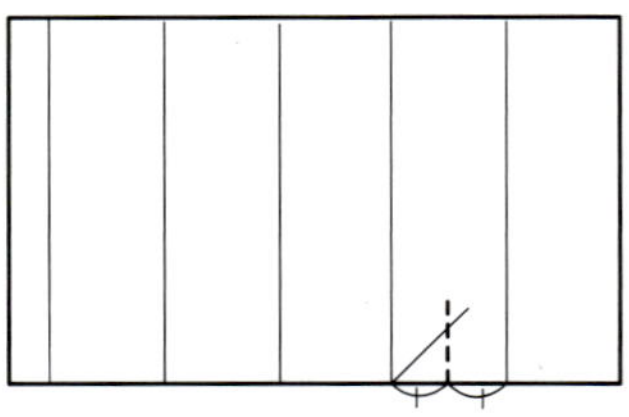

6

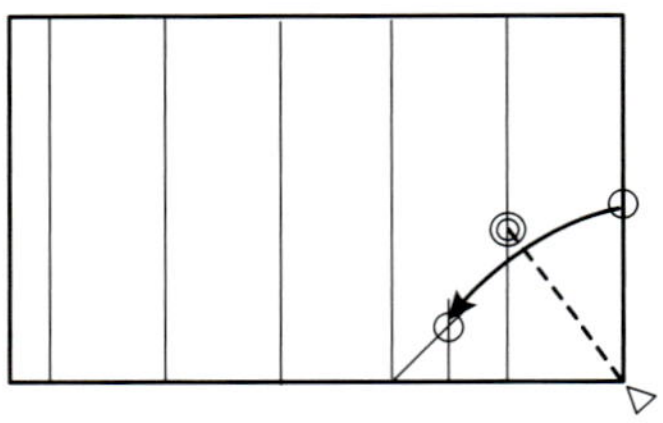

△ 표시를 축으로 변을 교점에 맞춰 접는다.

7

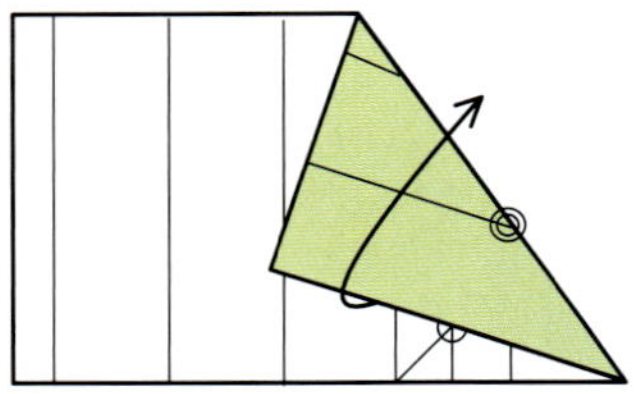

8

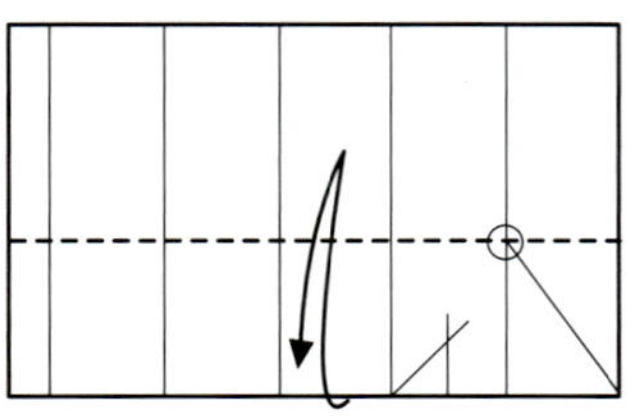

○ 표시의 교점에서 접는다.

9

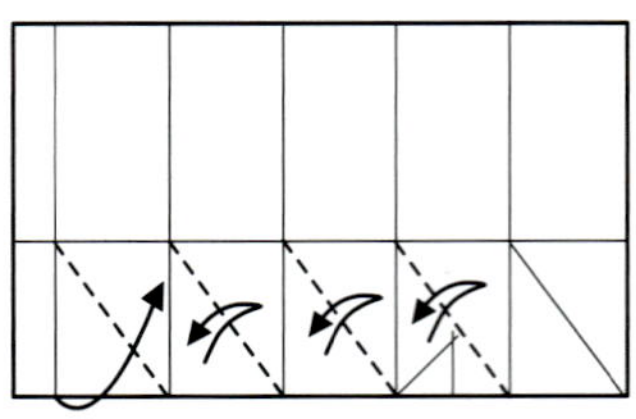

오른쪽부터 순서대로 접기선을 만들고 마지막으로 왼쪽 끝은 접어 올린다.

10

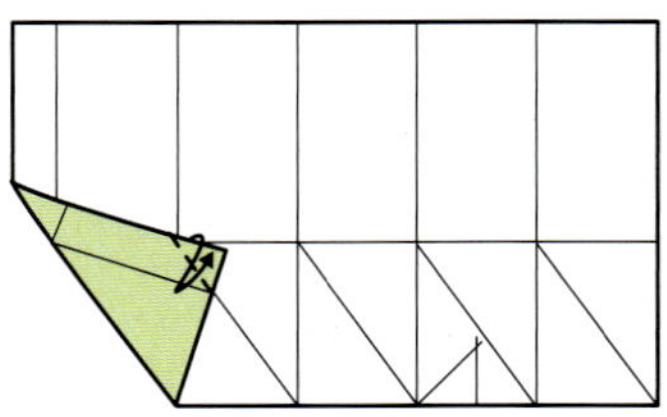

접기선을 만들고 펼친다.

11

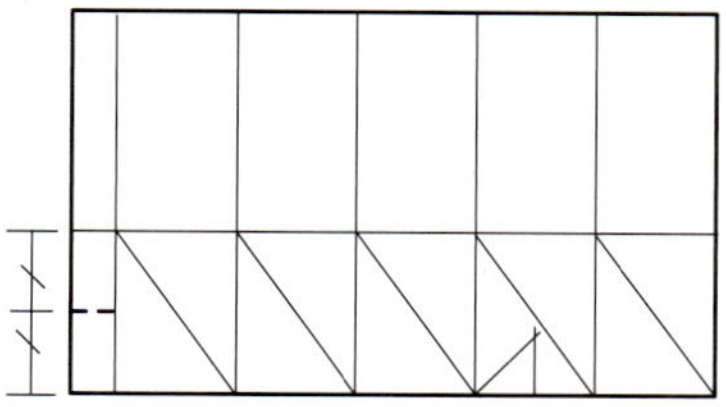

반을 접어 왼쪽에 접기선을 짧게 만든다.

12 (a가 상자의 깊이가 된다)

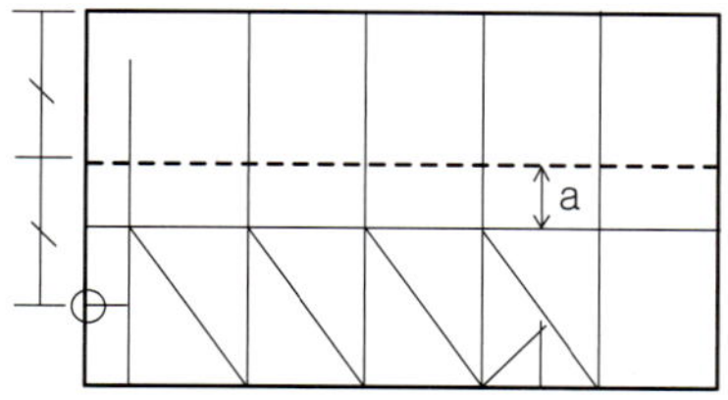

○ 표시의 선보다 4~5mm 아래로 접는다(안쪽의 중심에 구멍이 생기지 않도록 정리하기 위해서이다).

13

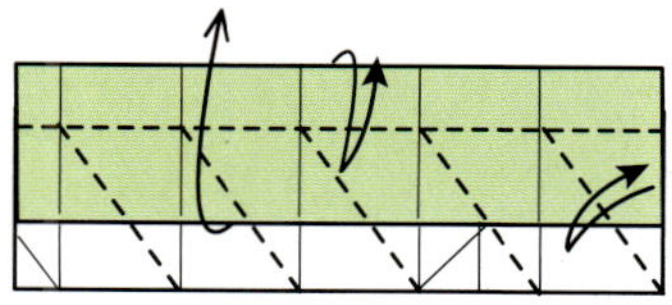

위아래를 함께 접어 접기선을 만들고 펼친다.

Point

종이의 질이나 두께에 따라서는 도구를 사용하면 깔끔하게 접을 수 있다. 그림과 같이 자와 송곳을 사용하여 선을 긋는다.

13 -1

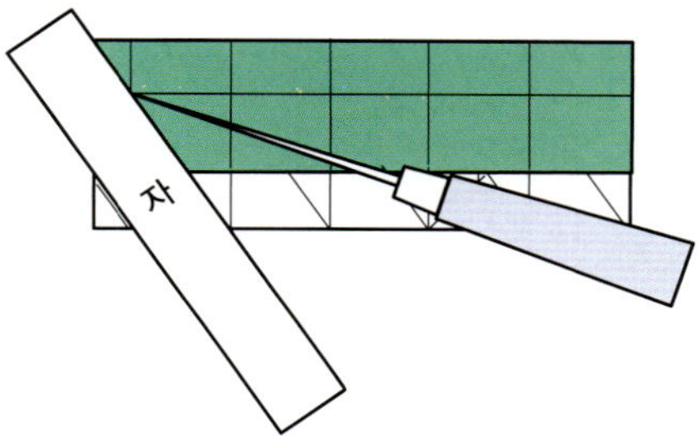

13 -2

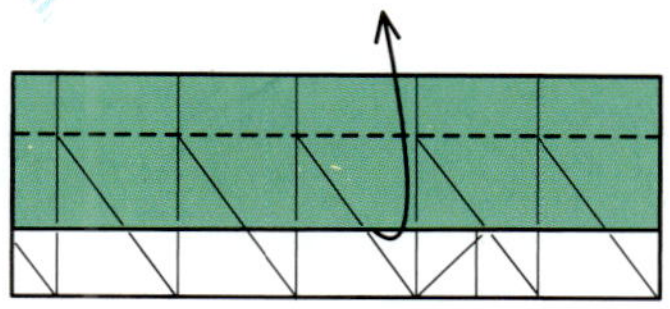

이하 14번으로 이어진다.

14

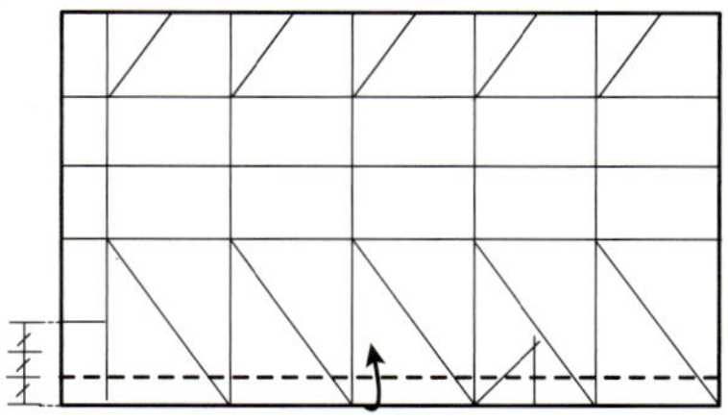

아래의 1/3을 접어 올린다(19번에서 바닥이 될 부분에 걸리지 않도록 하기 위함).

15

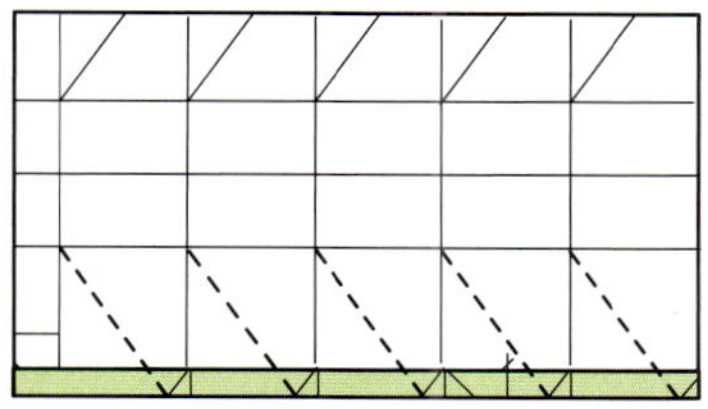

16

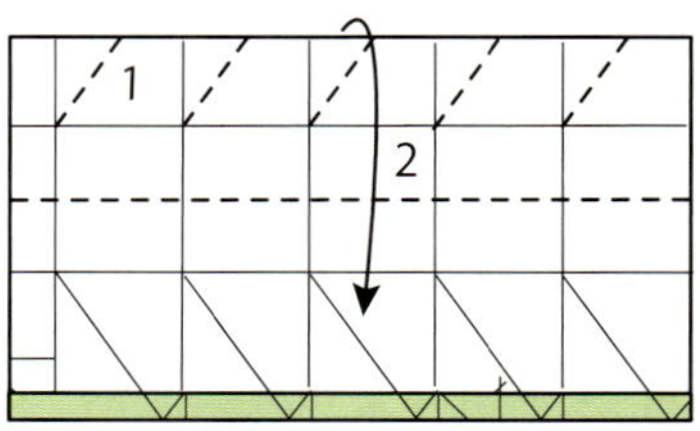

1의 산선을 계곡선으로 다시 접고 2를 접는다.

17

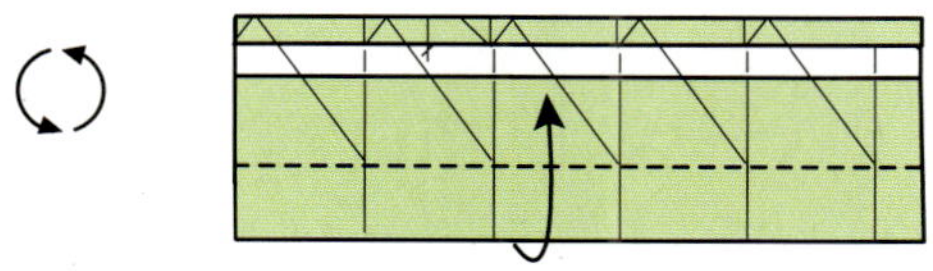

가장자리를 접어 올린다.

18

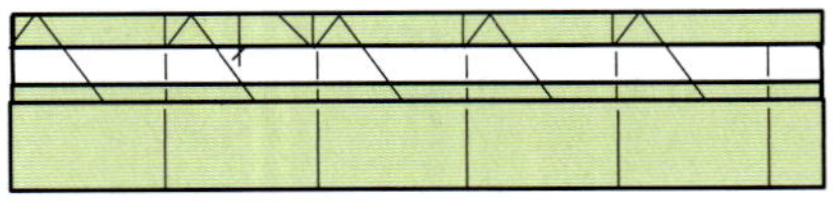

19

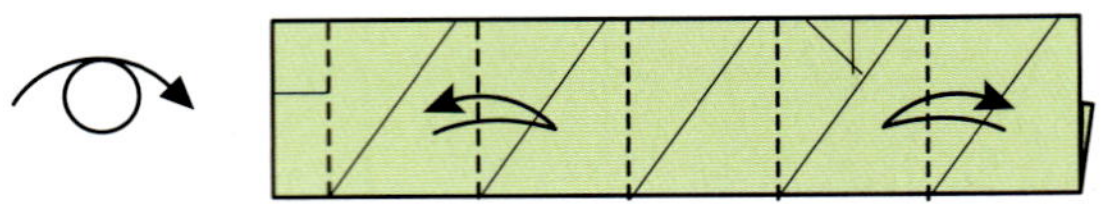

4장을 한 번에 확실히 접어 접기선을 만든다.

20

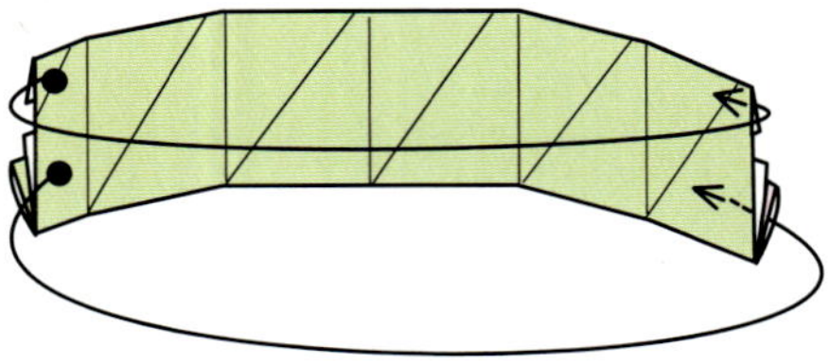

끝 부분을 끼워 오각의 통을 만든다.

21

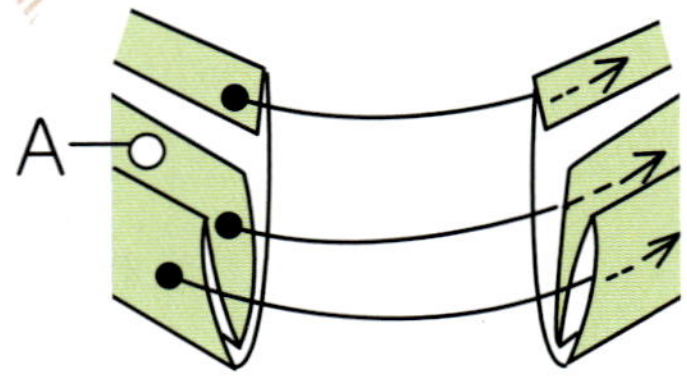

여기에서 안쪽의 바닥이 될 A 이외의 부분에 풀칠해 두면 좋다.

22

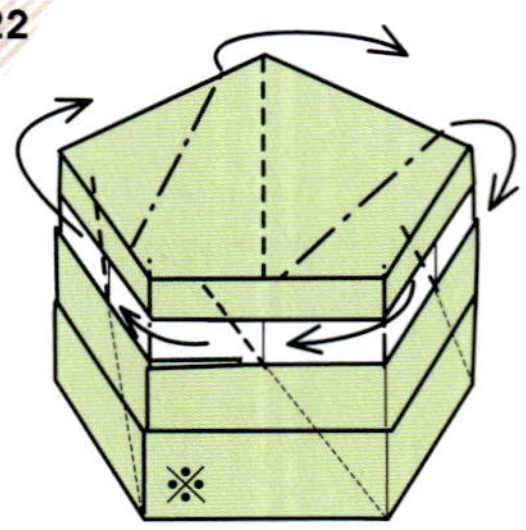

우선 안쪽의 한 장을 비틀어서 중심을 닫고 평평하게 한다.
※ 표시는 겹쳐 있는 부분

23 **안쪽을 위에서 본 그림**

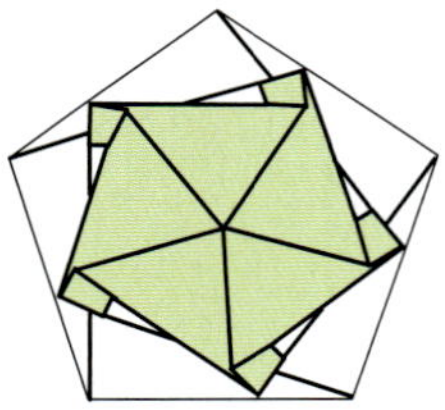

24 **안쪽을 본 그림**

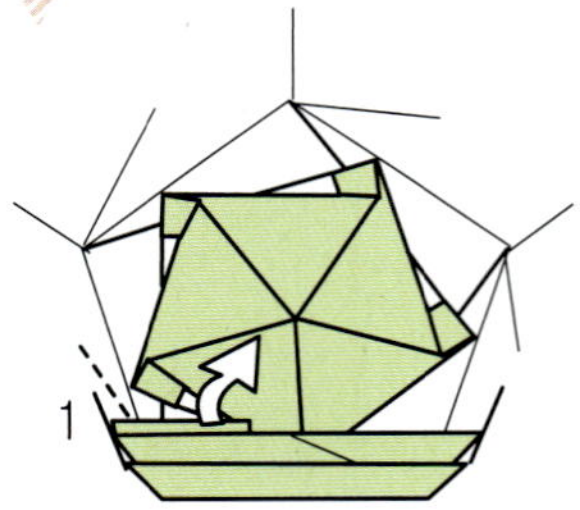

풀칠하는 곳(겹쳐진 곳 중에 폭이 좁은 부분)부터 씌워서 바닥을 포개어 간다.

25

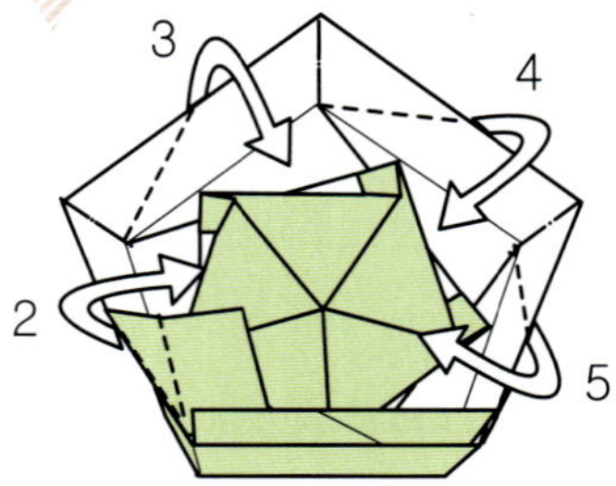

번호순으로 씌워 바닥에 포개어 간다.

26

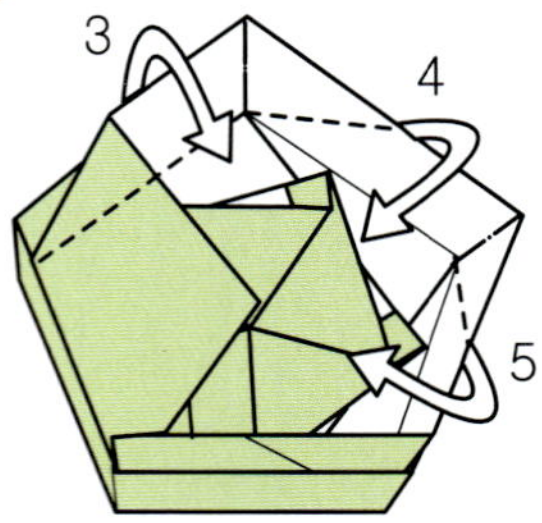

순서대로 씌워서 포개어 간다.

27

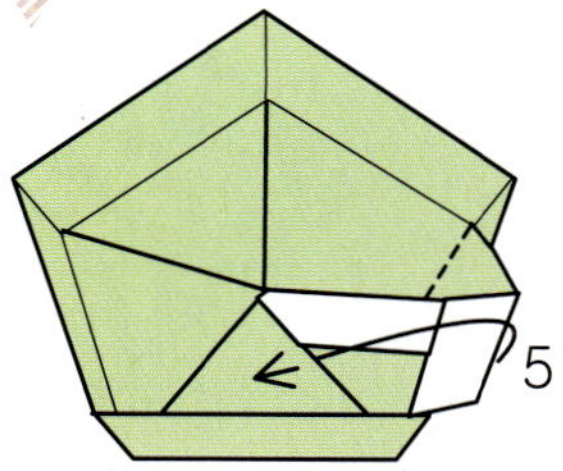

마지막은 안쪽에 끼워 넣는다.
바닥이 안쪽과 바깥쪽에서 두 번 잠기게 된다.

28

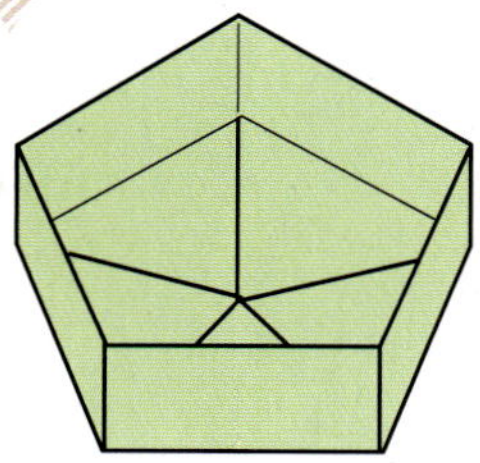

29

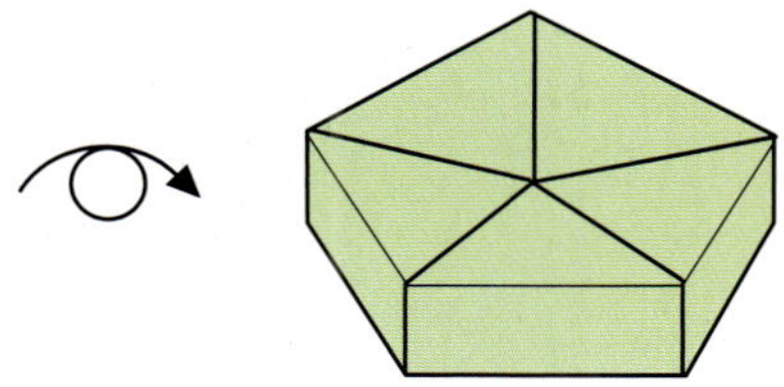

오각 상자 본체와 뚜껑의 길이

뚜껑과 본체는 오른쪽과 같이 풀칠하는 곳에서 차를 두어도 되고, 종이의 크기를 바꿔도 됩니다.
포인트는 L과 H의 길이입니다. L과 H를 가감해서 적당한 길이를 찾아봅시다.

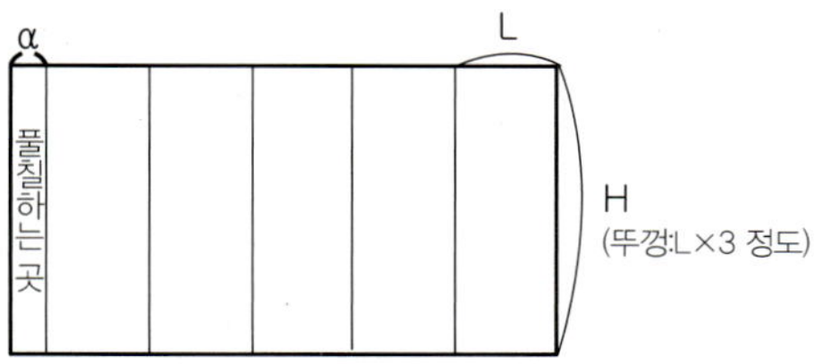

Point
L : 바닥 면적을 결정-길수록 커진다
H : 깊이를 결정 - 길수록 깊어진다

길이 예(단위 : cm)

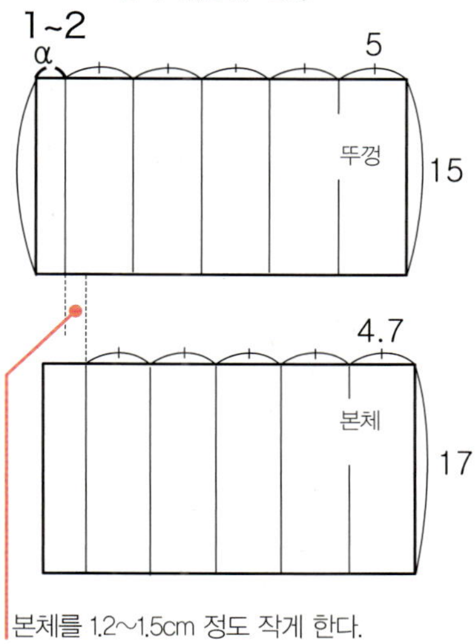

더블 로크 오각 상자 모음

패키지로 인기가 많은 오각 상자를
선물의 크기에 맞춰 만들어 보아요.

오각 상자 뚜껑 기본

연습 : A4(210×297mm)를 잘라 사용

상자 크기 : 대 7.2×7.2×8.5cm

상자 크기 : 소 5×5×5.8cm

다양한 장식을 만들어 낼 기본 모양입니다.

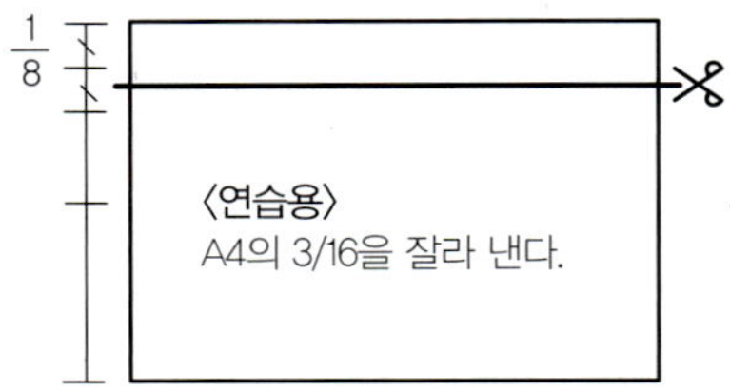

〈연습용〉
A4의 3/16을 잘라 낸다.

1

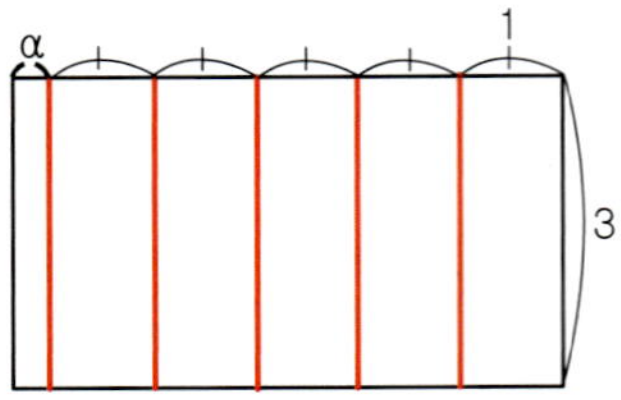

단위가 될 직사각형의 비율을 1:3 정도로 하면 균형이 좋다.

풀칠하는 곳(α)을 1~2cm 정도로 잡고 5등분의 접기선(빨간 선)을 산선과 계곡선 둘 다 접는다.
(5등분 접는 법은 84쪽 참고)

2

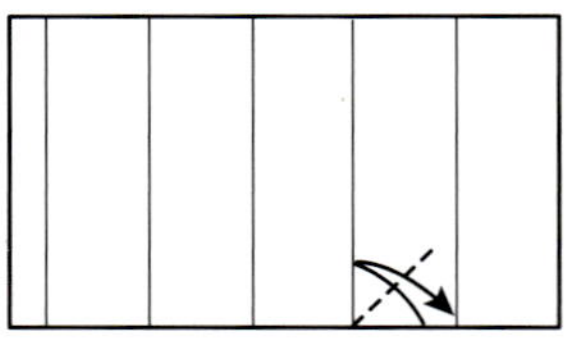

3

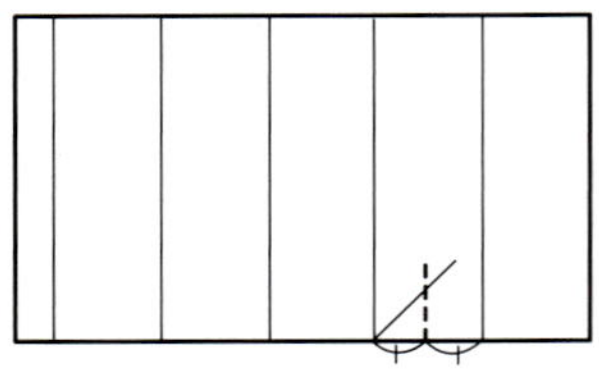

4

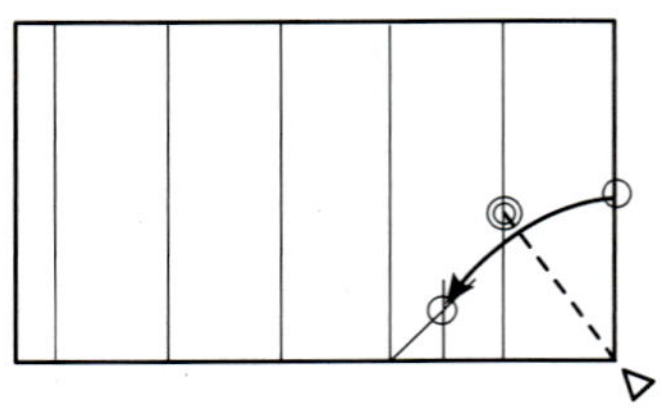

△ 표시를 축으로 변을 교점에 맞춰 접는다.

5

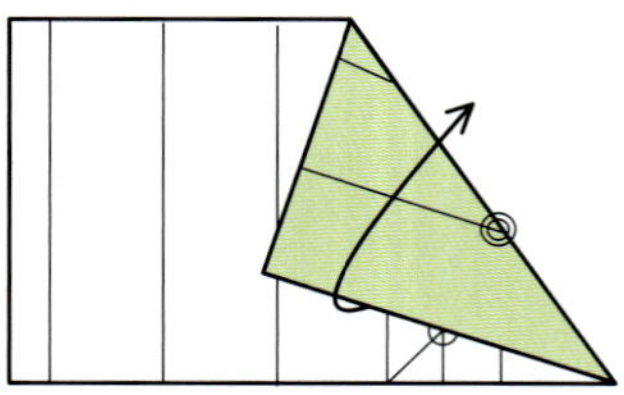

6

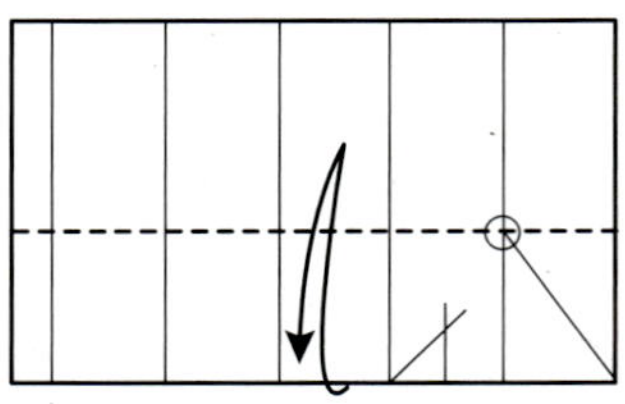

○ 표시의 교점에서 접는다.

7

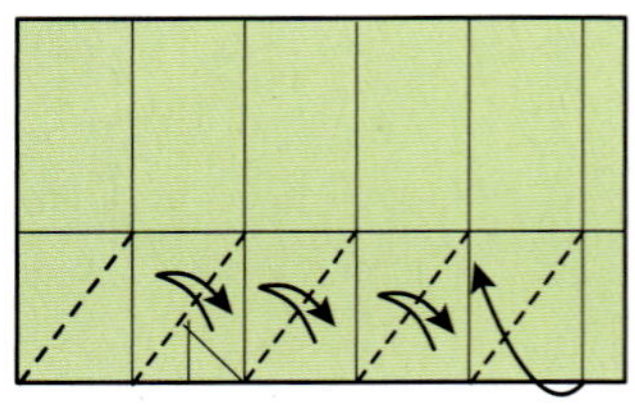

왼쪽은 계곡선으로 접고
마지막 오른쪽 끝은 접어 올린다.

8

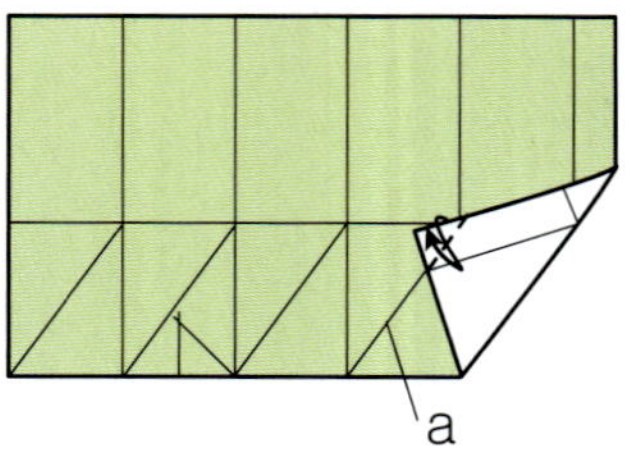

a의 연장선으로 접기선을 만들고 펼친다.

9

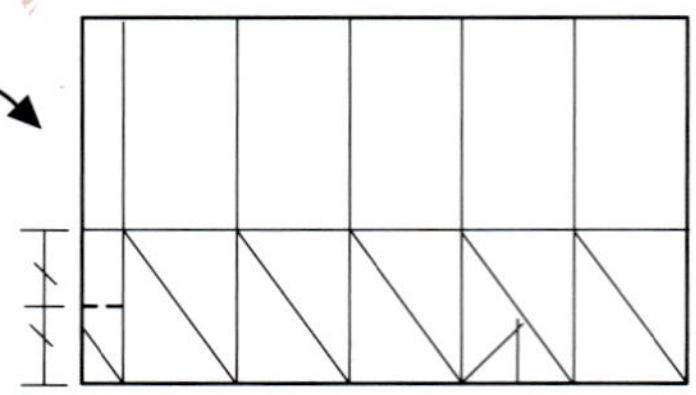

왼쪽 끝에 접기선을 만든다.

10

(a가 상자의 깊이가 된다)

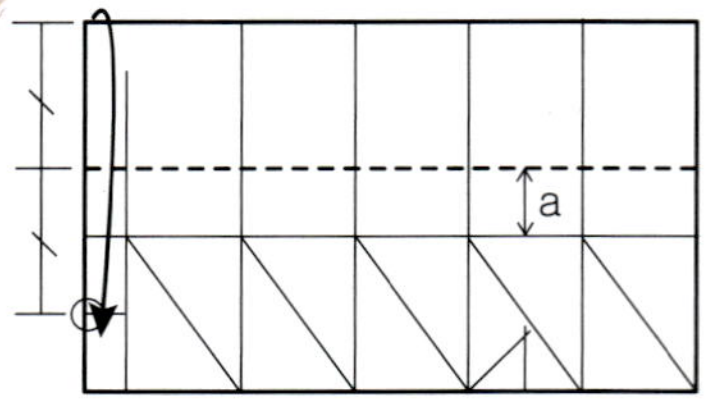

○ 표시의 선보다 4~5mm 아래로 접는다(안쪽의 중심에 구멍이 생기지 않도록 정리하기 위해서이다).

11

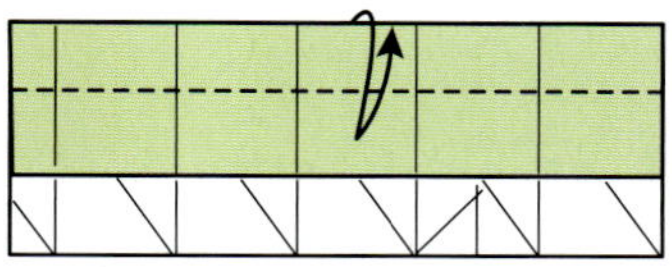

아래쪽의 접기선에 맞춰 접는다.

12

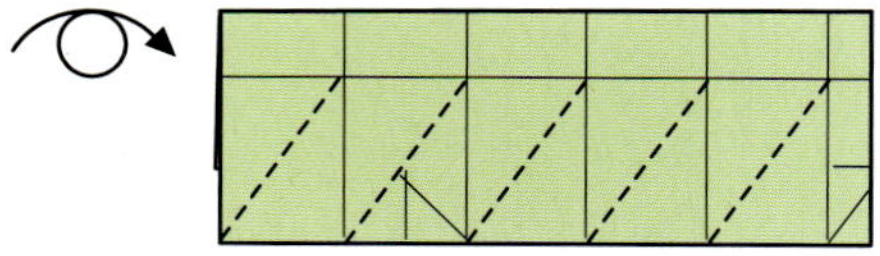

위아래 함께 접기선을 만든다.

13

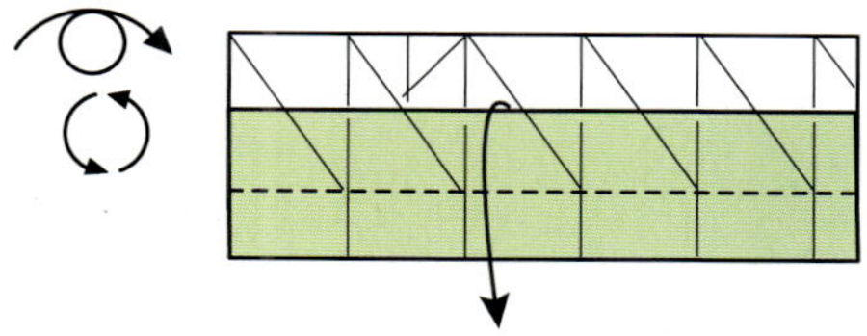

한 장을 아래로 내린다.

14

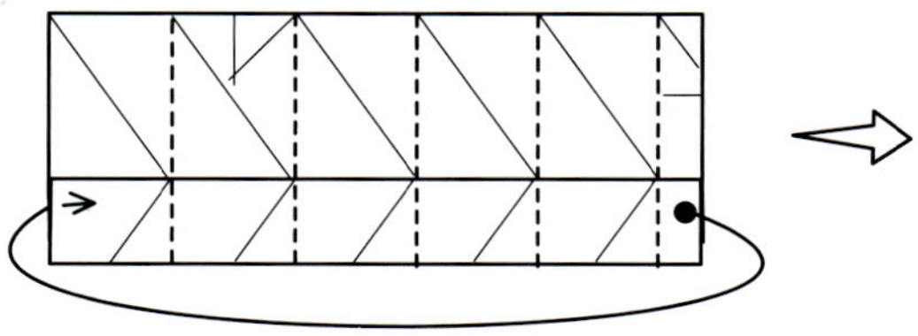

끝 부분을 끼워 오각의 통을 만든다.

15

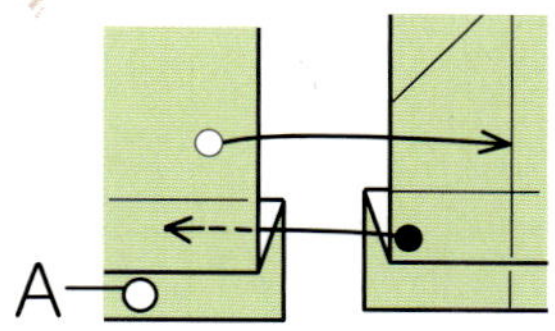

16

깊이가 깊은 상자의 경우 여기에서 안쪽의 바닥이 될 A 이외의 풀칠하는 곳에 풀칠해 두면 좋다.

17

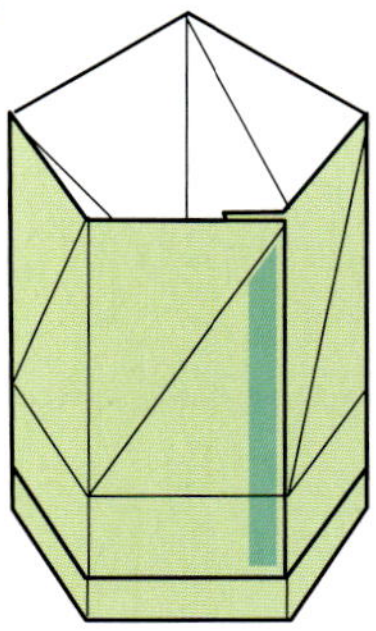

색이 짙은 부분(위의 접기선에 걸리지 않도록 주의)의 안쪽에 풀칠한다. 깊이가 깊은 상자는 한 번 더 적당히 풀칠한다.

18

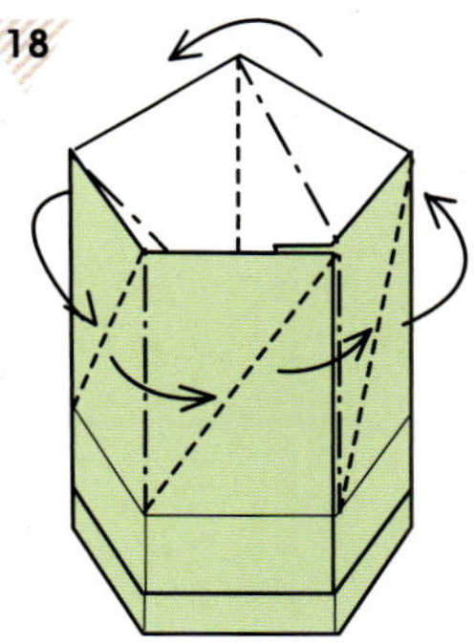

윗부분을 반시계 방향으로 비틀어 중심을 닫고 평평하게 펼친다.

19

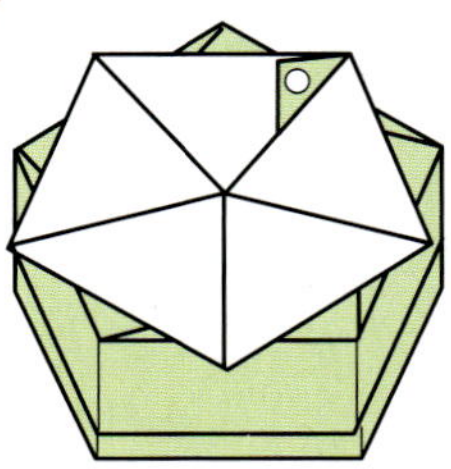

○ 표시, 풀칠하는 곳의 삼각은 되접지 않아도 된다.

20

안쪽

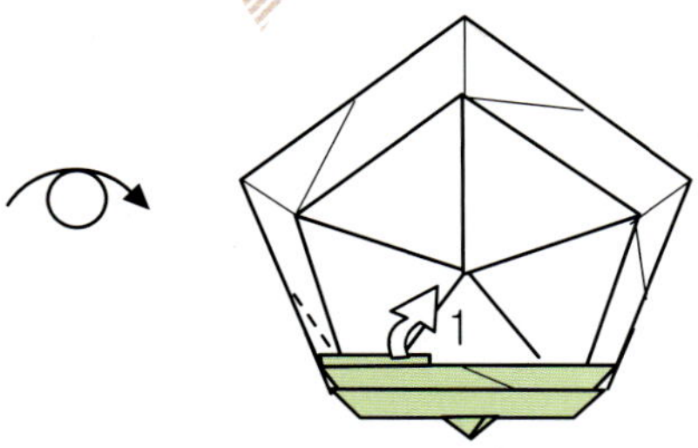

풀칠하는 부분(겹쳐진 곳 중 폭이 좁은 부분)부터 바닥에 씌워 포개어 간다.

21

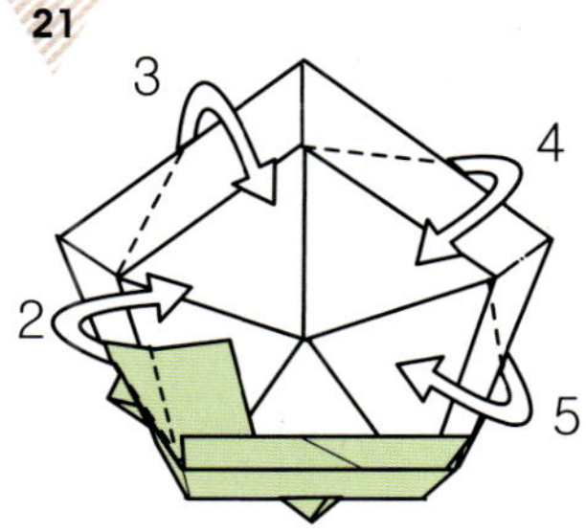

번호순으로 바닥에 씌워 포개어 간다.

22

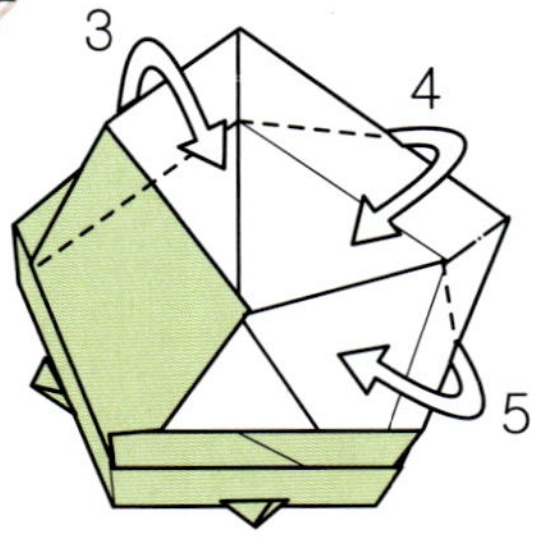

순서대로 씌워 접어 간다.

23

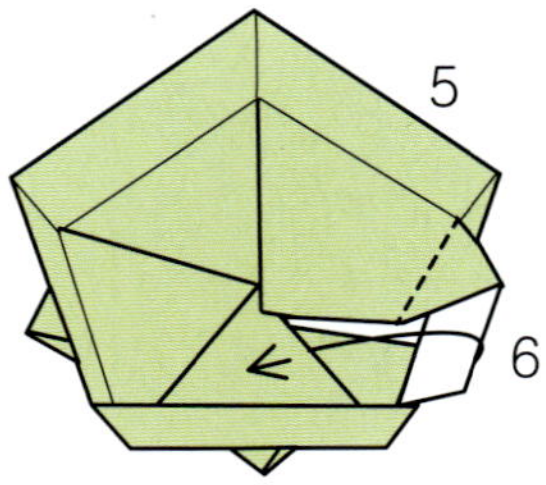

마지막은 안쪽에 끼워 넣는다.

길이 예(단위 : cm)

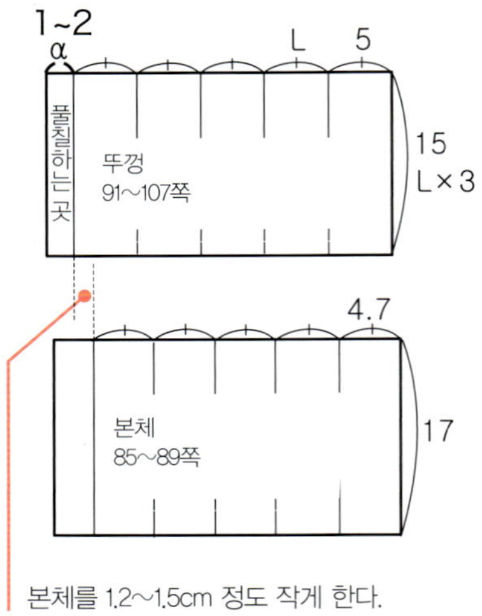

본체를 1.2~1.5cm 정도 작게 한다.

24

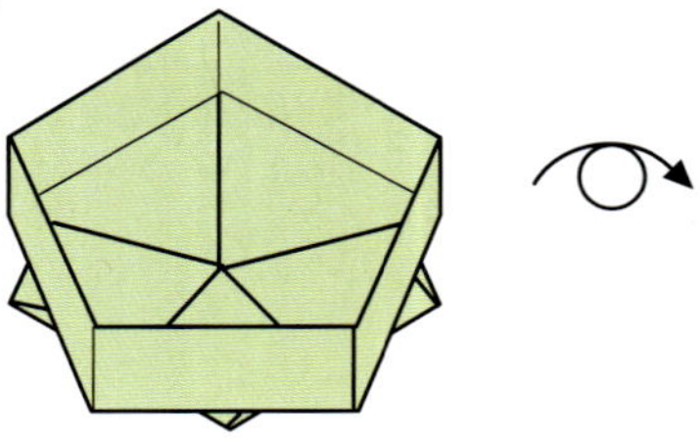

25 [뚜껑 기본]

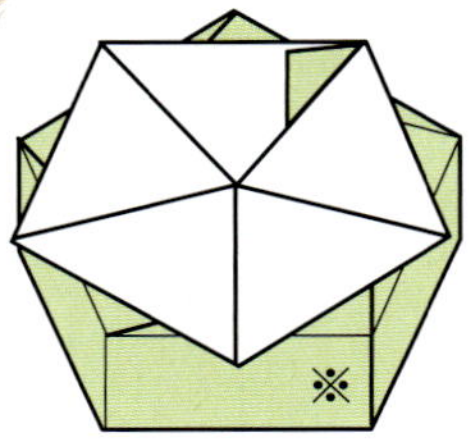

※ 표시는 겹쳐 있는 부분

오각 상자 뚜껑 **모란**

★★★ 뚜껑 기본부터(94쪽 25번)

25

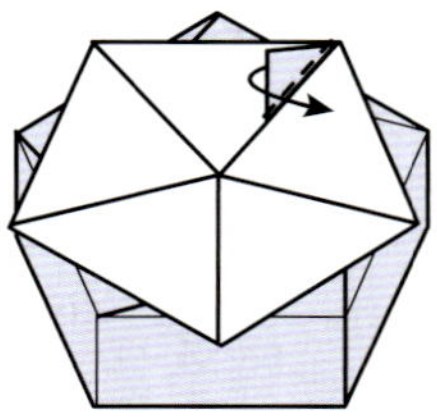

삼각을 다시 접는다.

26 위에서 본 그림

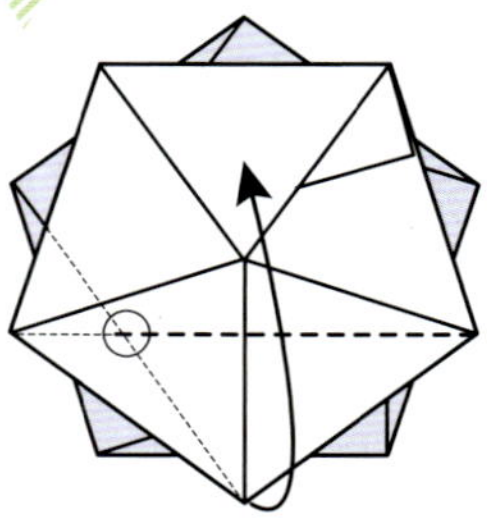

꼭짓점을 잇는 선으로
○ 표시까지 접는다.

27

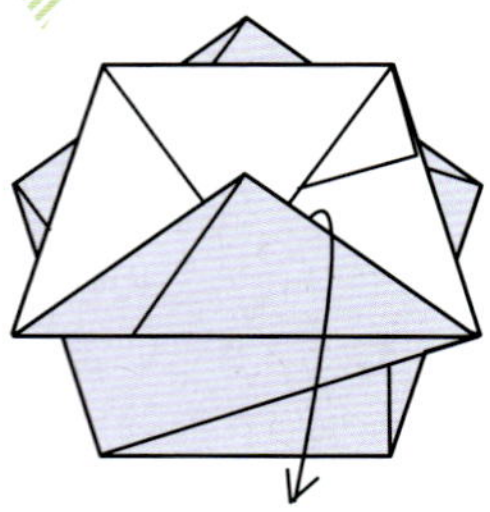

펼친다.

28

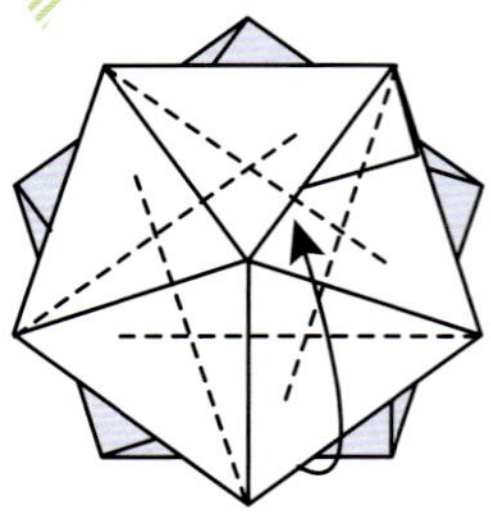

같은 요령으로
접기선을 만든다.

29

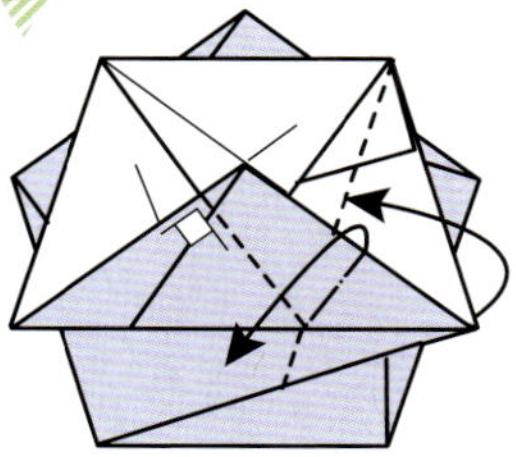

중앙에서 주름을 다시 접는다.

30

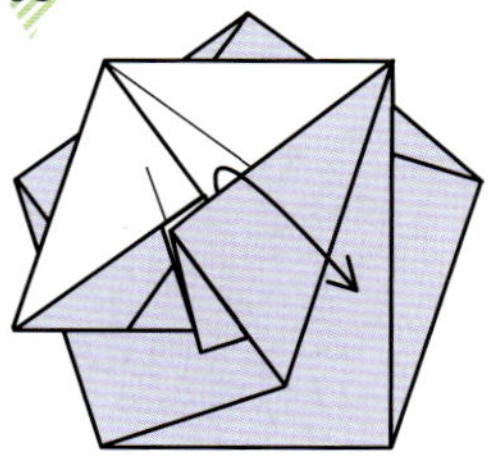

일단 펼친다.

31

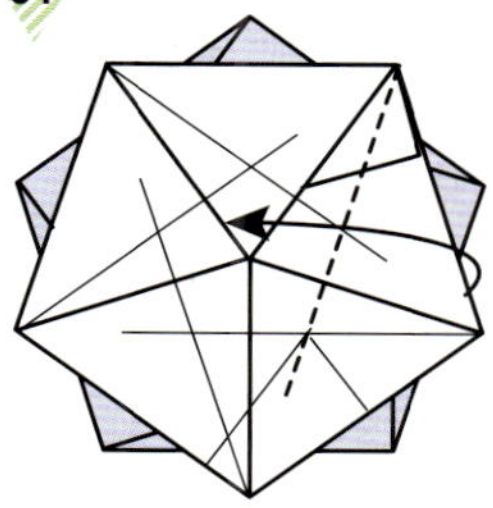

32

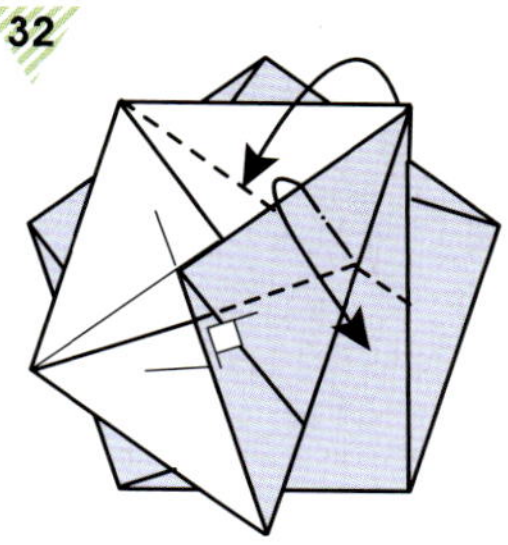

33

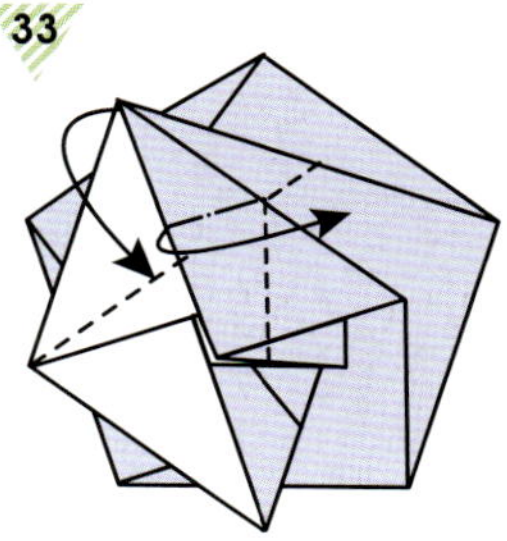

34

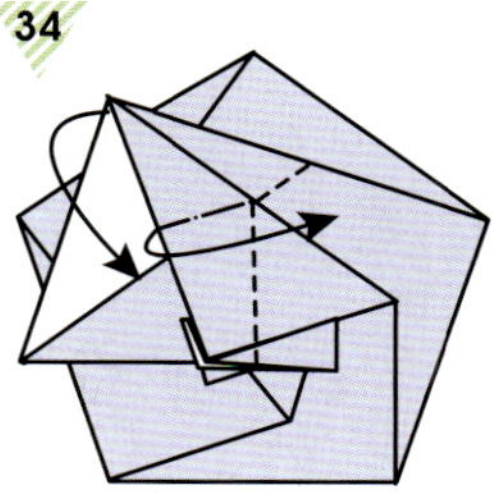

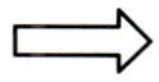

같은
요령으로
정리한다.

35

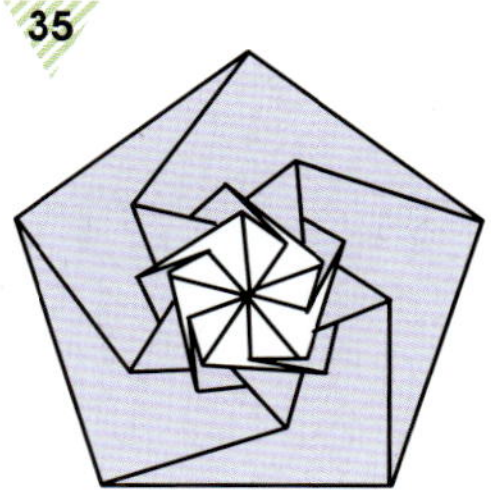

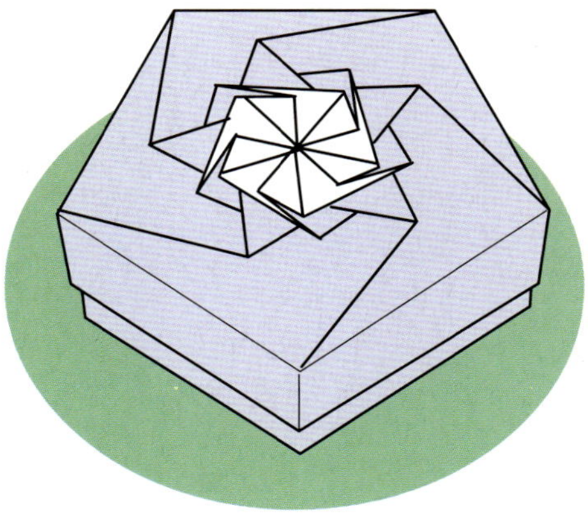

작품의 종이 크기 : 대
뚜껑 / (36+α)×23
본체 / (34.5+α)×27

작품의 종이 크기 : 소
뚜껑 / (25.5+α)×15
본체 / (23.8+α)×18

오각 상자 뚜껑 **꽃잎, 도라지꽃, 말린 꽃잎**

기본 꽃잎에 다양한 변화를 줄 수 있습니다.

★★★ 뚜껑 기본부터(94쪽 25번)

[꽃잎]

25

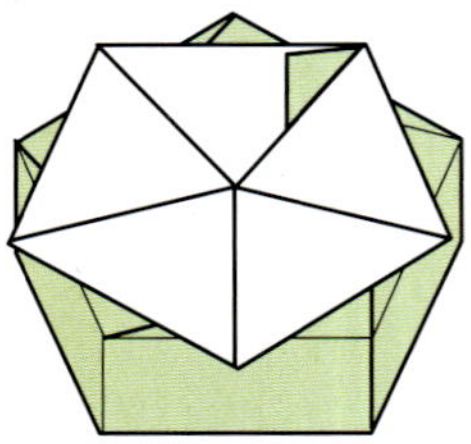

26 위에서 본 그림

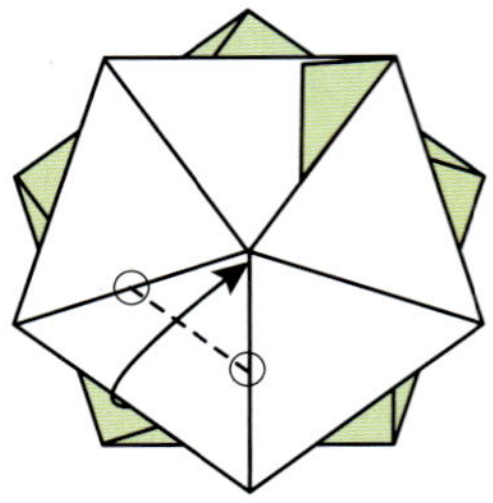

변을 중심에 맞춰 안쪽의 한 장만 ○ 표시까지 접는다.

27

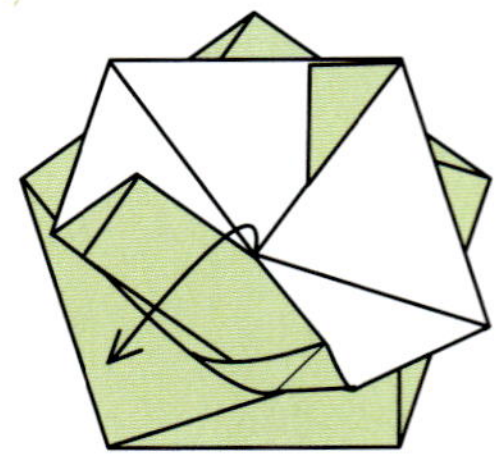

펼친다.

28

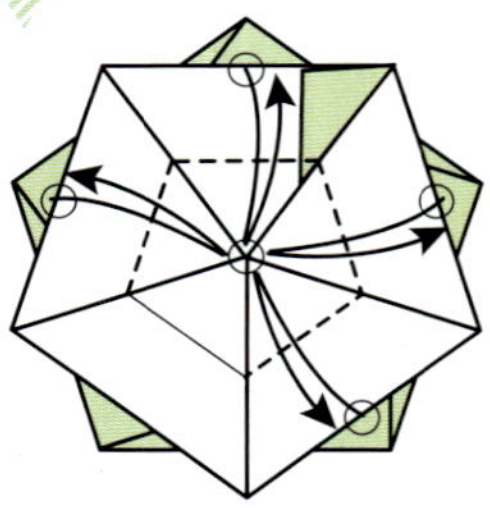

같은 요령으로 접기선을 만든다.

29

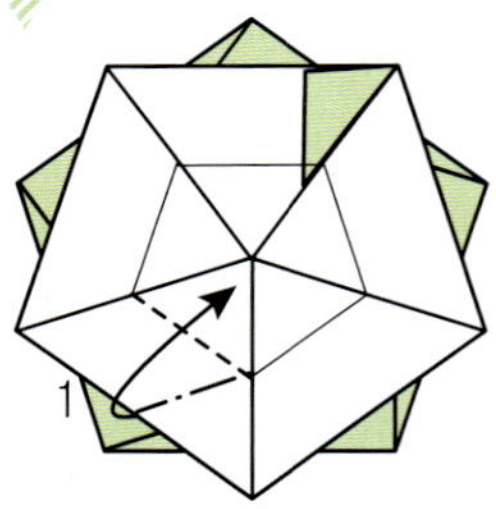

30

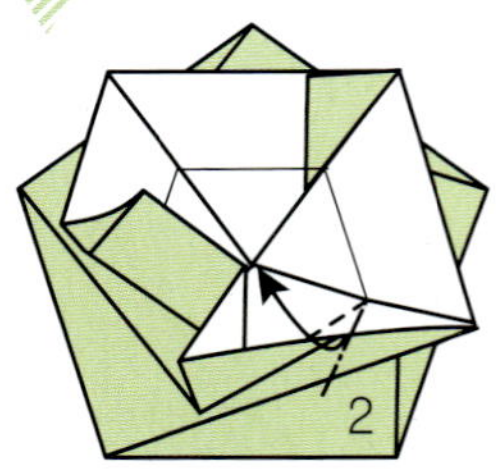

반시계 방향으로 순서대로 중심에 주름을 대서 접는다.

31

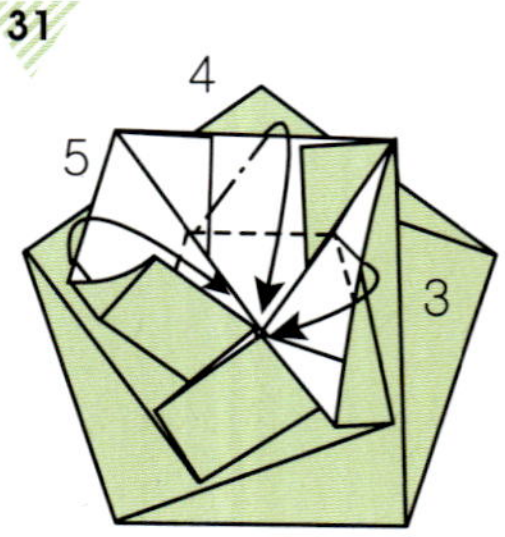

32

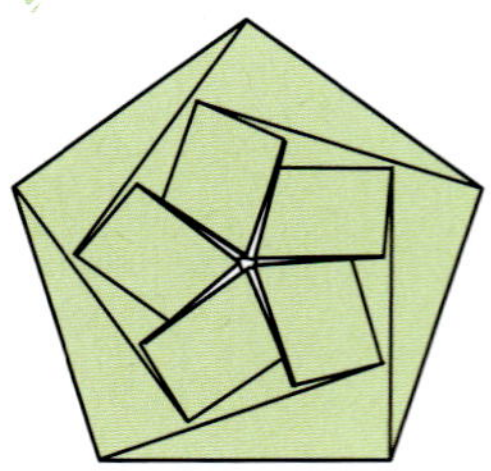

33

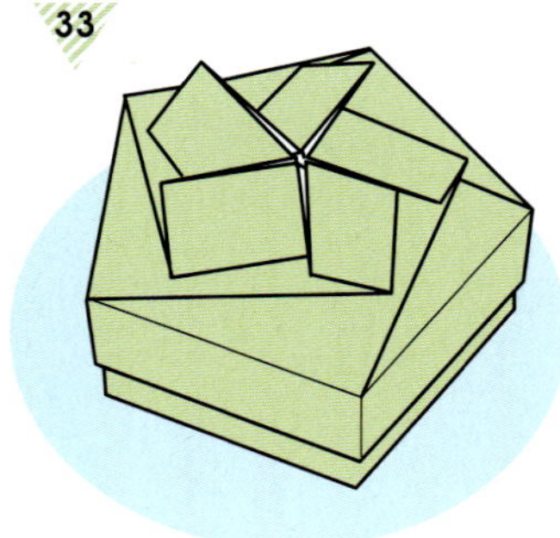

[도라지꽃]

★★★ 꽃잎의 32번부터

위에서 본 그림

32

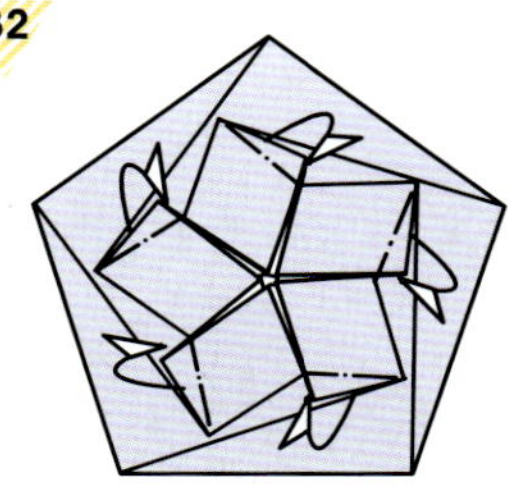

주름을 끼워 넣는다.

33

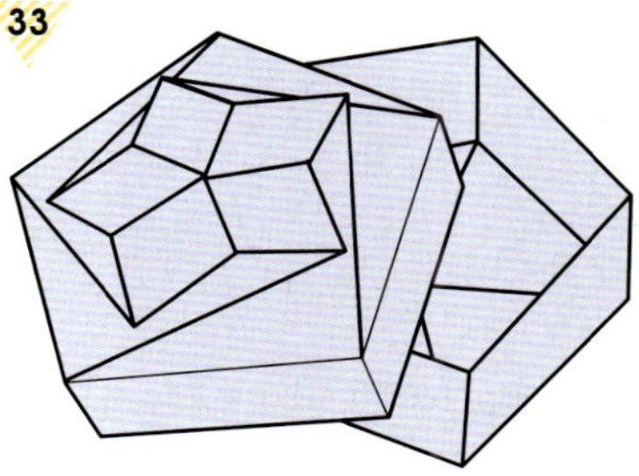

종이 크기 예
뚜껑 / (30+α)×18
본체 / (28.5+α)×21

[말린 꽃잎]

★★★ 꽃잎의 32번부터

위에서 본 그림

32

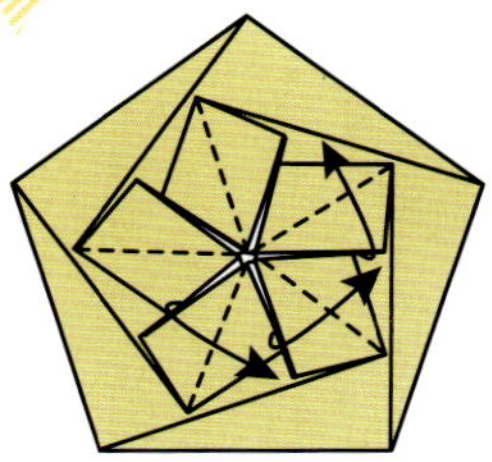

5개의 주름을 반대쪽으로 접는다.

33

접은 끝 부분을 말아 준다.

34

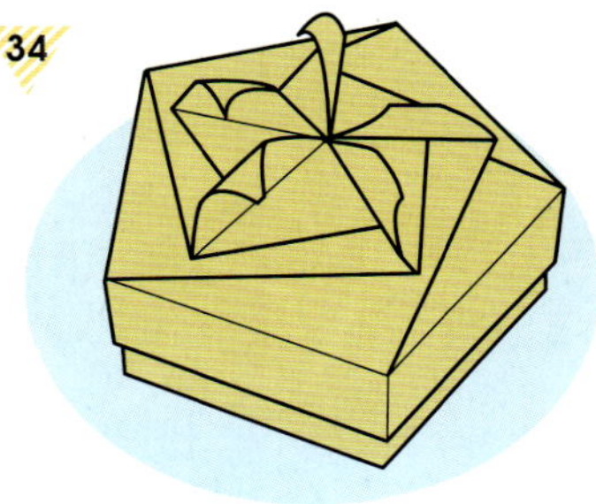

종이 크기 예
뚜껑 / (30+α)×18
본체 / (28.5+α)×21

상자 크기 6.4×6.4×9.3cm
뚜껑 종이 크기 (32+α)×21cm
본체 종이 크기 (30.5+α)×28cm

상자 크기 5×5×5.3cm
뚜껑 종이 크기 (25+α)×16.5cm
본체 종이 크기 (23.6+α)×24cm

★★★ **뚜껑 기본부터(94쪽 25번)**

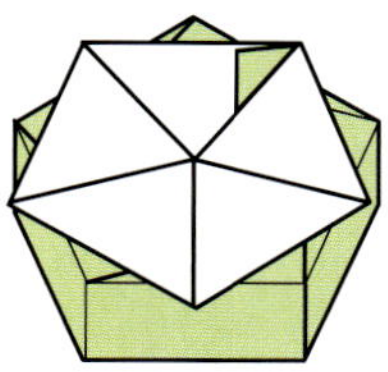

위에서 본 그림

26

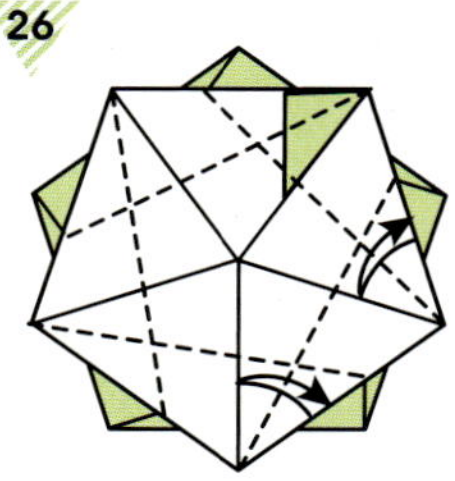

그림과 같이 접기선을 만든다.

27

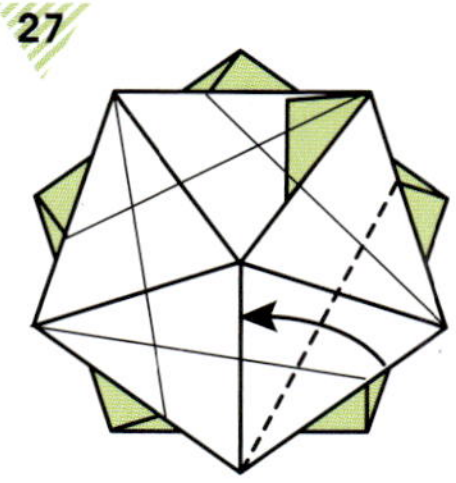

28

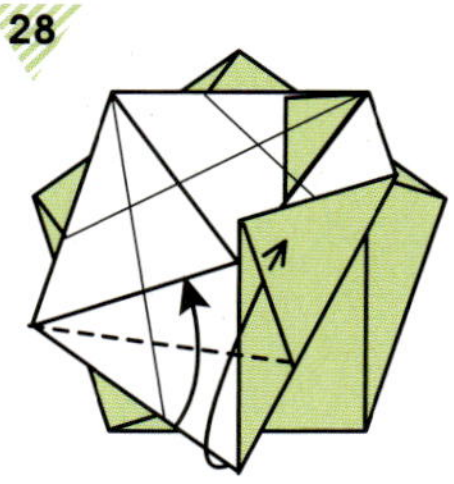

접은 다음 끝 부분을
안에 넣는다.

29

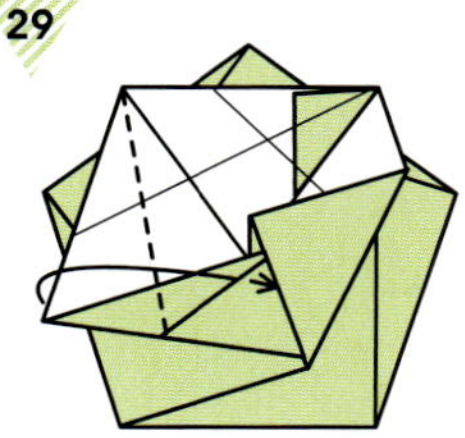

같은 요령으로 순서에 맞춰
시계 방향으로 접고, 모두
끝 부분을 안으로 넣는다.

30

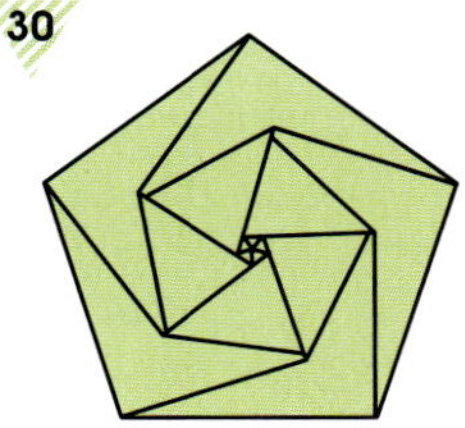

31

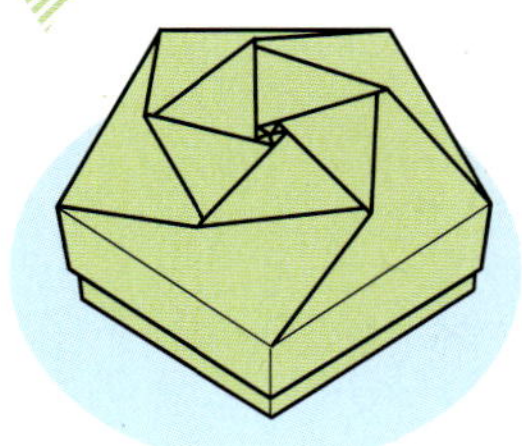

작품의 종이 크기
뚜껑 / (30+α)×18
본체 / (28.5+α)×20

상자 크기 6×6×5.5cm

오각 상자 뚜껑 별

★★★ 뚜껑 기본부터(94쪽 25번)

26

위에서 본 그림

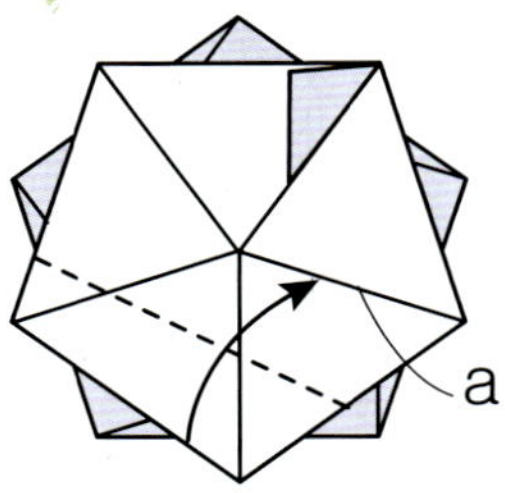

a의 선에 맞춰 접는다.

27

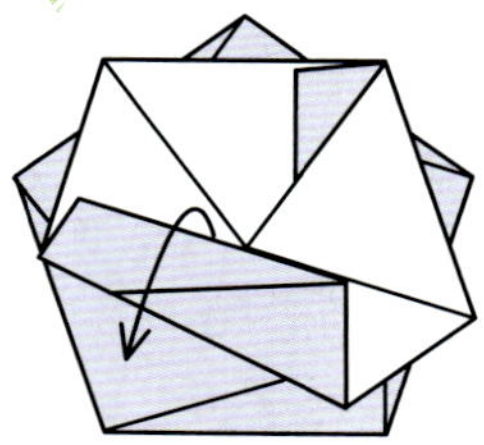

28

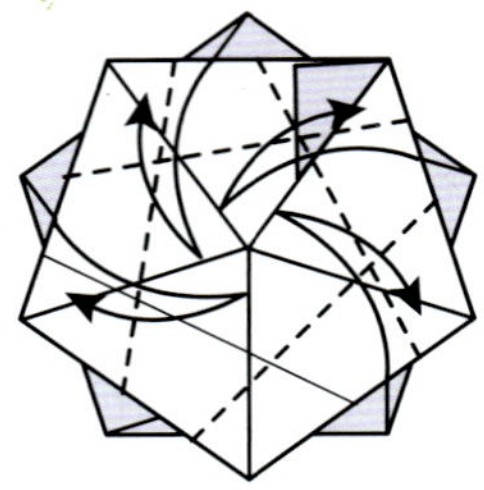

같은 방법으로 접기선을 만든다.

29

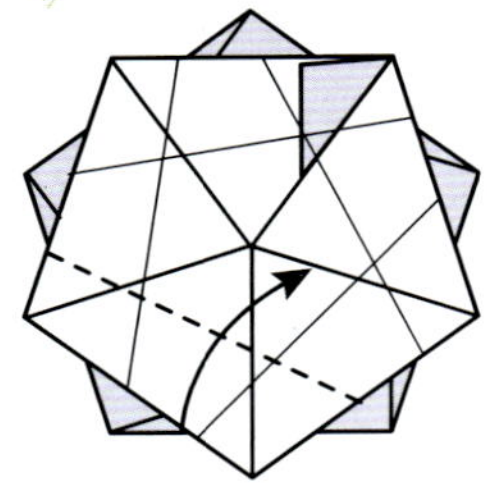

30

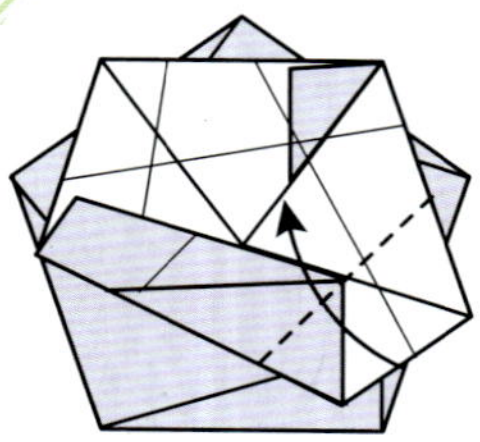

반시계 방향으로 순서대로 씌워 접어 간다.

31

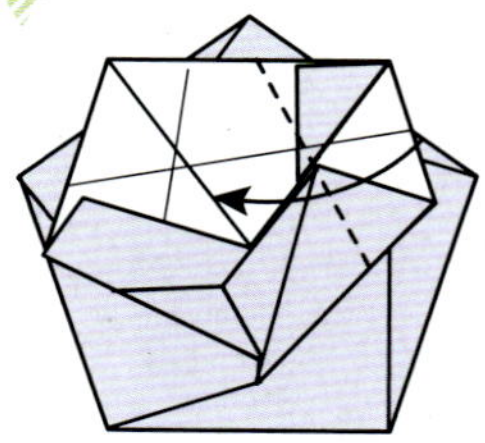

32

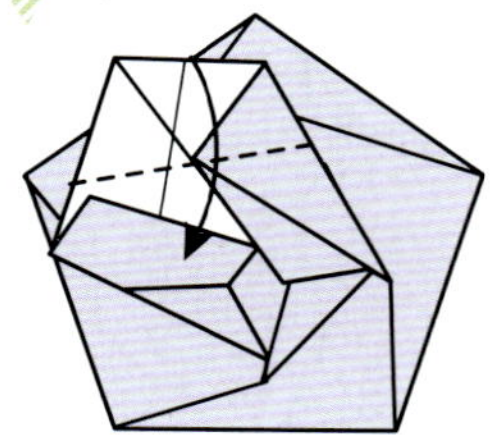

마지막은 시작 부분을 펴서 다시 접고 5개의 마름모꼴이 시계 방향으로 겹치게 한다.

33

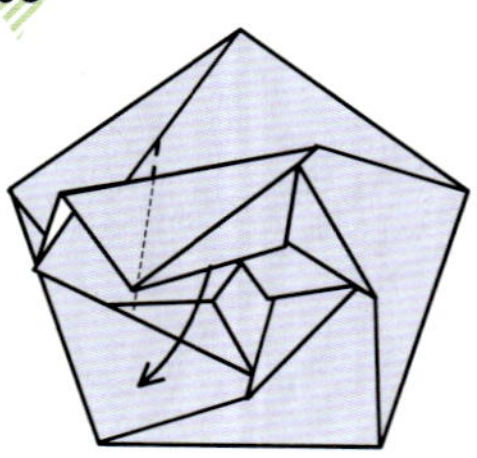

34

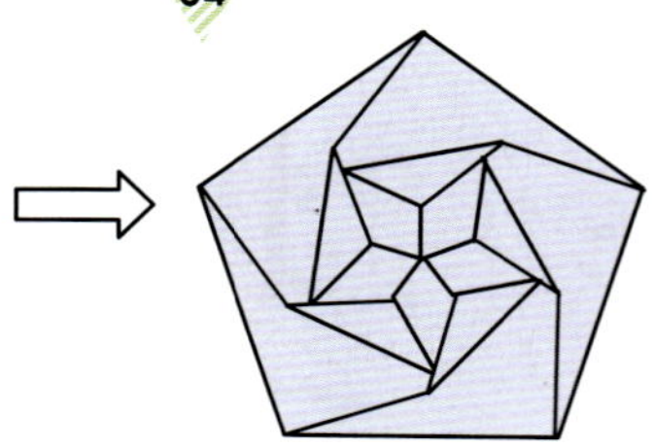

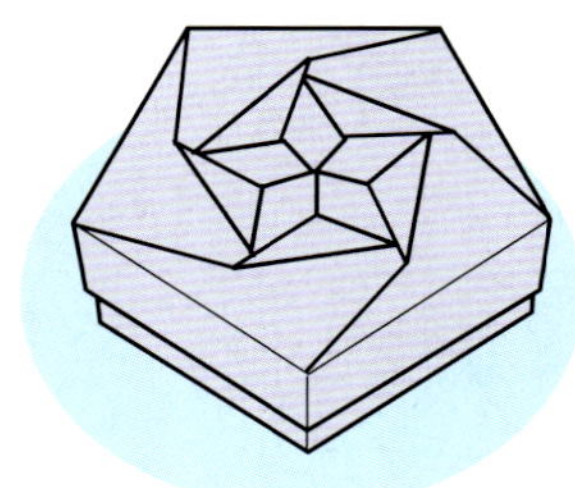

작품의 종이 크기 : 대
뚜껑 / (36+α)×23
본체 / (34.5+α)×27

상자 크기(대) 7.2×7.2×8cm

Hint 14번의 접기 폭에서 모양을 다양하게 바꿀 수 있습니다.

[꽃 모양 A]

★★★ **93쪽 14번부터**

14

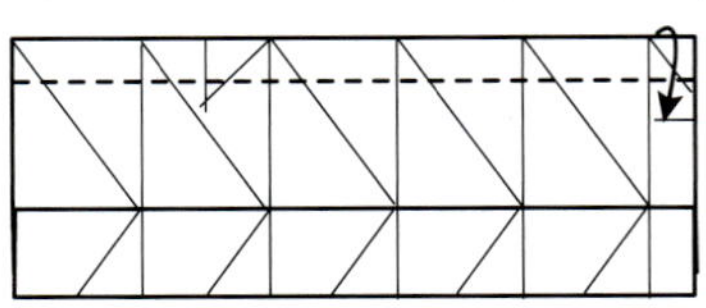

15

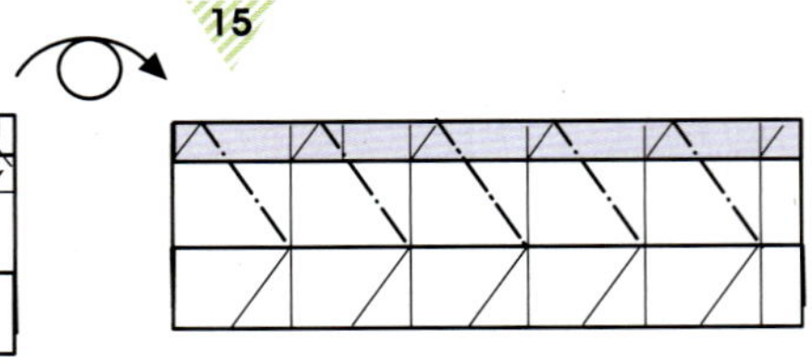

위아래 함께 접기선을 만든다.

16

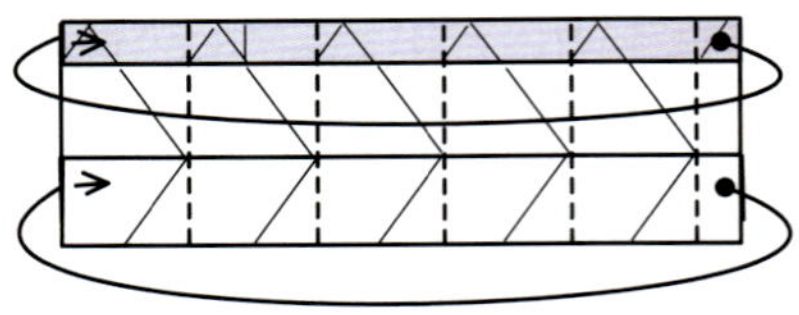

끝 부분을 끼워 오각의 통으로 만든다.

17

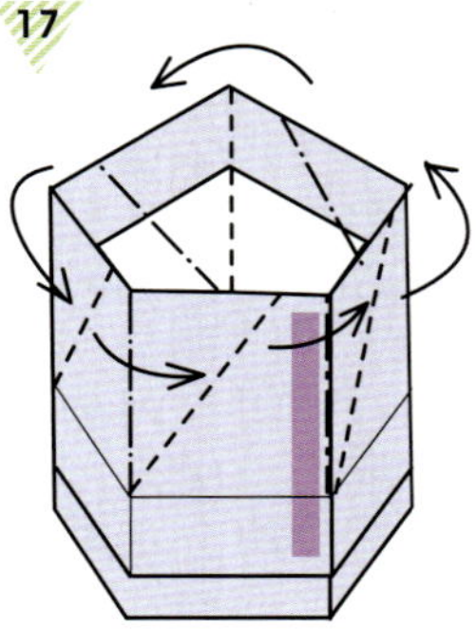

비틀어서 위를 평평하게 한다.

18

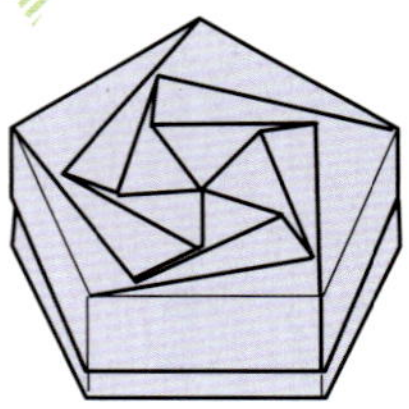

19

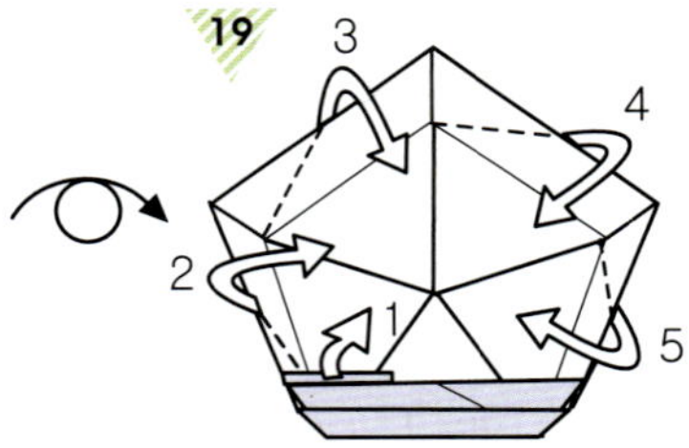

안쪽의 처리 방법은
93쪽과 같다.

20

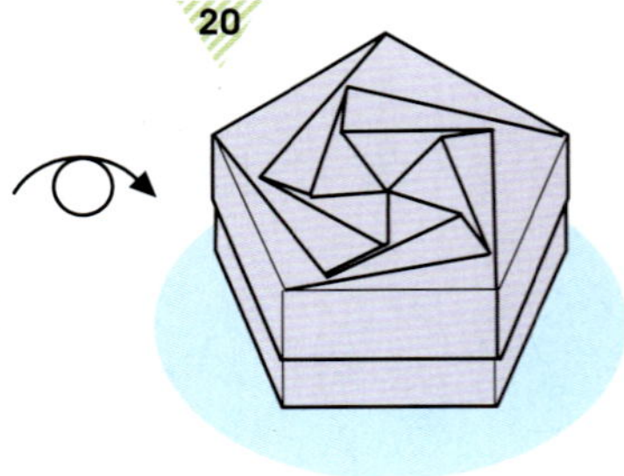

20

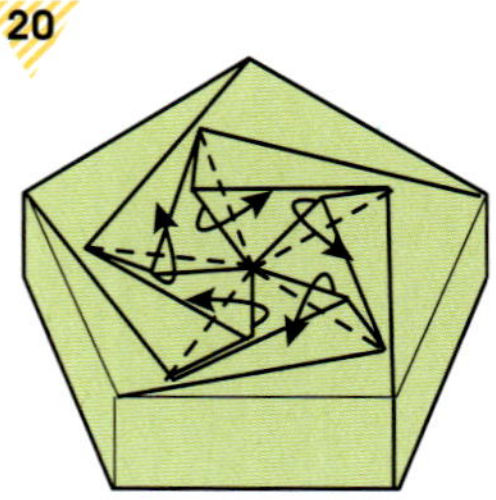

주름을 세워도 좋다.

21

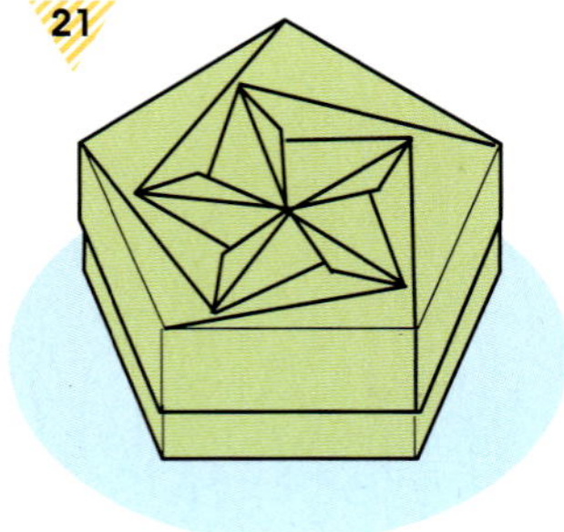

종이 크기 예
뚜껑 / (30+α)×17
본체 / (28.5+α)×18.5

[꽃 모양 B]

★★★ **A의 15번부터**

A의 15번에서 끝 부분을 한 번 더 접으면 중심부에 종이의 뒷면이 나와 모양이 된다.

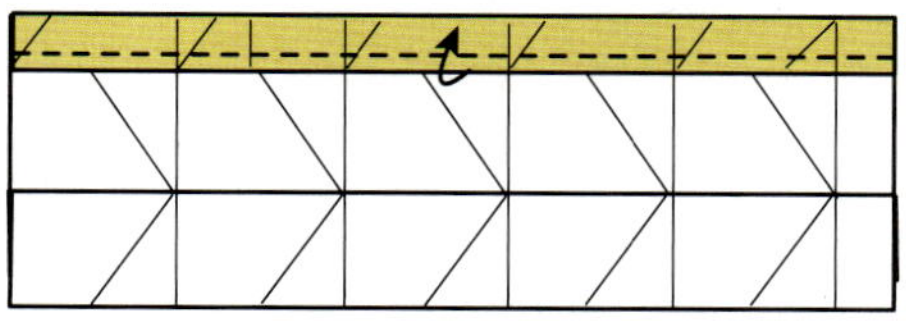

적당한 폭으로 접는다.

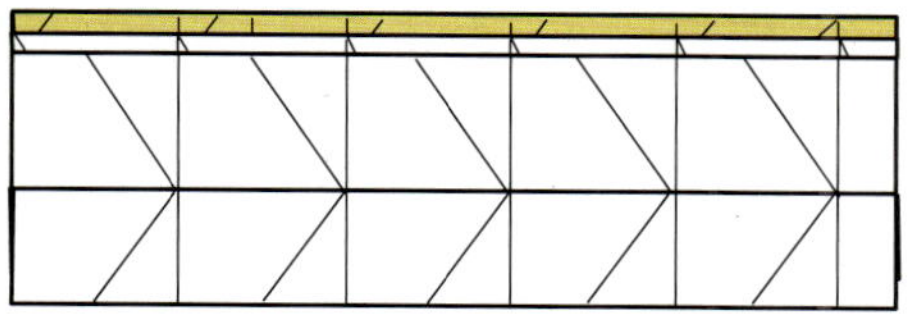

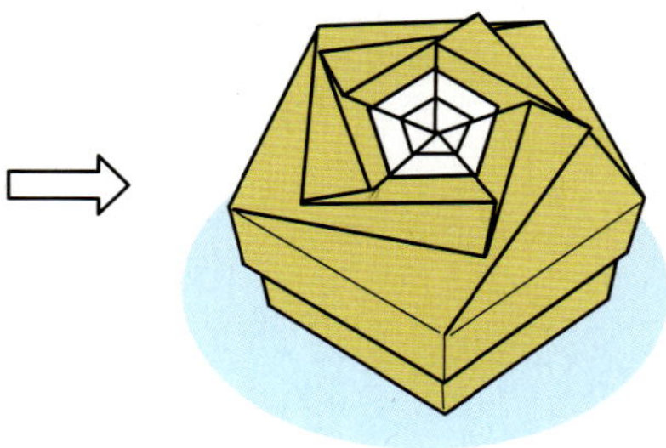

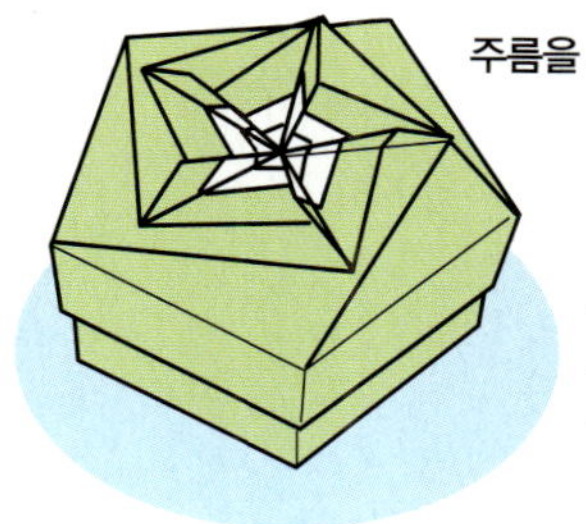

주름을 세운 것

종이 크기 예
뚜껑 / (30+α)×17
본체 / (28.5+α)×18.5

이하 A의 15번부터와 같다.

[꽃 모양 C]

★★★ **A의 14번부터**

A의 14번에서 접는 폭을 좁게 하면 중심부에 종이의 뒷면이 나와 모양이 된다.

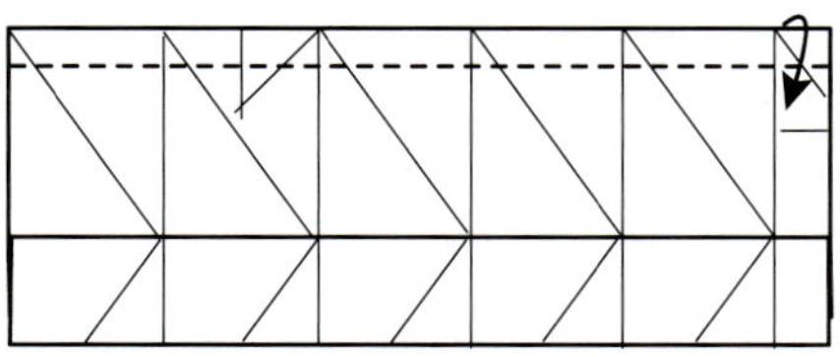

적당한 폭으로 접는다.

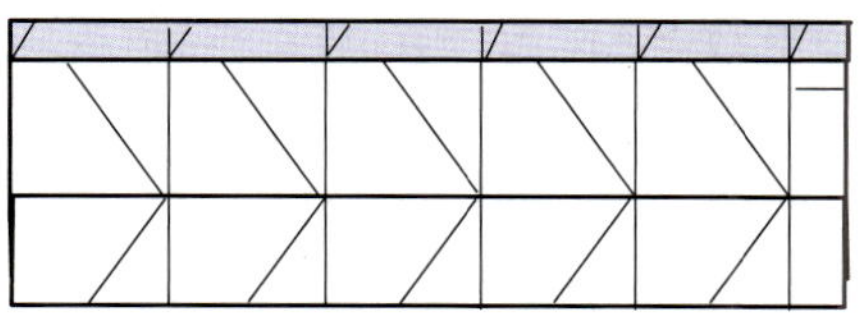

이하 A의 15번부터와 같다.

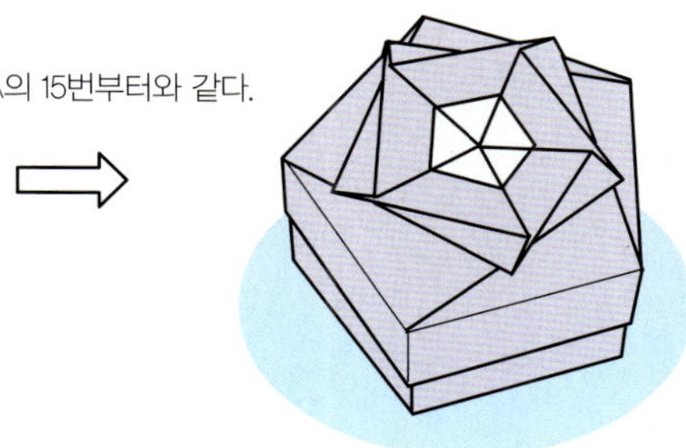

상자 크기 5.7×5.7×5.5cm
뚜껑 종이 크기 (28.5+α)×17cm
본체 종이 크기 (27+α)×21cm

Point 나중에 정리하기 쉽도록 도중에 장치용 접기선을 만든다.

α는 L의 절반보다 짧게 한다.
넓은 경우에는 잘라 낸다.

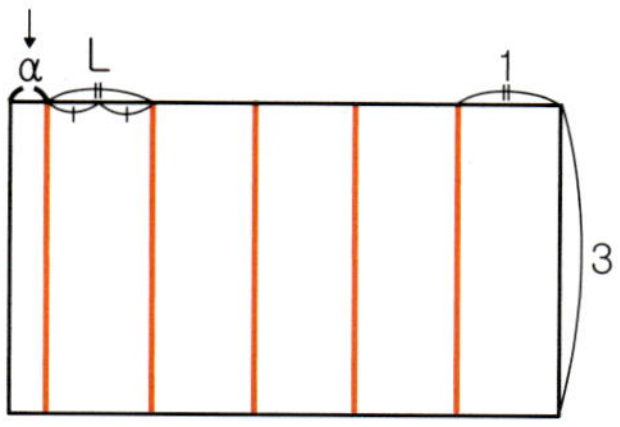

빨간 선은 산선과 계곡선을 둘 다 만든다.

왼쪽과 같이 풀칠하는 곳의 폭에 주의하여 뚜껑 기본 93쪽 13번까지 접는다.

13

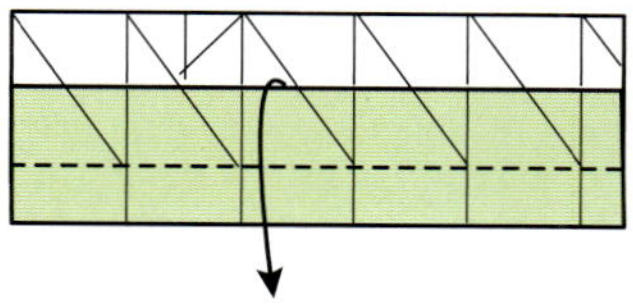

접기선을 만들고 펼친다.

14

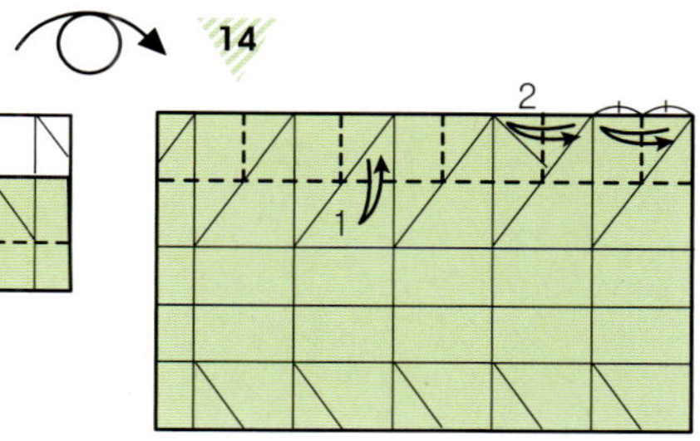

그림과 같이 접기선을 만든다.

15

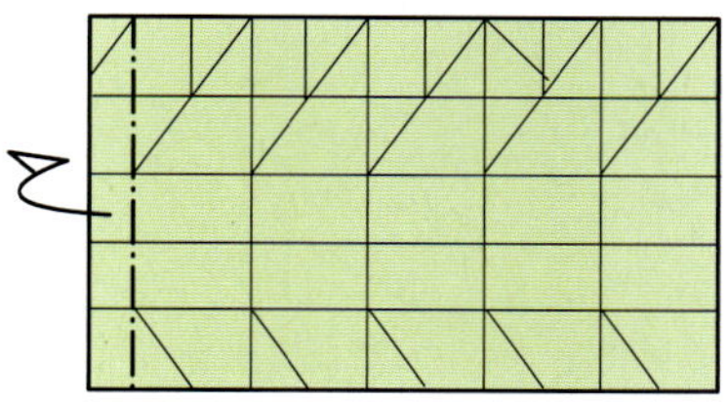

16

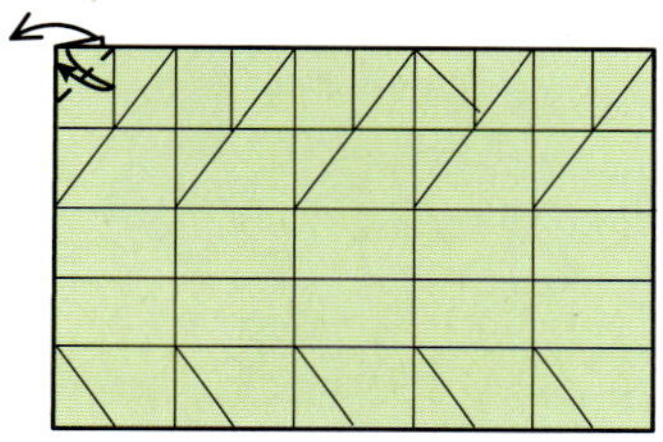

접기선을 만들고 펼친다.

17

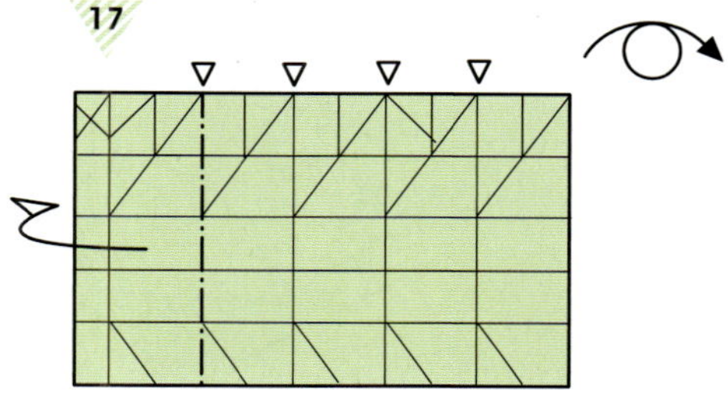

▽ 표시가 된 나머지 네 군데의 선을 15, 16번과 같이 접는다.

[롤]

18

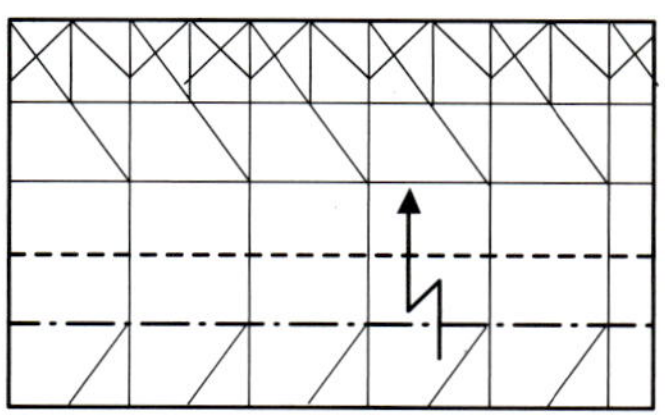

이하 93쪽 18번부터 25번까지 접는다.

19

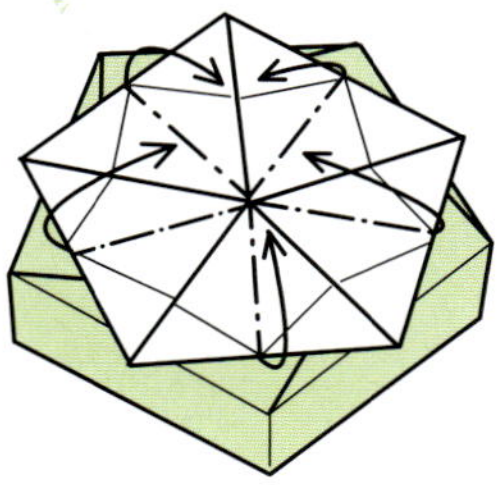

중심으로 모아 세운다.

20

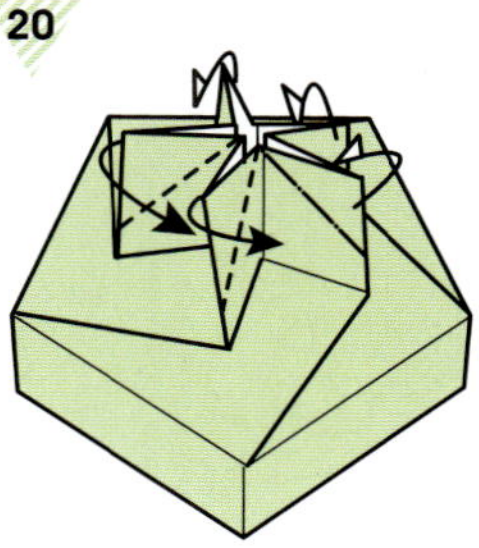

주름에 접기선을 만든다.

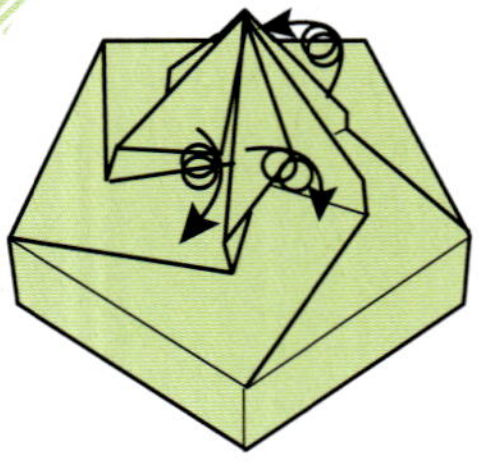

21

주름을 만다.

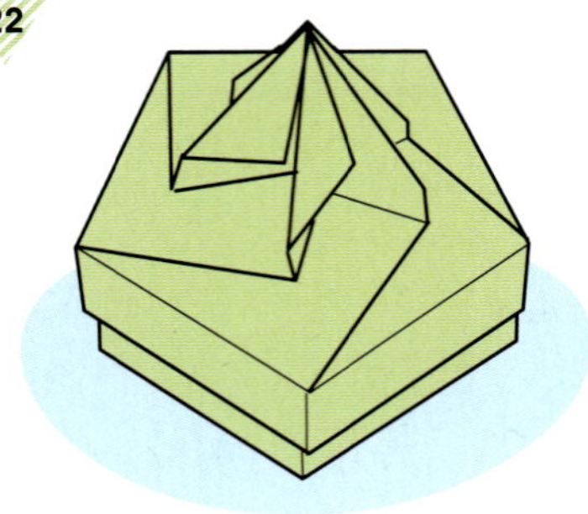

22

작품의 종이 크기
뚜껑 / (30+α)×18
본체 / (28.5+α)×24

[진달래]

★★★ **105쪽 19번부터**

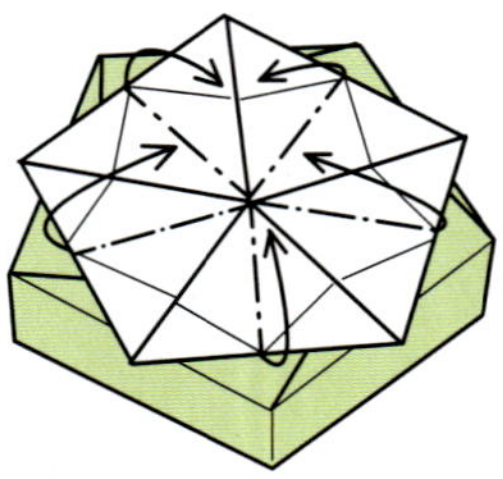

19

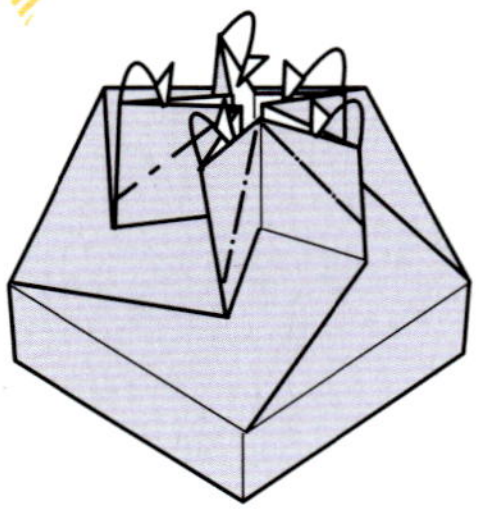

20

안으로 넣어 접는다.

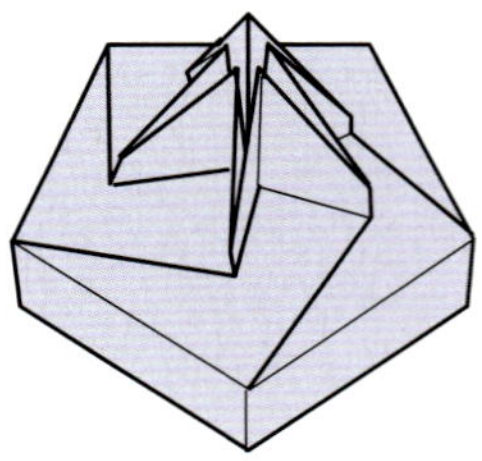

21

꽃잎을 만다.

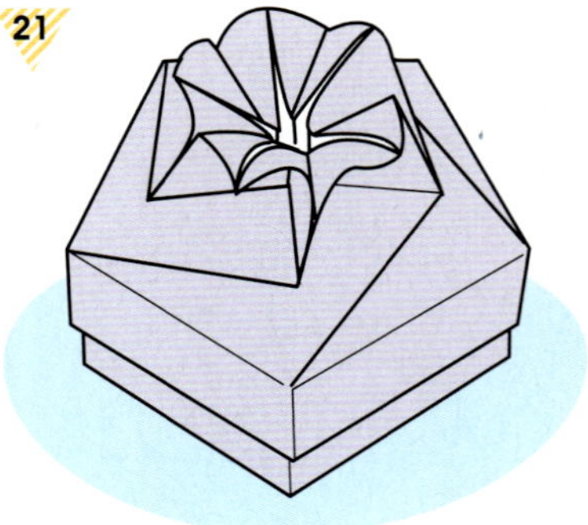

21

작품의 종이 크기
뚜껑 / (30+α)×18
본체 / (28.5+α)×20

상자 크기 6×6×7.8cm

상자 크기 6.2×6.2×10.5cm
뚜껑 종이 크기 (32+a)×19cm
본체 종이 크기 (30+a)×24cm

올록볼록 오각 상자 뚜껑 버블

연습 : A4(210×297mm)를 잘라 사용

상자 크기 4.9×4.9×6.5cm
뚜껑 종이 크기 (24.5+α)×15cm
본체 종이 크기 (23.5+α)×19cm

기본선과 길이 예(단위 : cm)

α는 L의 절반보다 짧게 한다.
넓은 경우에는 잘라 낸다.

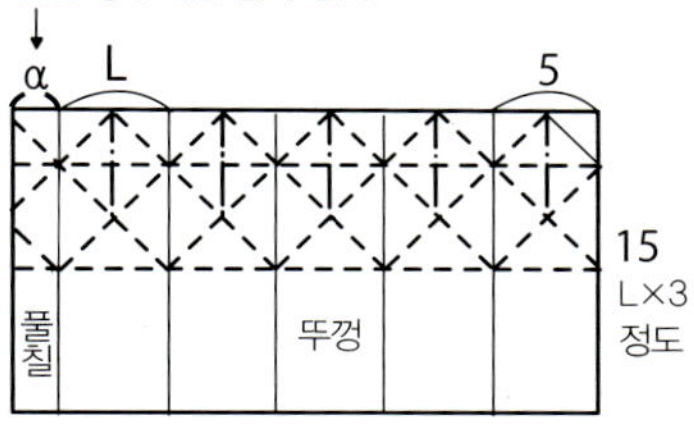

※ 본체(85쪽)는 가로를 1.2~1.5cm 정도 짧게 한다. 높이를 2cm 이상 길게 한다.

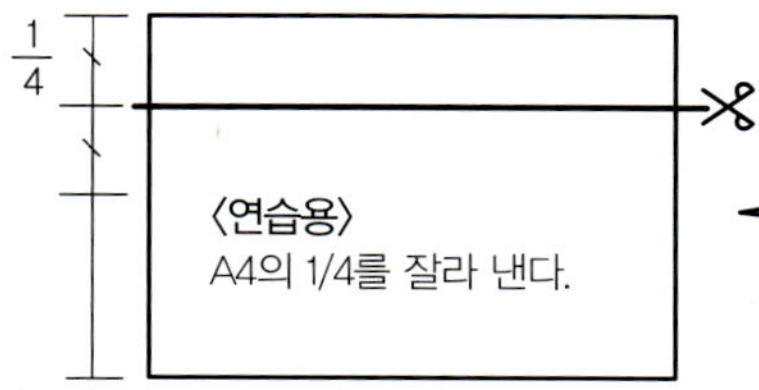

1

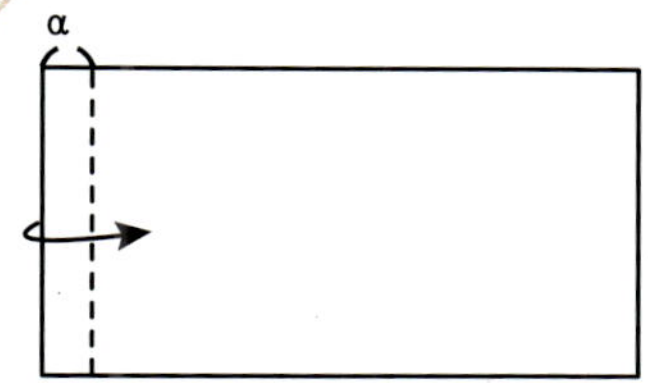

풀칠하는 곳(α)으로 2cm 정도 끝 부분을 접는다. 풀칠하는 곳의 폭에 주의한다.

2

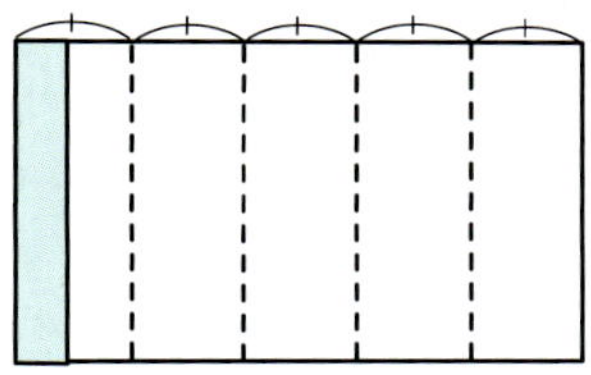

3

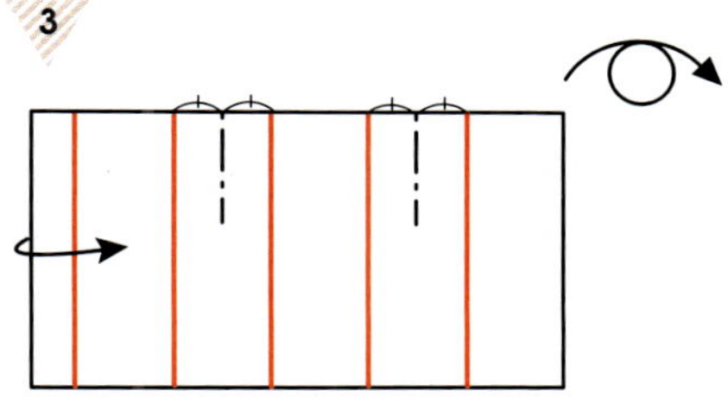

빨간 선은 산선과 계곡선을 둘 다 접는다.
접기선을 만들고 풀칠하는 곳을 접는다.

4

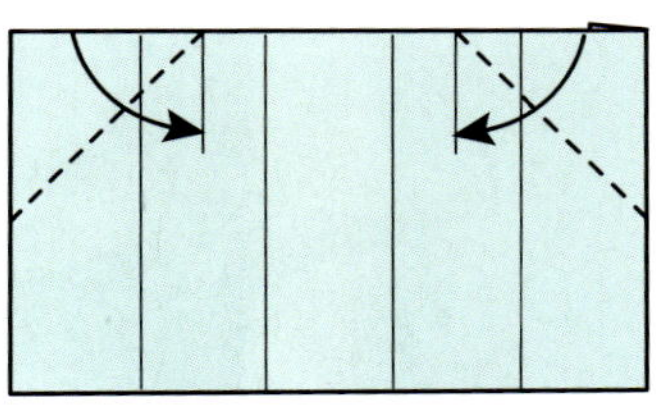

5

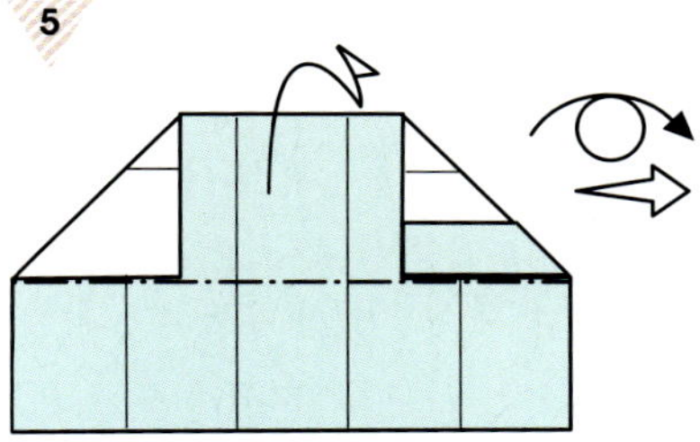

접기선을 만들고 전부 펼친다.

6

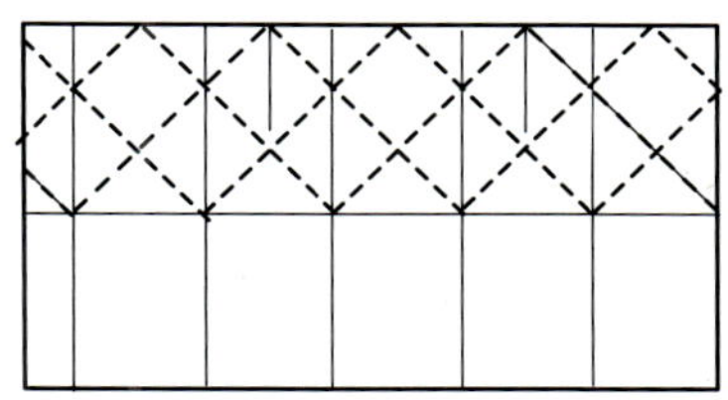

그림과 같이 접기선을 만든다.

7

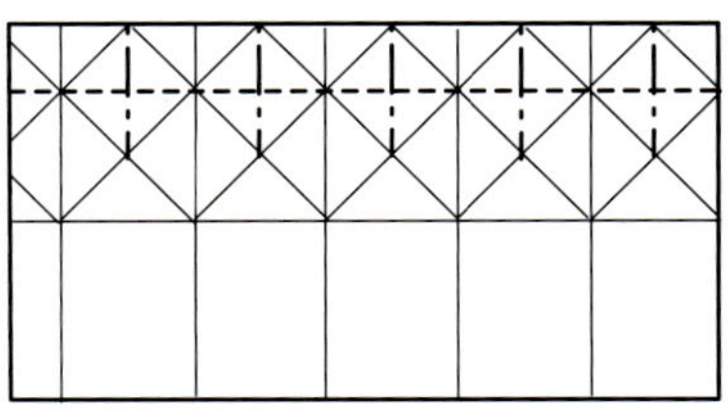

8

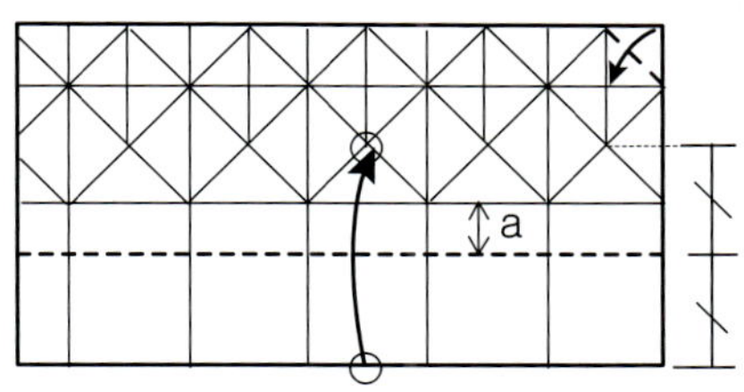

a가 상자의 깊이가 된다.

9

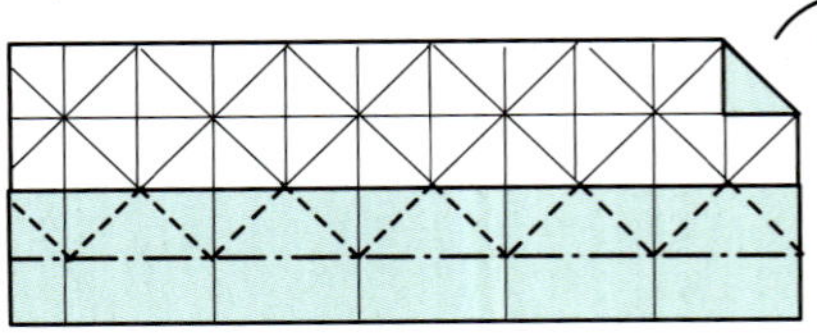

위아래에 같이 접기선을 만든다.

10

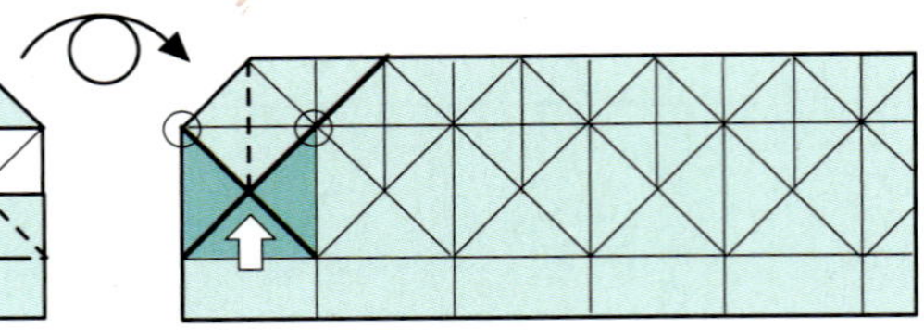

굵은 선을 산선으로 접어 ○ 표시를 맞춰 화살표 끝을 볼록하게 하고, 첫 번째 산을 만든다(색이 짙은 부분이 삼각의 산이 된다).

11 바깥쪽

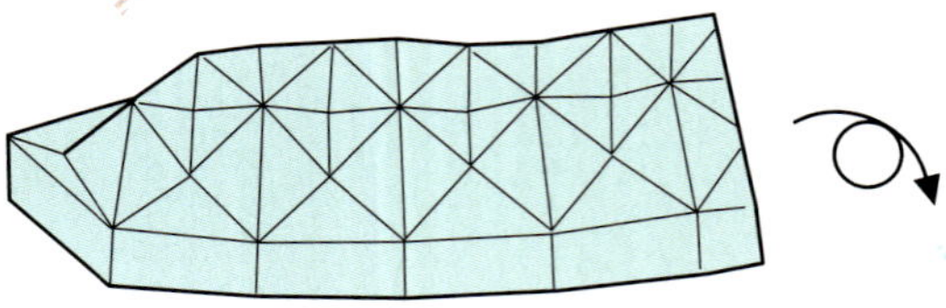

11 -1 안쪽

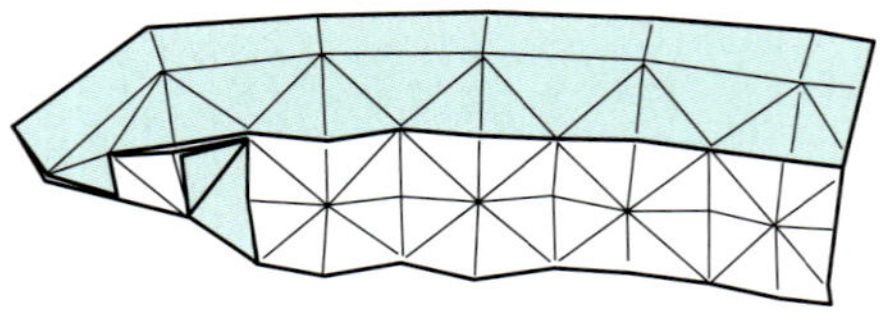

12 바깥쪽

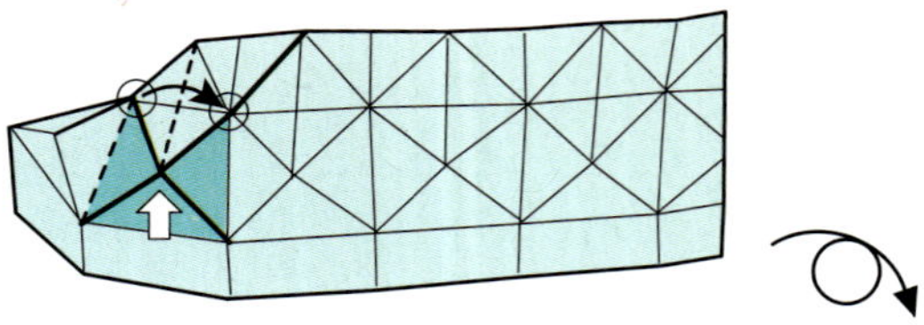

두꺼운 선을 산선으로 접어 ○ 표시를 맞춰 화살표 끝을 볼록하게 하고, 두 번째 산을 만든다(색이 짙은 부분이 삼각의 산이 된다).

12 -1 안쪽

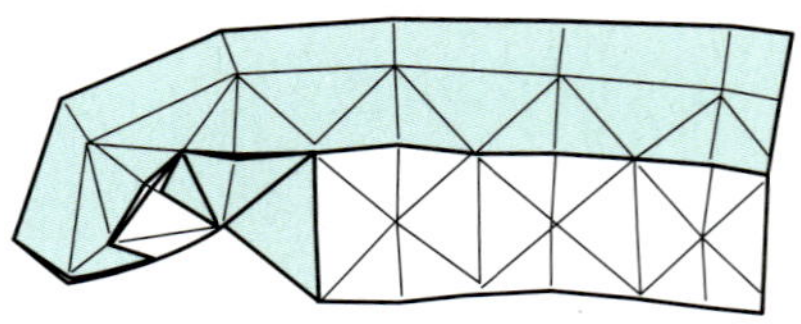

두 번째 산을 접은 안쪽

13

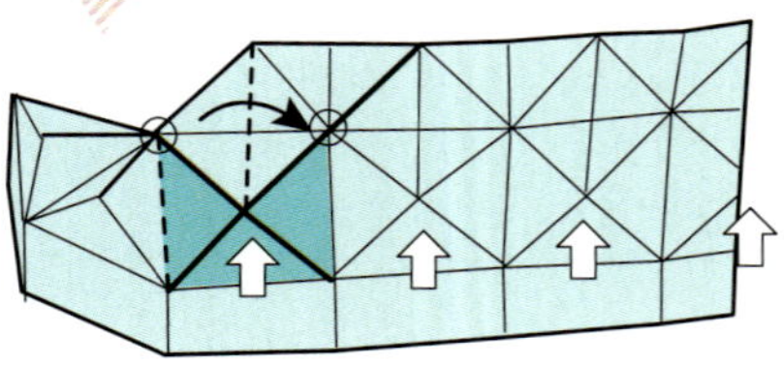

순서대로 같은 방법으로 정리해 간다.

▲▼ 조립 포인트

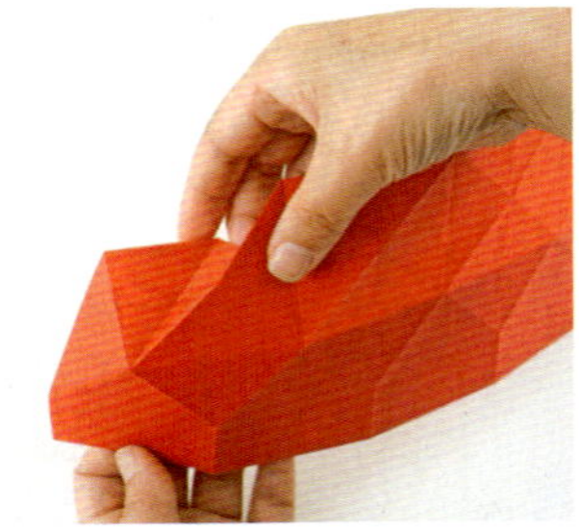

1. 10~12번의 요령으로 왼쪽부터 산선과 ○ 표시를 맞춰 접기 시작한다.

2. 왼쪽에 산을 하나 만들었다면 오른쪽의 다음 산을 만든다.

3. 산이 5개 만들어지면 중심을 닫듯이 둥글게 모양을 잡아 풀칠할 부분을 반대쪽으로 넣는다.

4. 풀칠하고 중심이 닫히면 완성

14

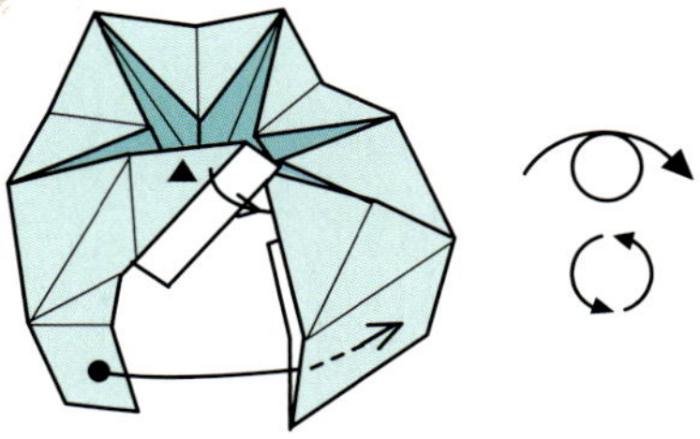

▲ 표시를 안으로 넣고
풀칠할 부분을 끼운다.

15

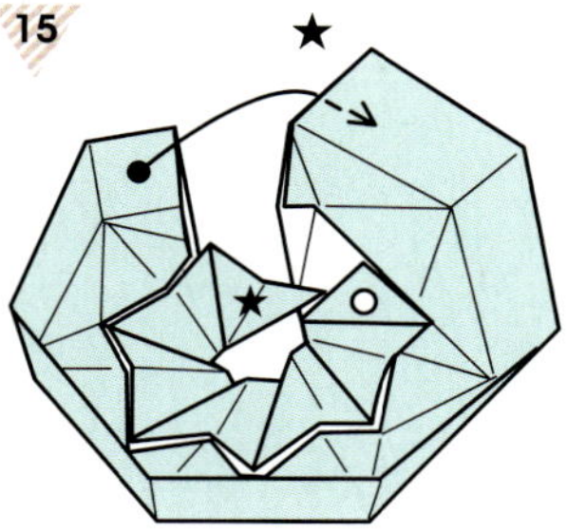

★ 표시의 끝을 8번에서 접은
작은 삼각(○ 표시)에 끼운다.
여기에서 풀칠하면 된다.

16

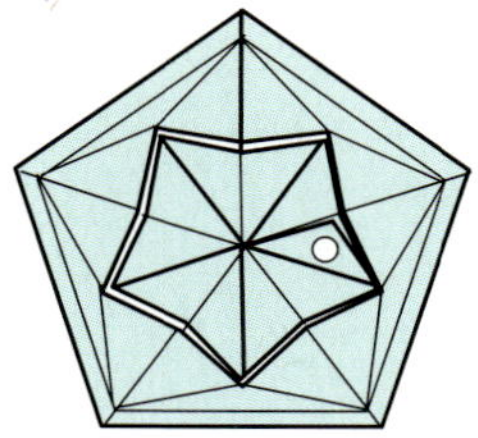

17

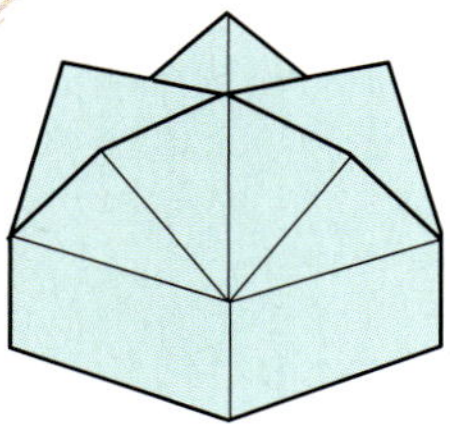

18

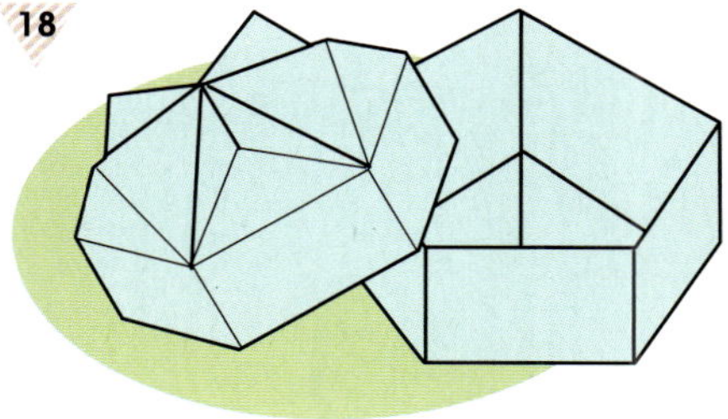

작품의 종이 크기
뚜껑 / (30＋α)×18
본체 / (28.5＋α)×20

상자 크기 6×6×10cm
뚜껑 종이 크기 (30+α)×18cm
본체 종이 크기 (28.5+α)×27cm

상자 크기 4.2×4.2×7cm
뚜껑 종이 크기 (21+α)×13cm
본체 종이 크기 (17.3+α)×17cm

올록볼록 오각 상자 뚜껑 빅 버블, 별

연습 : A4(210×297mm)를 잘라 사용

상자 크기 6×6×15cm
뚜껑 종이 크기 (30+a)×24cm
본체 종이 크기 (28.5+a)×34cm

상자 크기 5.5×5.5×13cm

상자 크기 5×5×8.3cm

[별]은 모양을 잡기가 꽤 어렵습니다. 우선 [빅 버블]로 연습하고 요령을 익혀 주세요.

[빅 버블]

기본선과 길이 예(단위 : cm)

α는 L의 절반보다 짧게 한다.
넓은 경우에는 잘라 낸다.

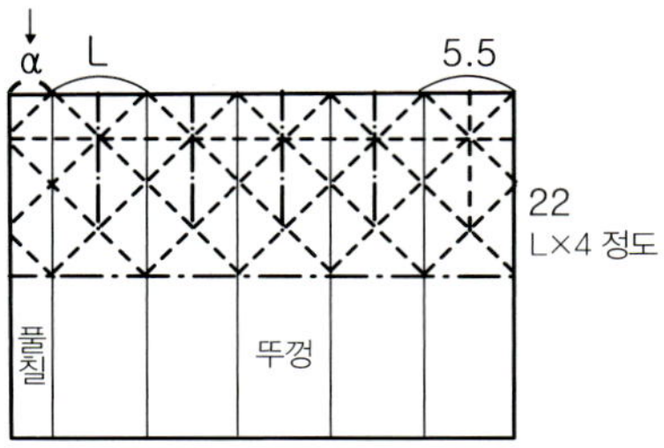

※ 본체(85쪽)는 가로를 1.2~1.5cm 정도 짧게 한다. 높이를 2cm 이상 길게 한다.

1

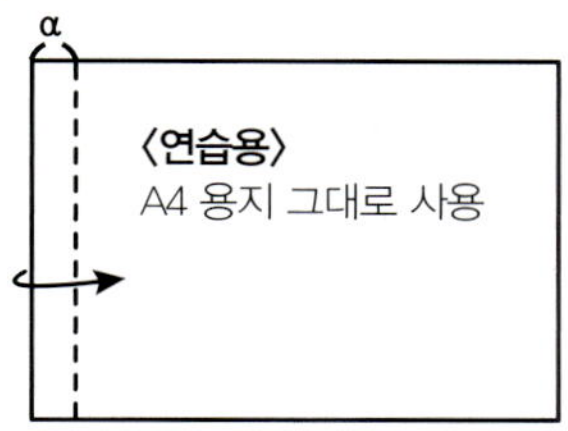

풀칠하는 곳(α)으로 2cm 정도 끝 부분을 접는다. 풀칠하는 곳의 폭에 주의한다.

2

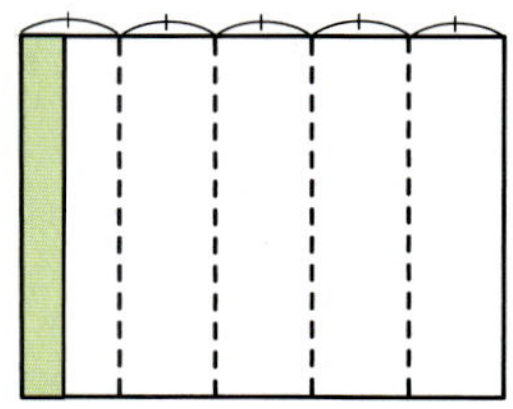

5등분의 접기선(84쪽 참조)을 만들고 왼쪽을 펼친다.

3

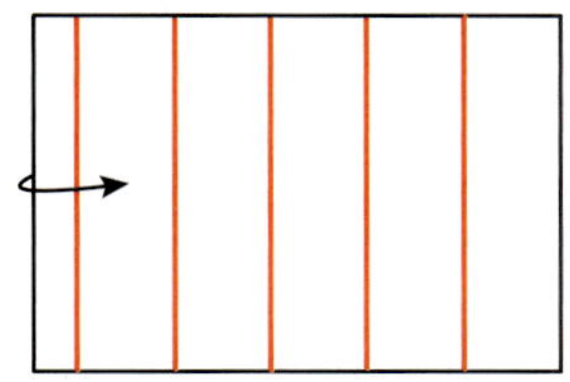

4

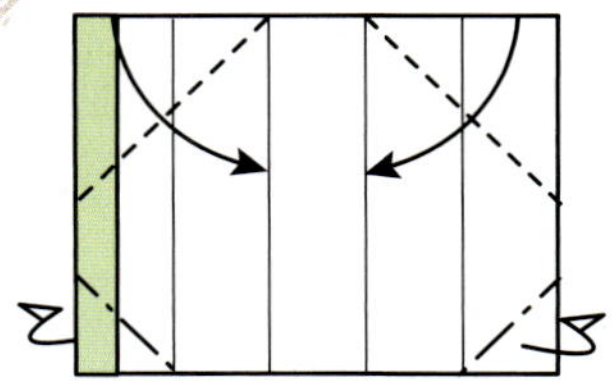

빨간 선은 산선과 계곡선을 둘 다 접는다. 접고 풀칠하는 곳을 접는다.

5

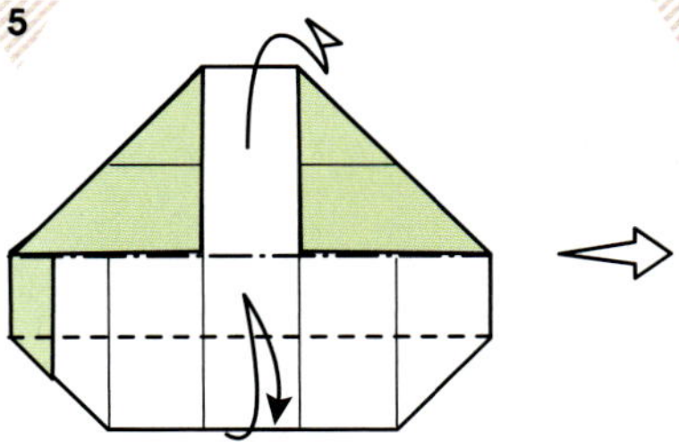

접기선을 만들고 전부 펼친다.

6

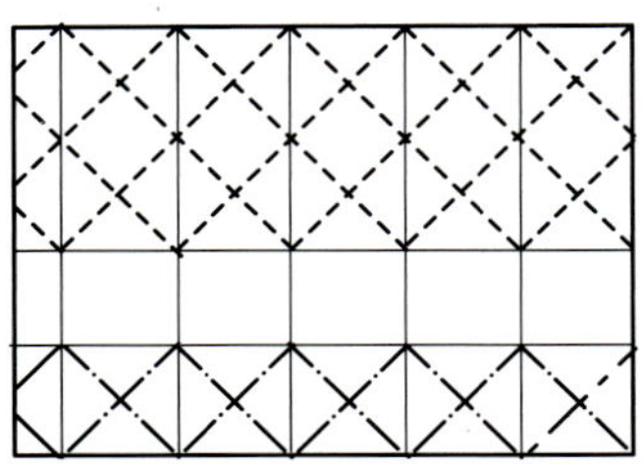

그림과 같이 접기선을 만든다.

7

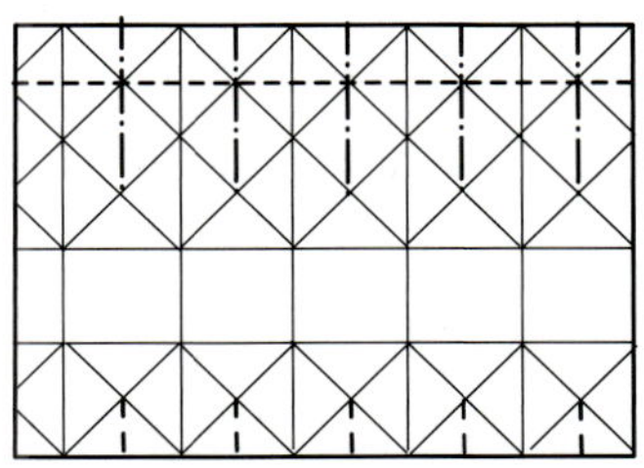

그림과 같이 접기선을 만든다.

8

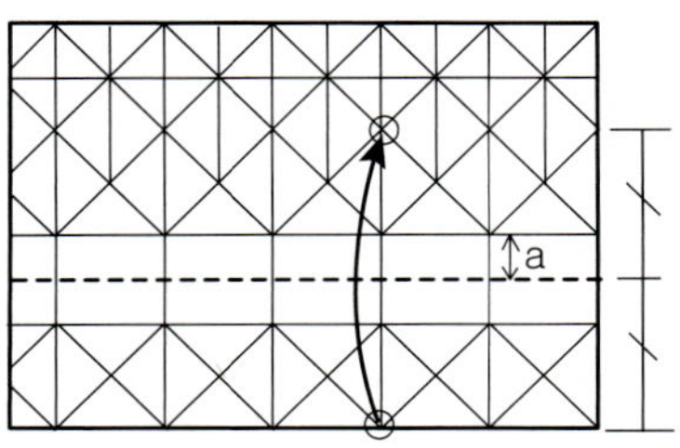

a가 상자의 깊이가 된다.

9

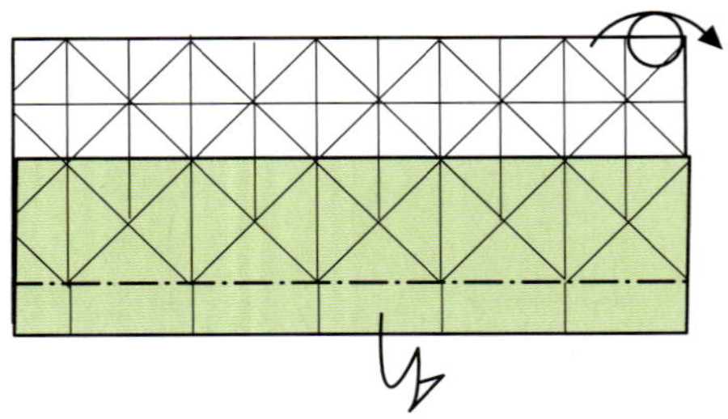

10

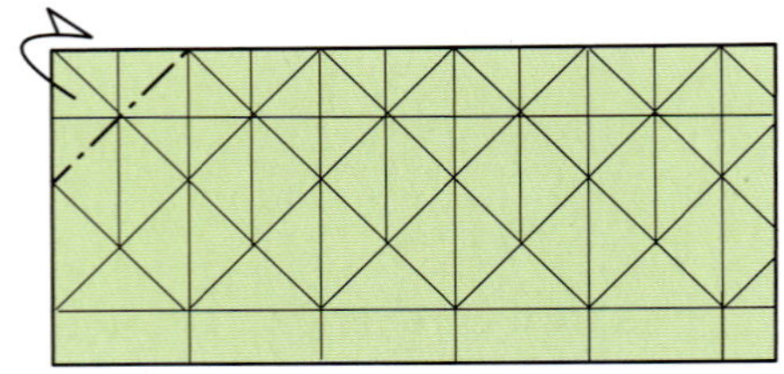

11

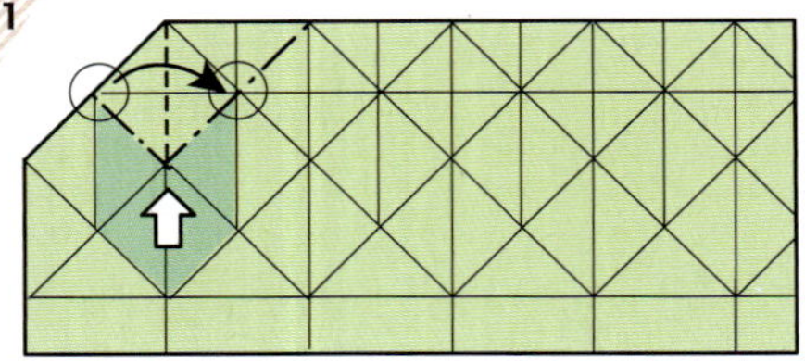

○ 표시를 맞춰 화살표 끝을 볼록하게 한다(색이 짙은 부분을 볼록하게 한다).

12

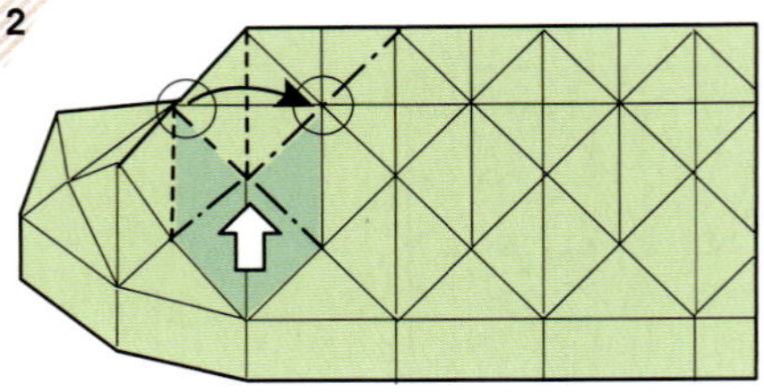

○ 표시를 맞춰 화살표 끝 부분을 볼록하게 한다.

13

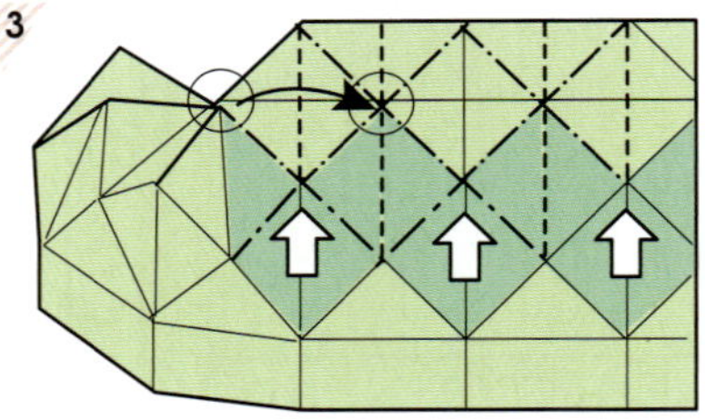

화살표 끝이 볼록하게 되도록 순서대로 올록볼록하게 만들며 접어 간다.

14

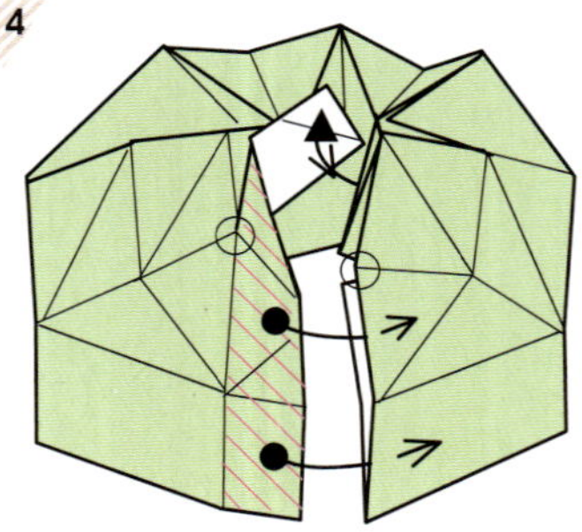

▲ 표시를 틈에 끼워 넣고, 옆 부분은 ○ 표시를 맞춰 끼운다(빗금 부분의 풀칠하는 곳이 안으로 들어간다).

Point

본체는 높이가 높을수록 바닥의 모양을 정리하기 어려워진다.

15

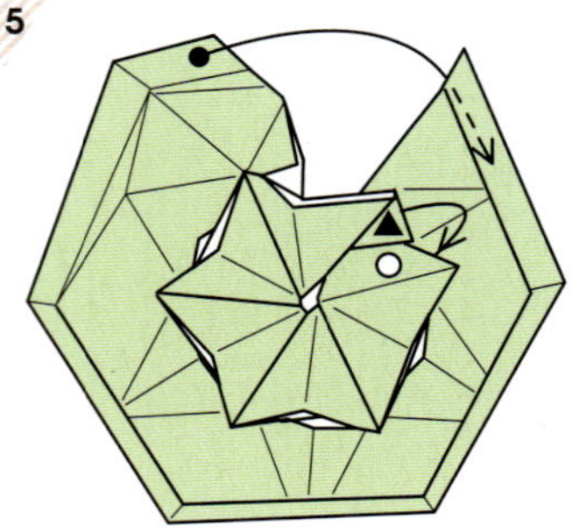

▲ 표시 부분을 10번에서 접은 삼각(○ 표시)에 끼운다. 실제로는 ▲ 부분을 펼쳐 ○ 표시에 감아 넣는다. 여기에서 풀칠하면 좋다.

16

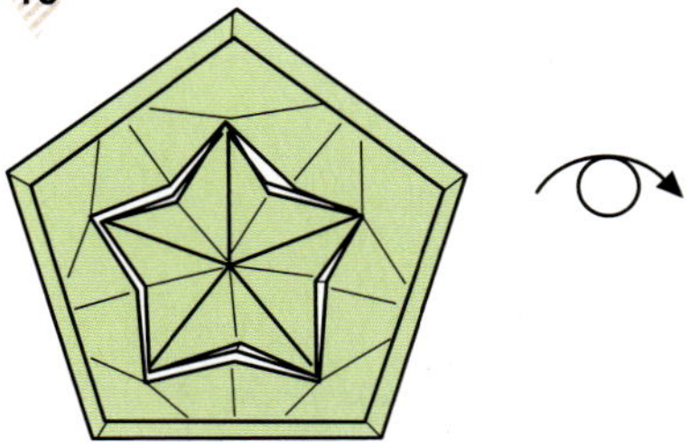

17

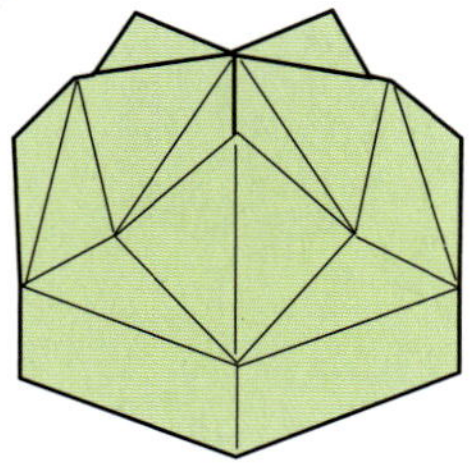

18

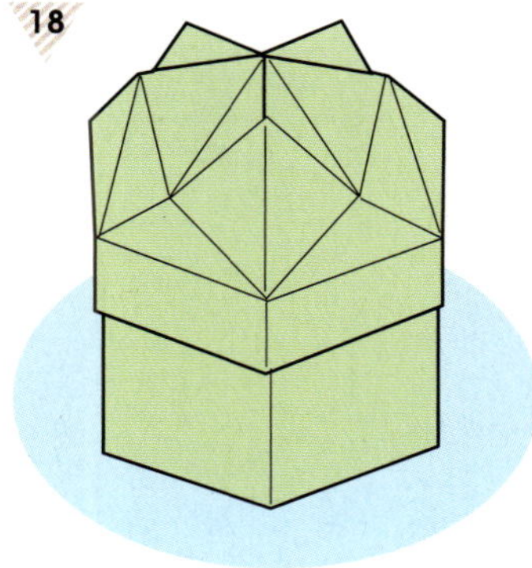

작품의 종이 크기
뚜껑 / (27.5+α)×21
본체 / (26+α)×30

[별]

9

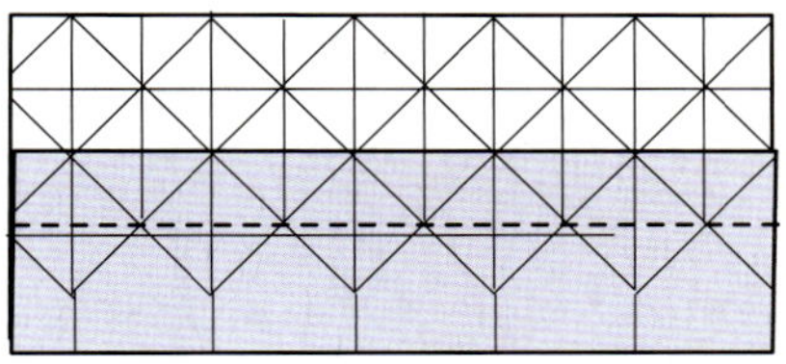

114쪽 9번에 그림과 같은 접기선을 더 만든다.

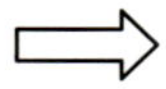

상자의 가장자리가 될 부분만 풀칠을 하고 [빅 버블]을 만든다.

10

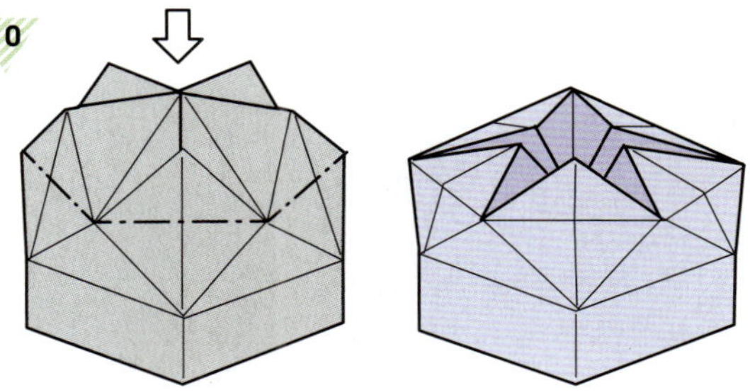

9번에서 만든 선까지 윗부분을 밀어 넣는다. 이때 모양이 흐트러지지만 일단 밀어 넣은 다음 모양을 정리한다. 안쪽의 주름은 가운데 부분이 닫히도록 정리한다.

11

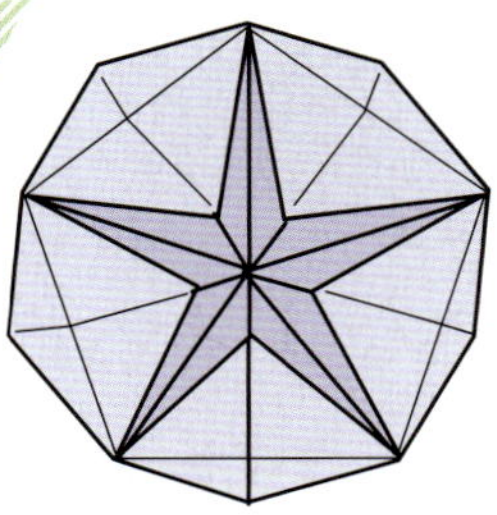

12

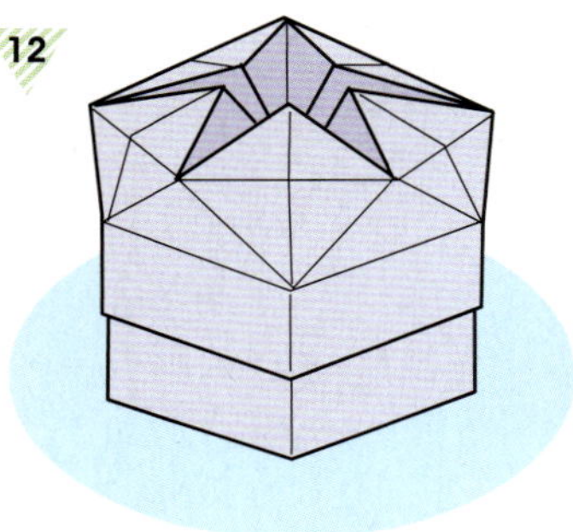

작품의 종이 크기
뚜껑 / (25+α)×20
본체 / (23.5+α)×23

올록볼록 오각 상자 뚜껑 타워, 손잡이

연습 : A4(210×297mm)를 잘라 사용

상자 크기 5.2×5.2×13.5cm
뚜껑 종이 크기 (26+a)×20.5cm
본체 종이 크기 (24.5+a)×24cm

상자 크기 5.3×5.3×10.5cm

기본선과 길이 예(단위 : cm)

α는 L의 절반보다 짧게 한다.
넓은 경우에는 잘라 낸다.

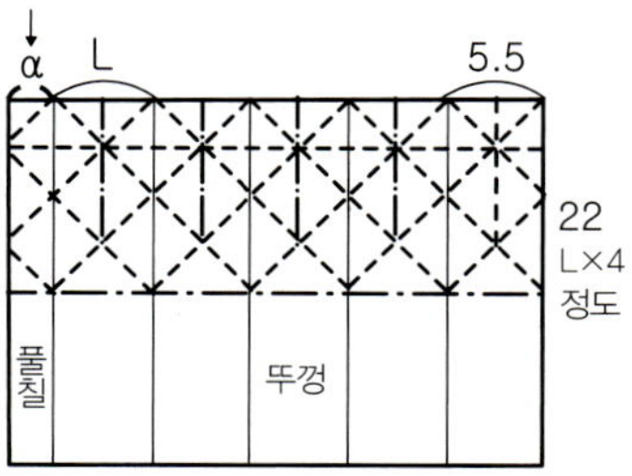

※ 본체(85쪽)는 뚜껑보다 가로를 1.2~1.5cm 정도 짧게 한다. 높이를 2cm 이상 길게 한다.

[타워]

★★★ 빅 버블 114쪽 9번부터

9

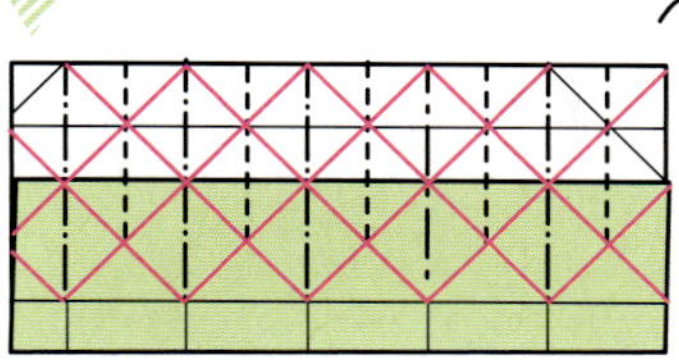

빨간 선은 산선과 계곡선을 둘 다 접는다.

10

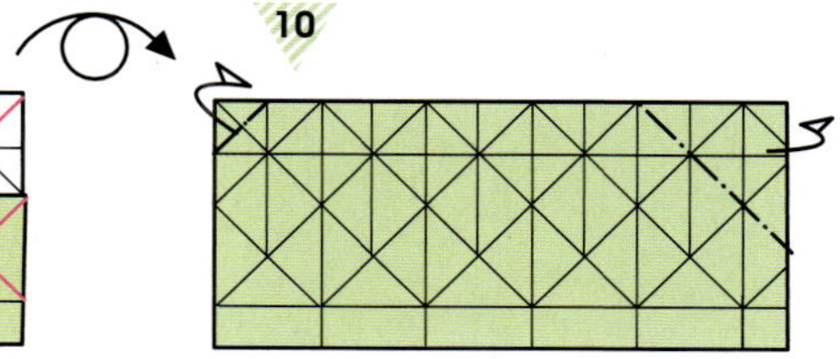

좌우를 산선으로 접는다.

11

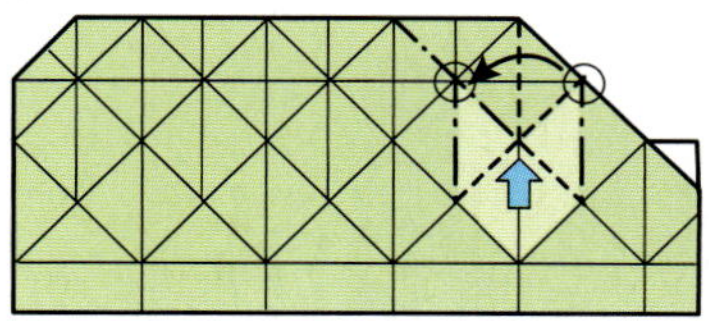

○ 표시를 맞춰 화살표 끝을 오목하게 한다
(색이 옅은 부분이 오목하게 들어가 삼각이 된다).

12

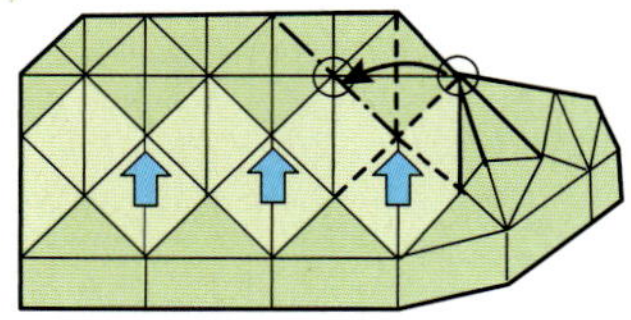

화살표 끝을 오목하게 하고 순서대로 올록볼록하게 만들어 간다. 접은 주름은 왼쪽으로 끼워 넣는다(110쪽 11, 12번과 같은 요령).

13

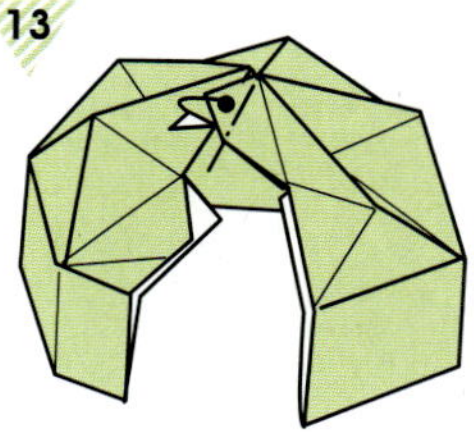

작은 삼각을 안쪽으로 접는다.

14

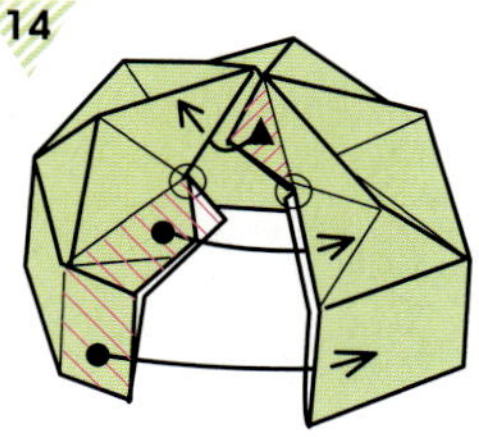

▲ 표시를 틈에 끼워 넣고
○ 표시를 맞춰 아래는 역방향으로 끼운다(빗금 부분이 안으로 들어간다).
여기에서 풀칠하면 된다.

15

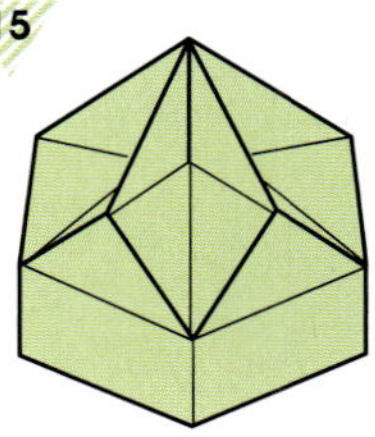

16

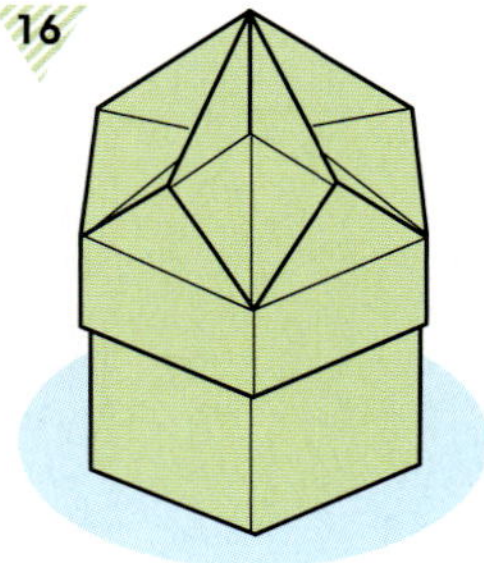

종이 크기 예
뚜껑 / (30+α)×24
본체 / (28.5+α)×33

[손잡이]

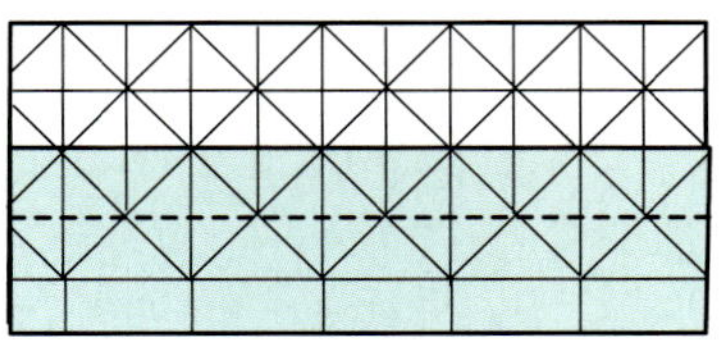

타워의 9번에 그림과 같은 접기선을 만든다. 나머지 과정은 같다.

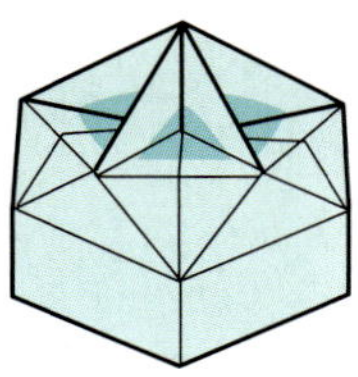

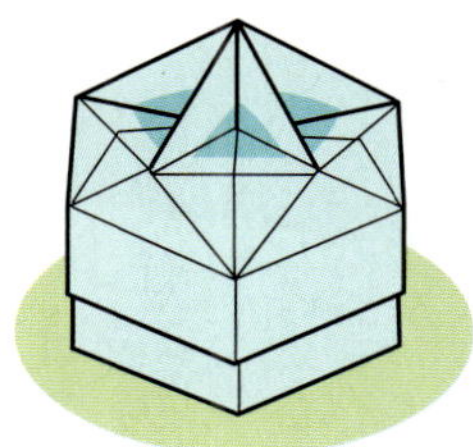

작품의 종이 크기
뚜껑 / (26+α)×21
본체 / (24.5+α)×23

PART 4 RECTANGLE

직사각형 상자

뚜껑과 본체를 각각 한 장으로 만드는 상자입니다.
여러 가지 모양을 즐길 수 있으며
접기 방법도 어렵지 않습니다.
우선 A4 용지로 연습을 한 후, 조금 폭이 넓은 종이로
실용적인 상자를 만들어 봅시다.

【귀가 달린 직사각형 상자/120쪽】

【마름모 상자/126쪽】

【육각 상자/131쪽】

【귀가 달린 변형 육각 상자/136쪽】

【귀가 달린 변형 육각 상자 · 꽃/142쪽】

귀가 달린 직사각형 상자

연습 : A4(210×297mm)를 잘라 사용

상자 크기(대) 7.5×13×5cm

상자의 양쪽에 귀와 같은 작은 삼각형이 생기는 상자입니다.

1

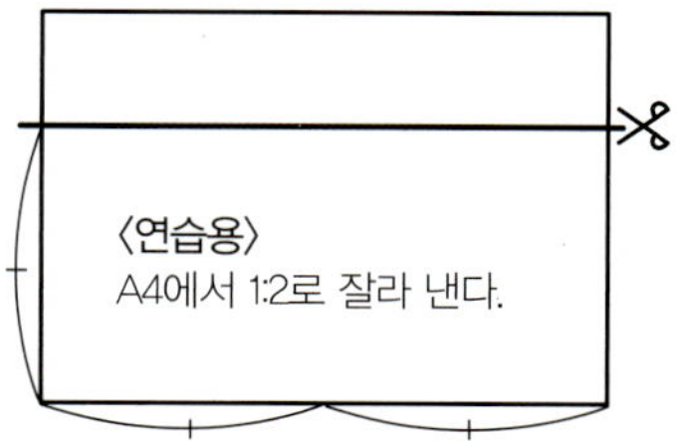

2

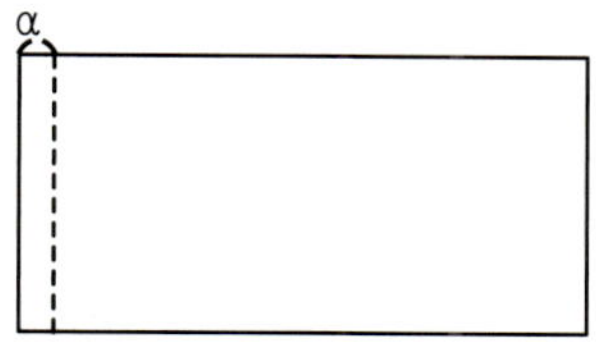

풀칠하는 곳(α)으로 2~3cm 정도
끝 부분을 접는다.

3

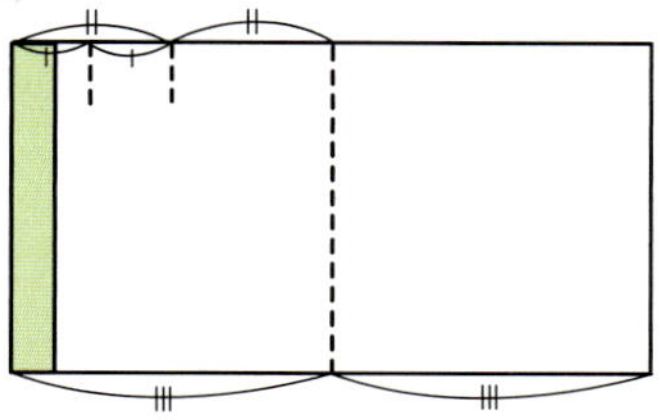

4

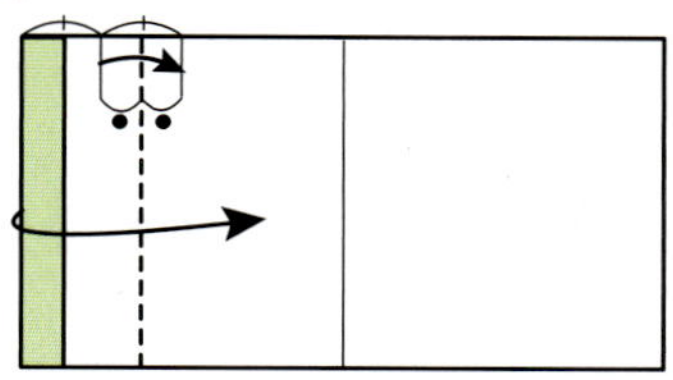

5

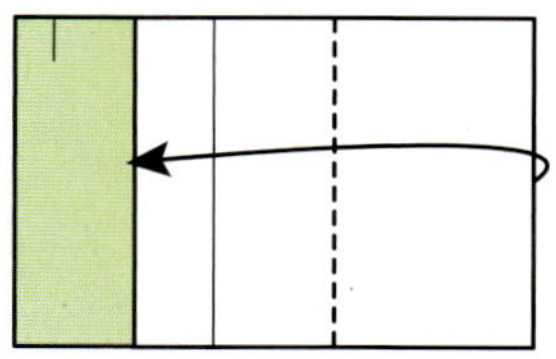

변을 맞춰 접는다.

6

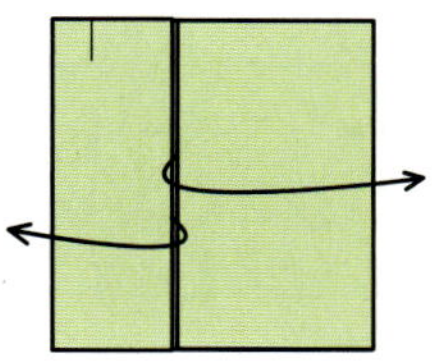

7

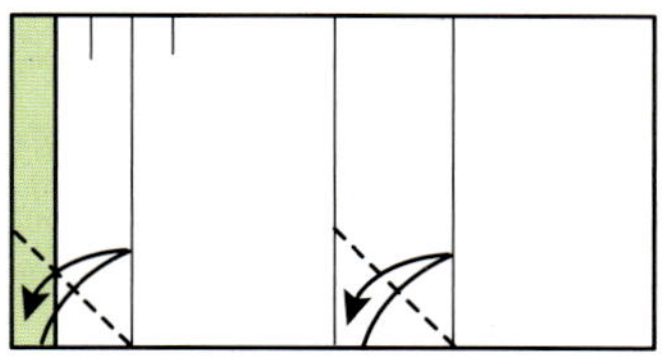

접기선을 만들고 펼친다.

8

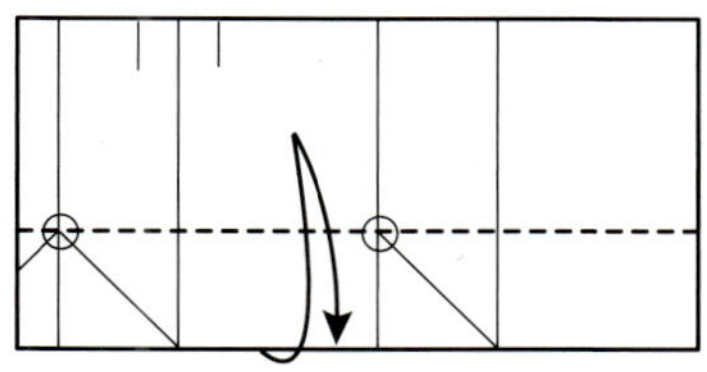

○ 표시의 교점에서 접는다.

9

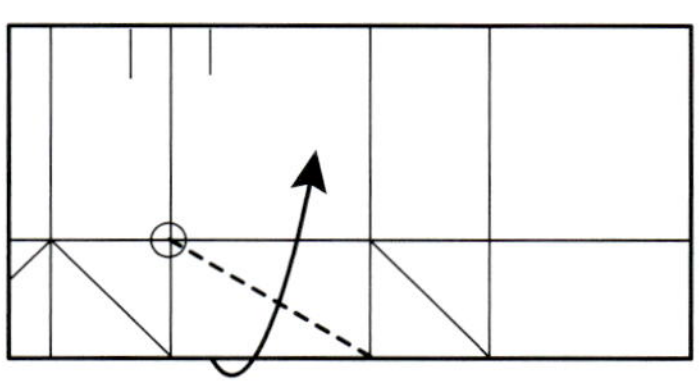

○ 표시까지 접어 올린다.

10

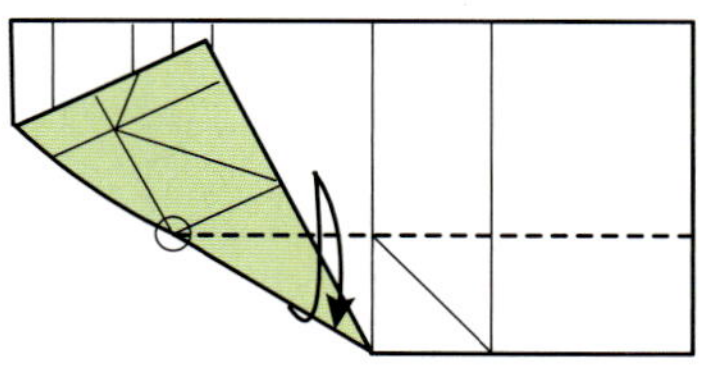

접기선을 만들고 펼친다.

11

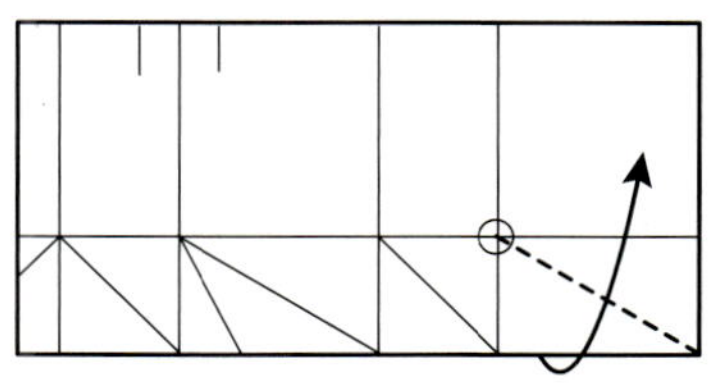

○ 표시까지 접어 올린다.

12

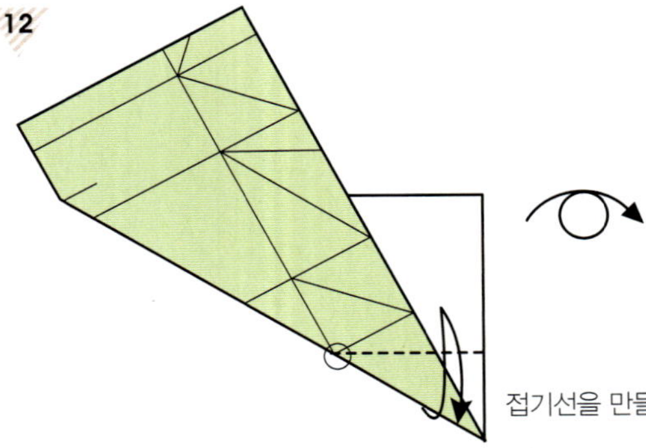

접기선을 만들고 펼친다.

13

14

(α가 상자의 깊이가 된다)

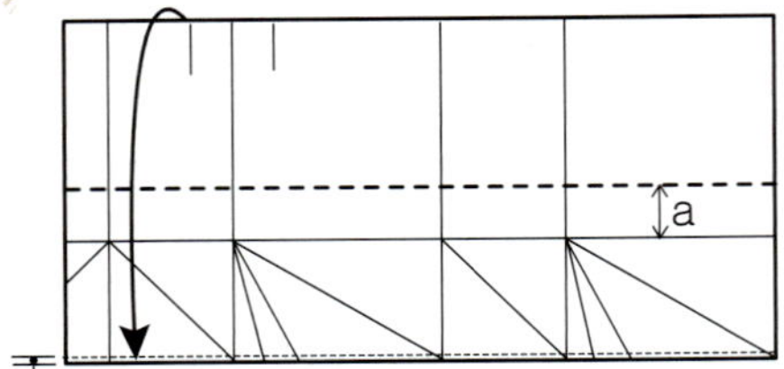

아래는 1mm 정도 남겨 두고 접는다.

15

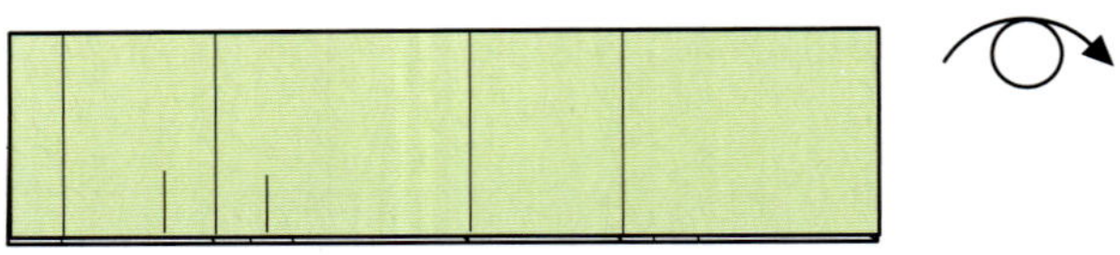

16

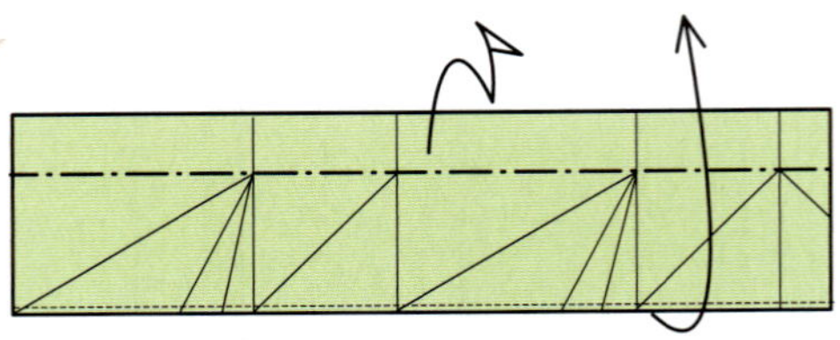

두 장에 함께 접기선을 만들고 펼친다.

17

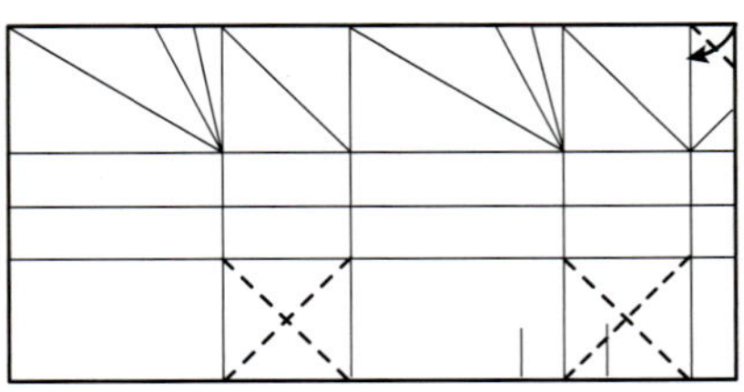

오른쪽 위를 접고 그림과 같이 접기선을 만든다.

18

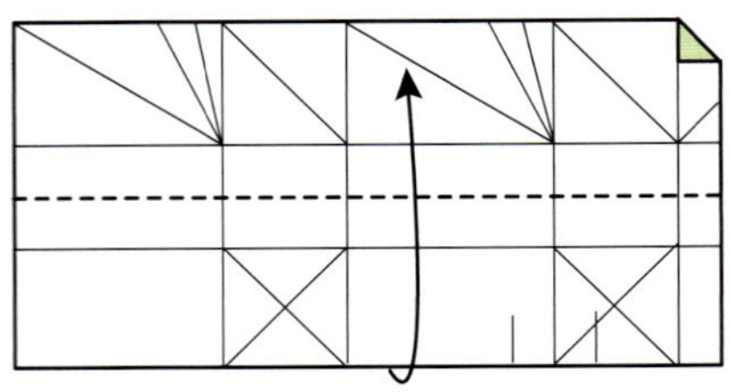

19

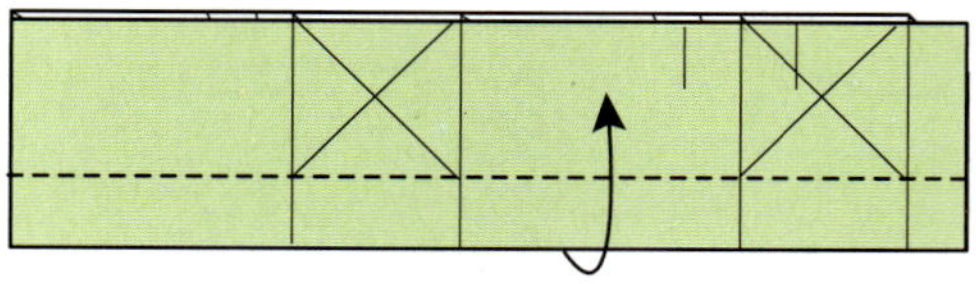

20

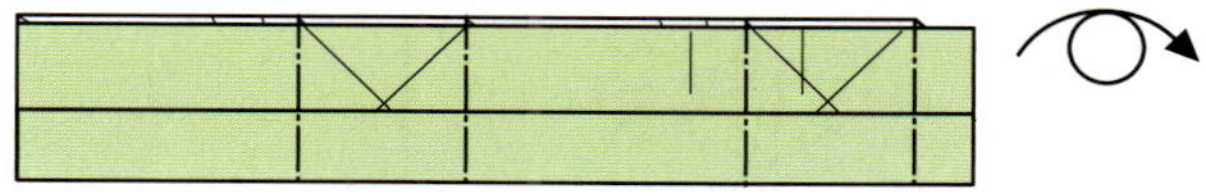

21

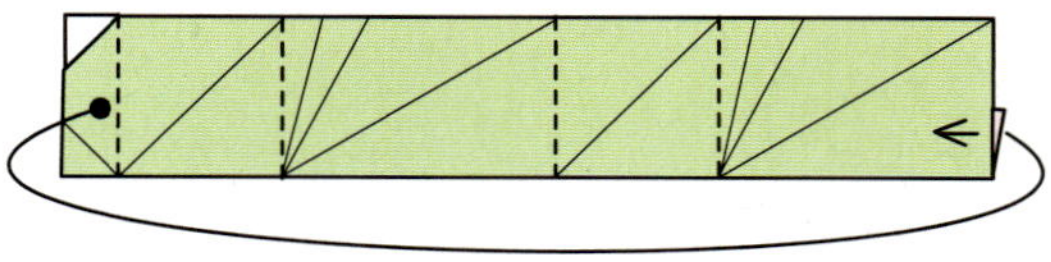

끝 부분을 끼워 직사각형의 통을 만든다.

22

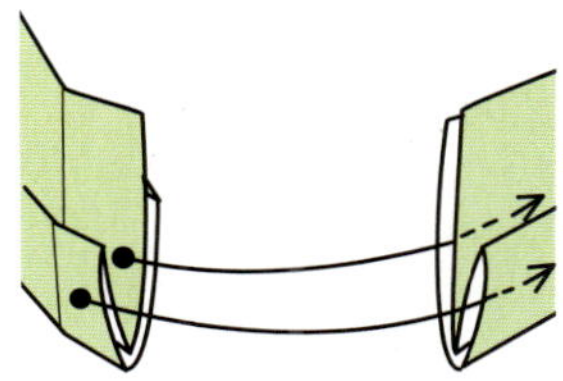

풀칠하는 곳이 전부 가려지도록 끼워 넣는다. 여기에서 풀칠을 하면 된다.

23

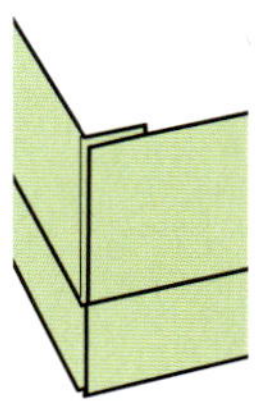

24

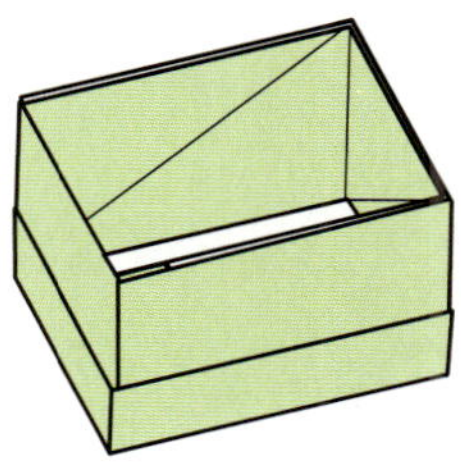

24 안쪽을 위에서 본 그림

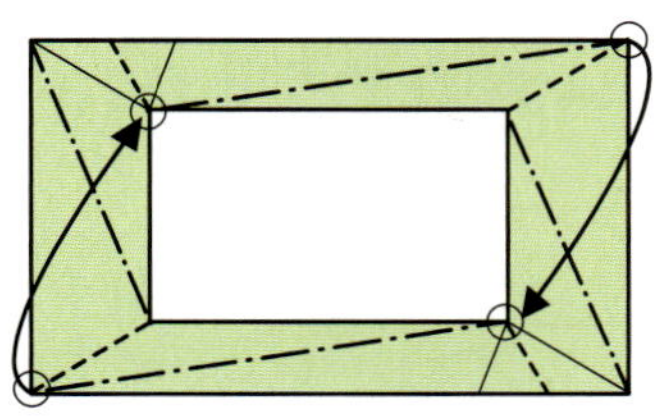

비틀어서 바닥을 평평하게 한다.

25

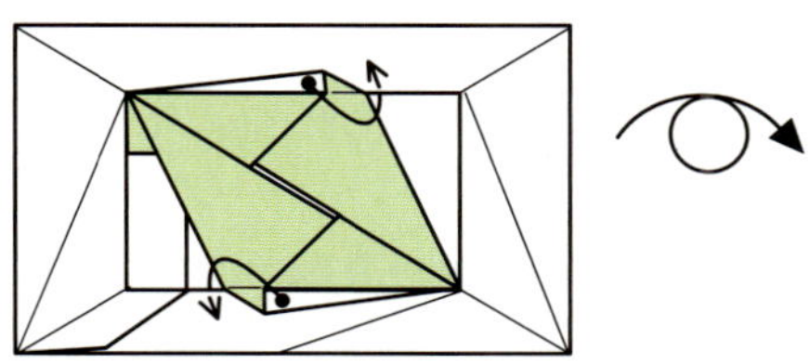

세워진 삼각을 옆에 끼운다.

26 바깥쪽

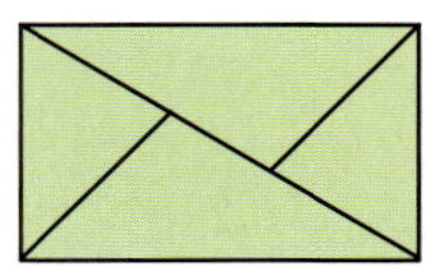

27

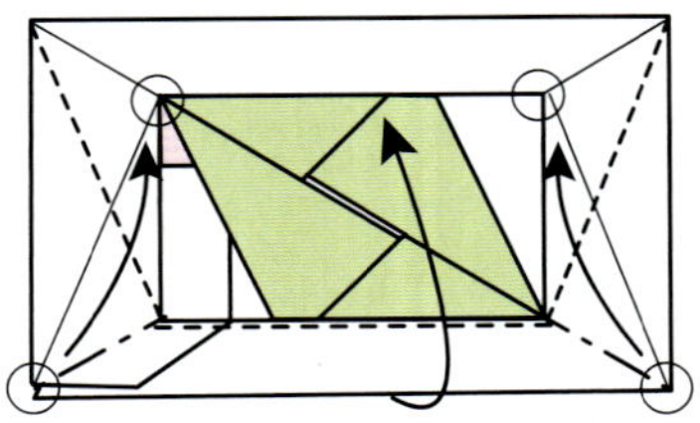

옆 부분을 바닥으로 접어 넣는다.

28

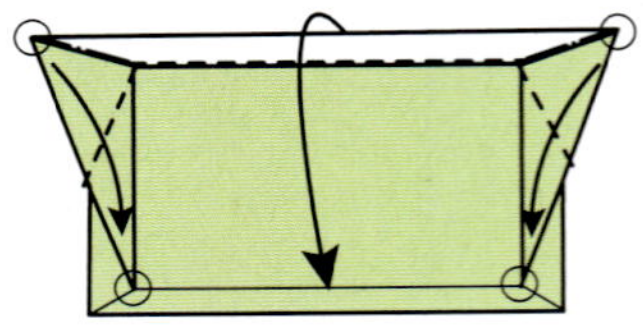

다른 한쪽을 바닥으로 접는다.

29

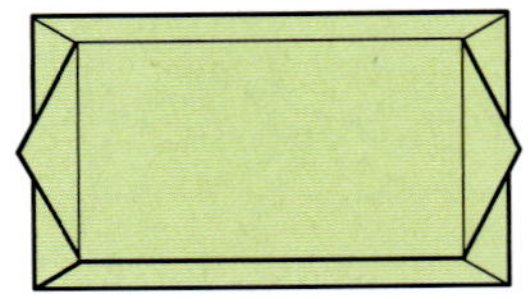

30

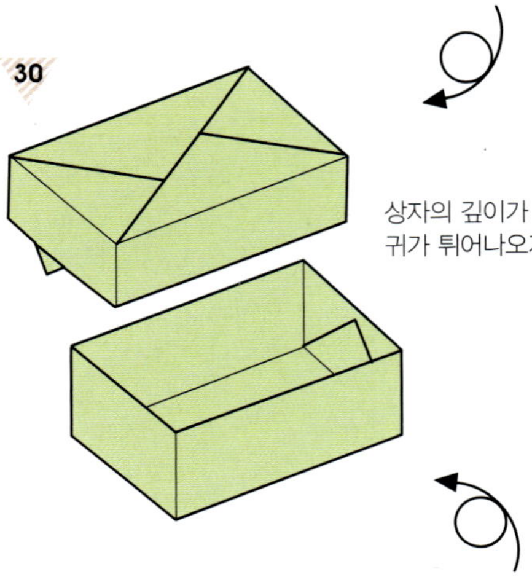

작품의 종이 크기 : 대
뚜껑 / (40 +α) × 21
본체 / (38.5 +α) × 24

작품의 종이 크기 : 중
뚜껑 / (37.5 +α) × 18
본체 / (36 +α) × 22

상자의 깊이가 깊을 때는
귀가 튀어나오지 않는다.

같은 것을 옆에서 본 그림

27

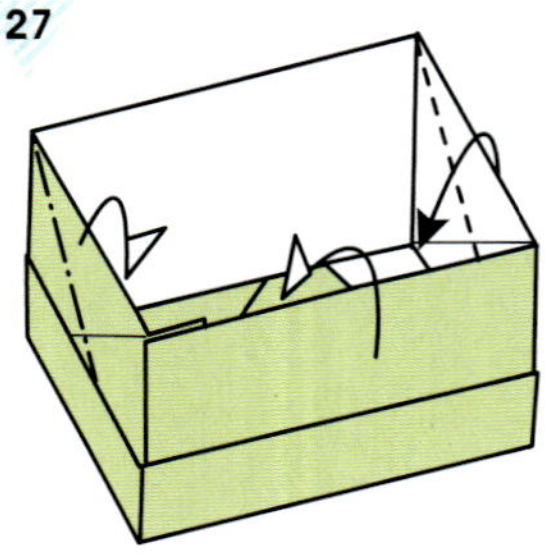

28

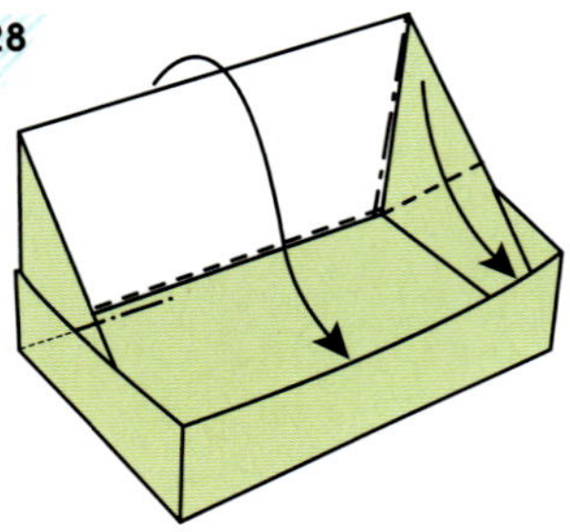

29

이 부분이 귀

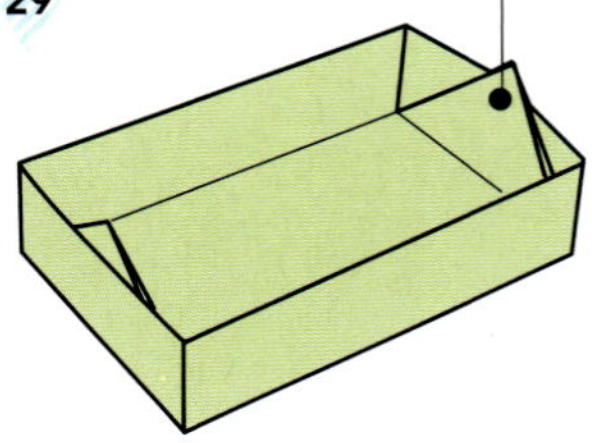

뚜껑과 본체의 길이

뚜껑과 본체를 같은 A4로 접을 경우 오른쪽 그림과 같이 풀칠하는 부분에서 길이의 차를 둡니다. 물론 종이의 크기를 바꿔도 상관없습니다. 포인트는 L과 H의 길이. L과 H의 길이를 가감하여 뚜껑과 본체의 적당한 길이를 찾아봅시다.

Point
L : 바닥 면적을 결정 - 길수록 커진다
H : 깊이를 결정 - 길수록 깊어진다

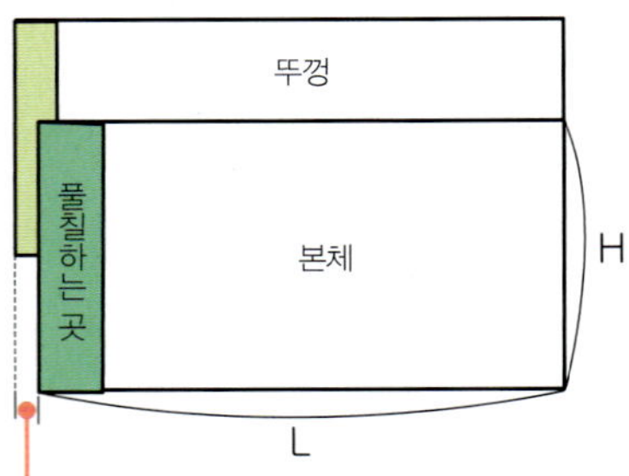

A4로 접는 경우 본체를 1.5cm 정도 작게 한다.

상자 크기 : 중 7.8×12.5×5cm

양쪽의 귀가 조임 틀의 역할을 해
상자가 확실히 닫힙니다.

상자 크기 : 소 6.4×10.7×3.8cm
뚜껑 종이 크기 (36+α)×15cm
본체 종이 크기 (34.5+α)×17cm

상자 크기 : 대 7.5×13×5cm

마름모 상자

연습 : A4(210×297mm)를 잘라 사용

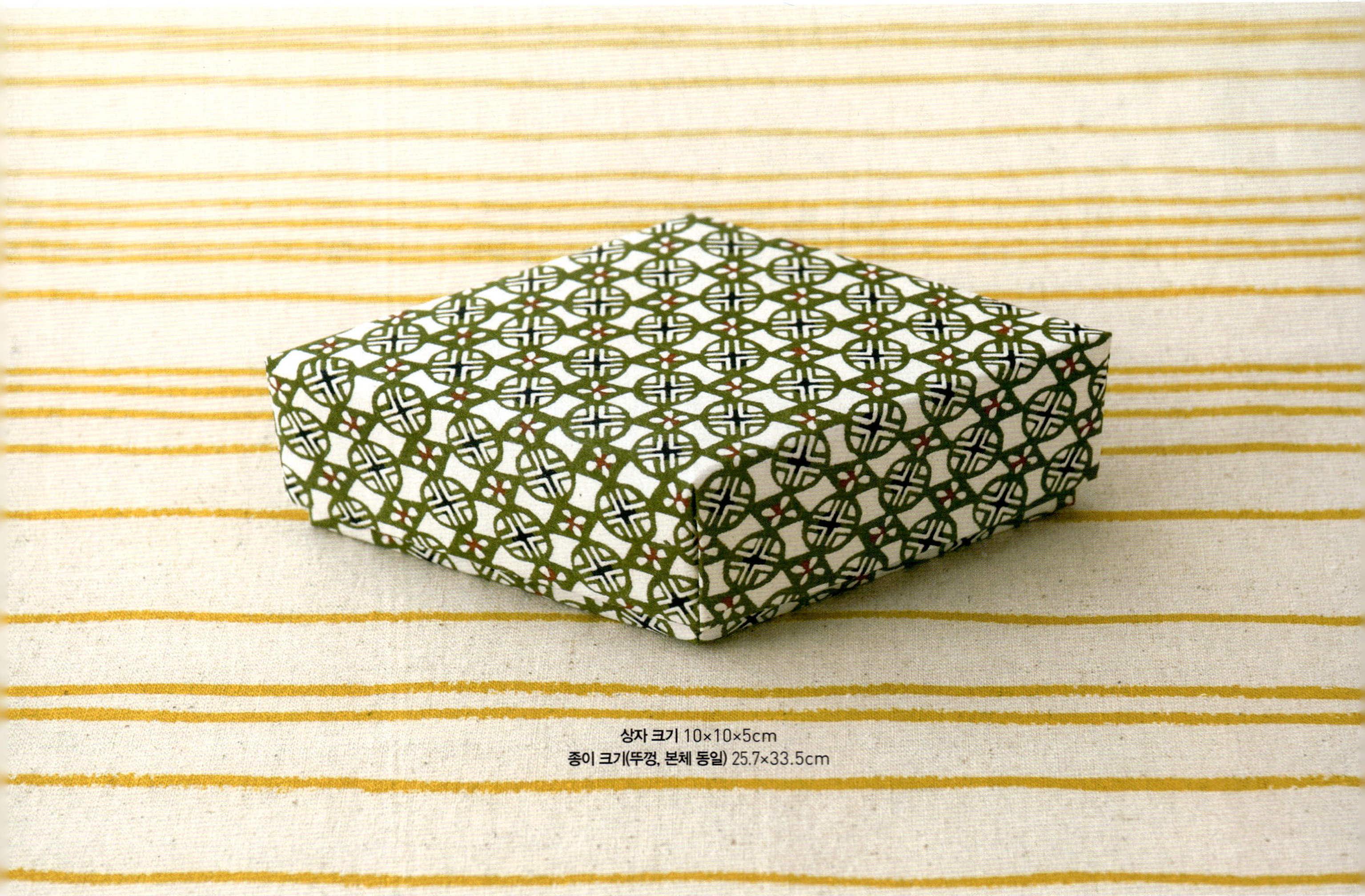

상자 크기 10×10×5cm
종이 크기(뚜껑, 본체 동일) 25.7×33.5cm

1

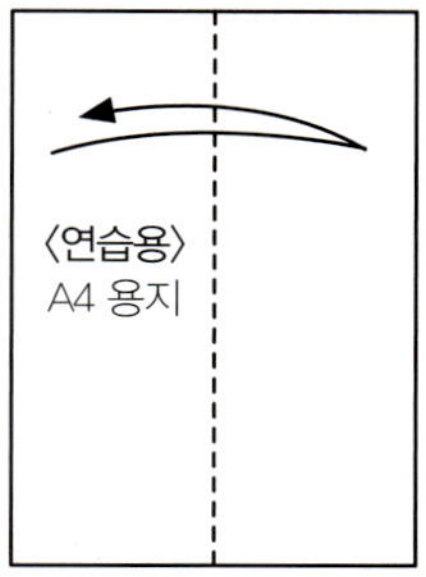

2

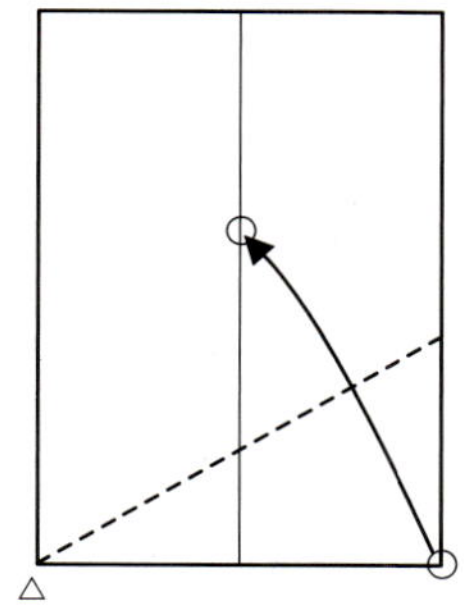

△ 표시를 축으로
○ 표시를 맞춰 접는다.

3

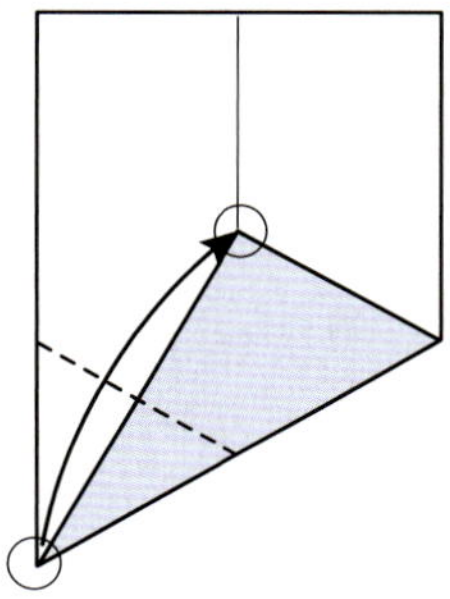

4

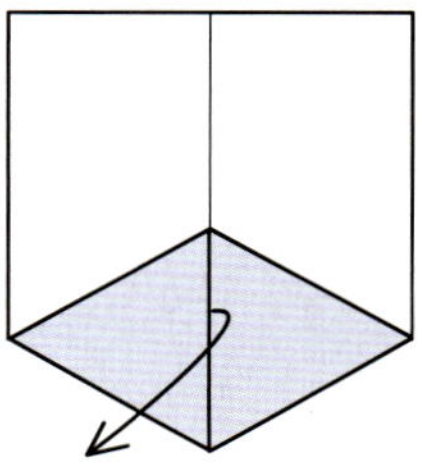

5

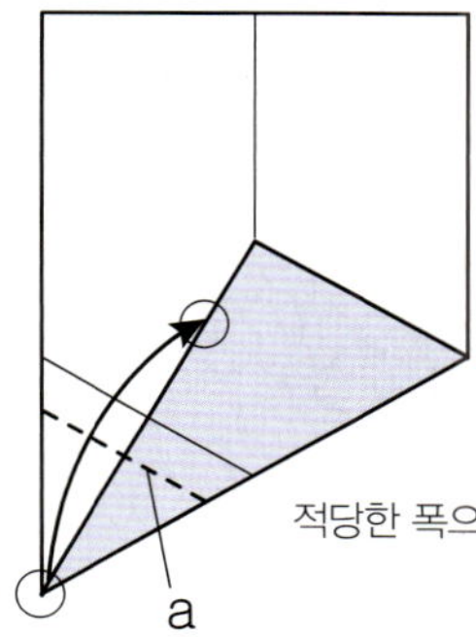

적당한 폭으로 접는다.

6

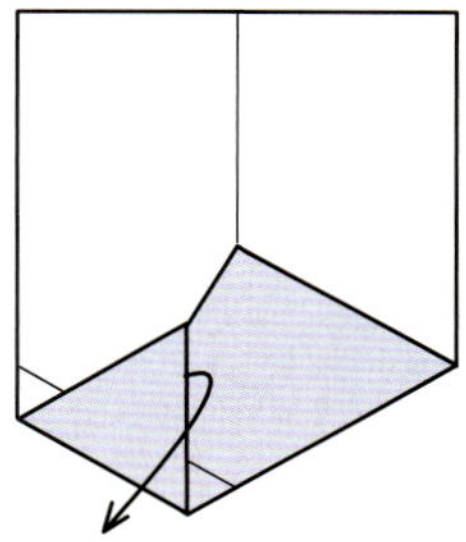

뚜껑과 본체의 길이

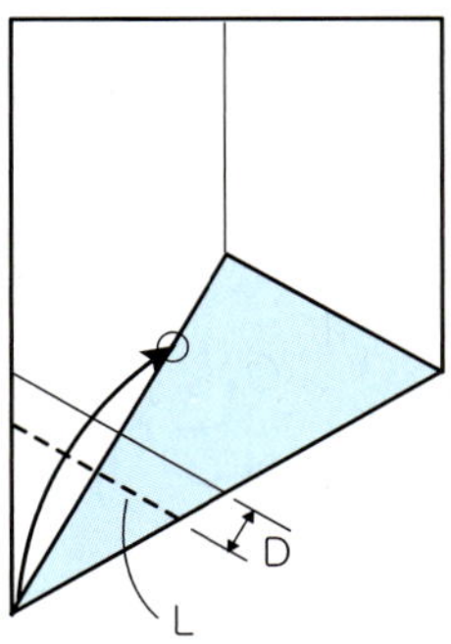

D는 깊이, L은 한 변의 길이가 된다.
따라하기 5번의 접는 폭을 조절하면
다양한 크기로 만들 수 있다.

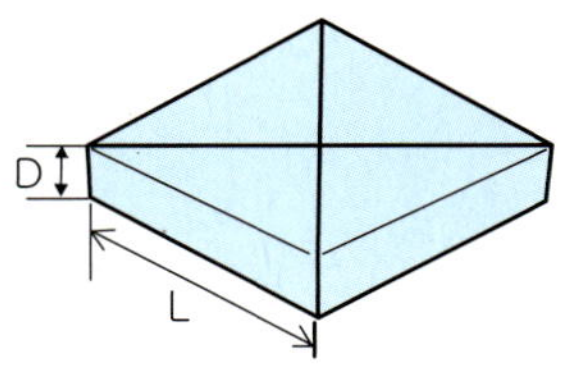

본체는 따라하기 5번의 a의 길이
보다 L을 3~4mm 작게 한다.

그림과 같이 접었을 때 가장 깊이가 깊은 상자가 된다.
D'가 깊이, L'는 한 변의 길이.

따라하기 4번부터

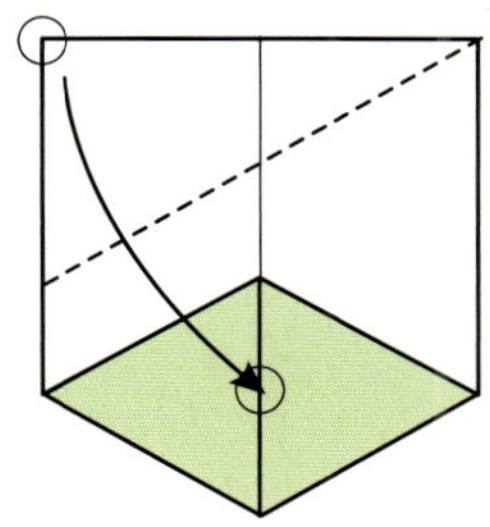

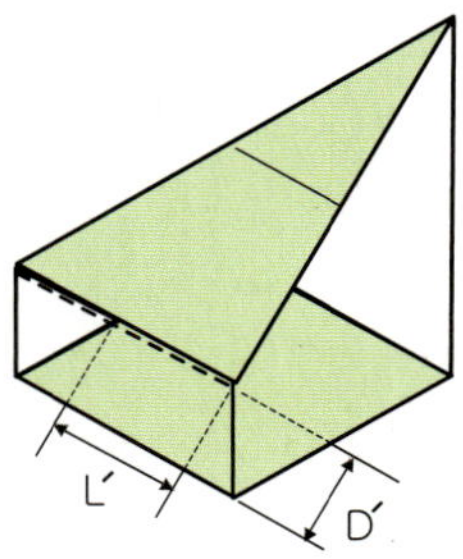

이하 128쪽의 10번부터와 같다.

7

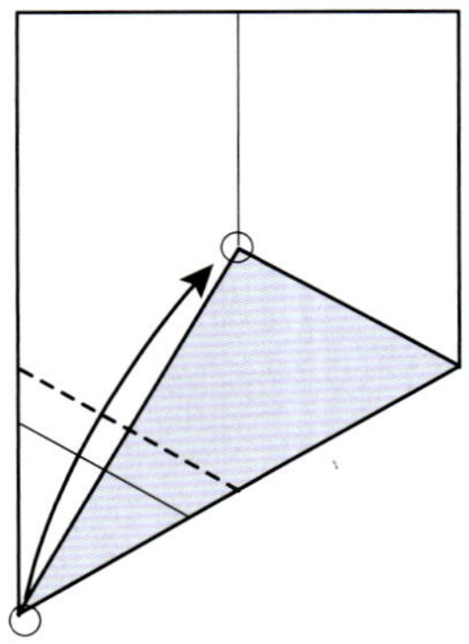

8

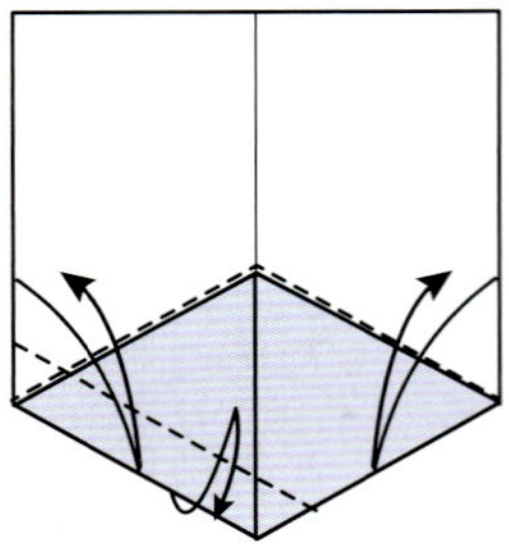

9

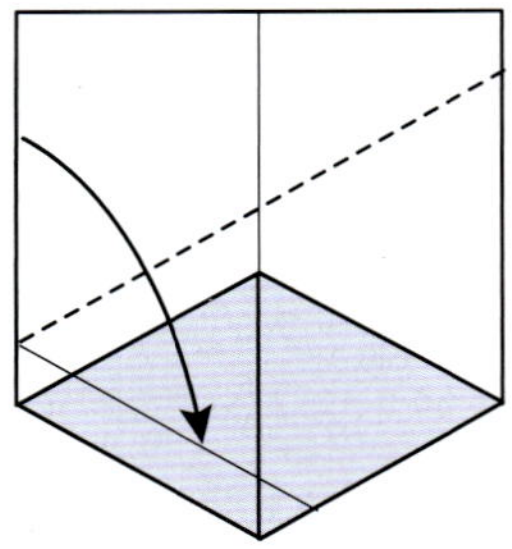

10

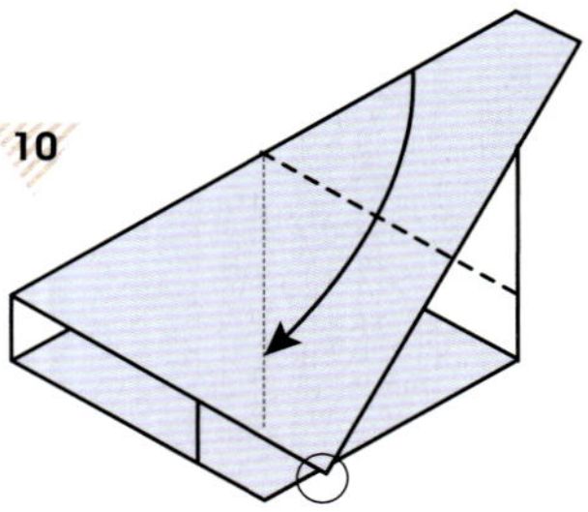

깊이가 얕은 상자의 경우
○ 표시 부분이 튀어나온다.

11

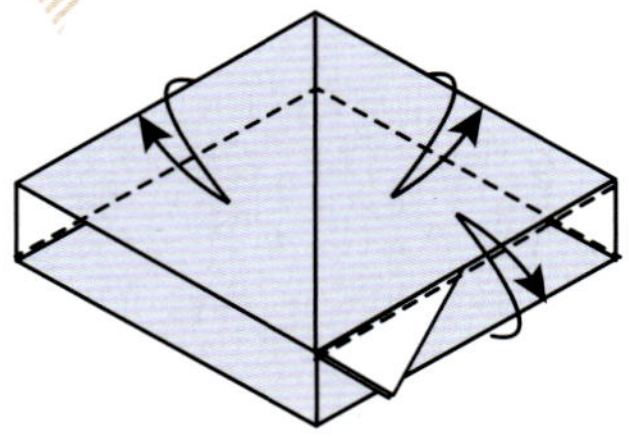

그림과 같이 접기선을 만든다.

12

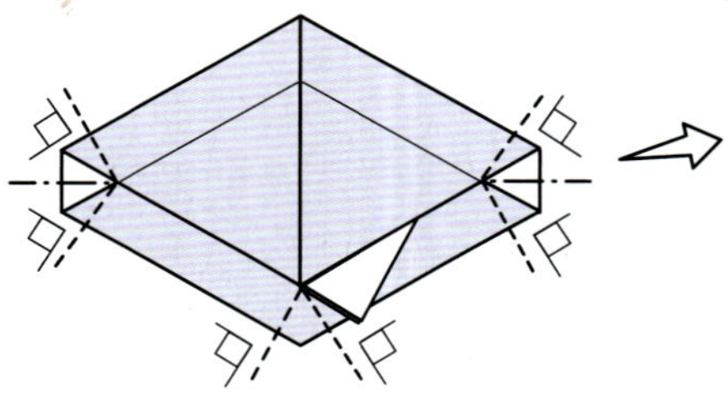

변에 대해 90도의 접기선을 만든다.

13

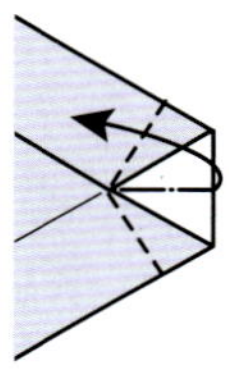

양 끝은 안쪽으로 접어 접기선을 만든다.

14

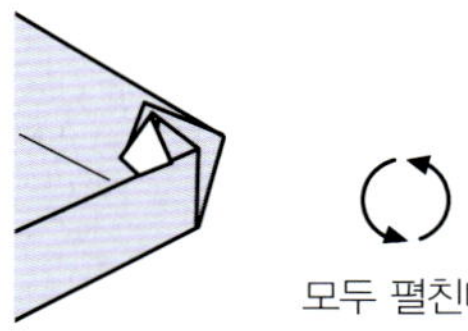

모두 펼친다.

15

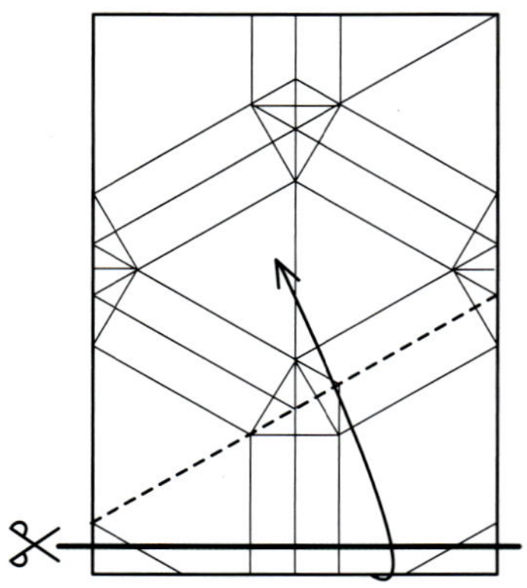

종이가 두꺼운 경우는
여기를 잘라 내도 된다.

16

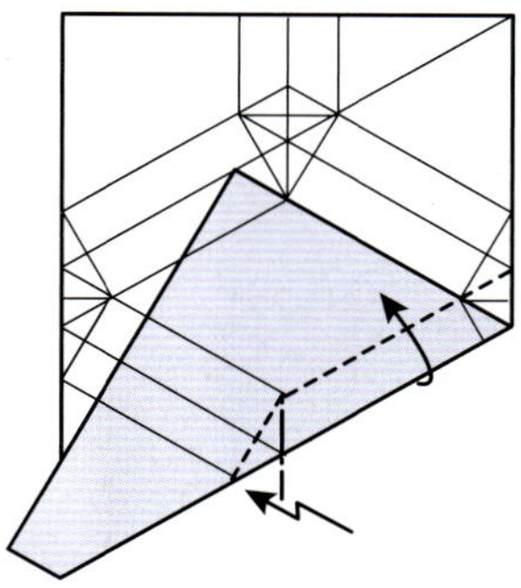

17

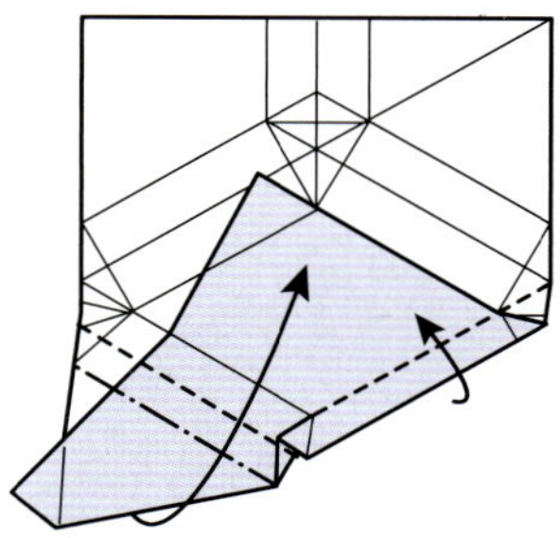

주름을 만든 곳을 눌러 접는다.

18

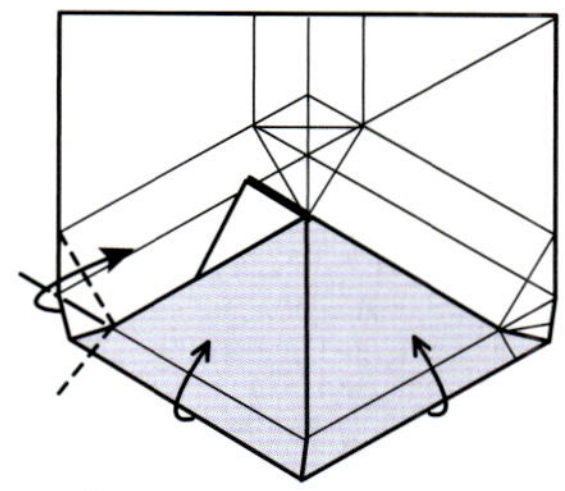

모서리를 안으로 넣어 접어
가장자리를 세운다.

19

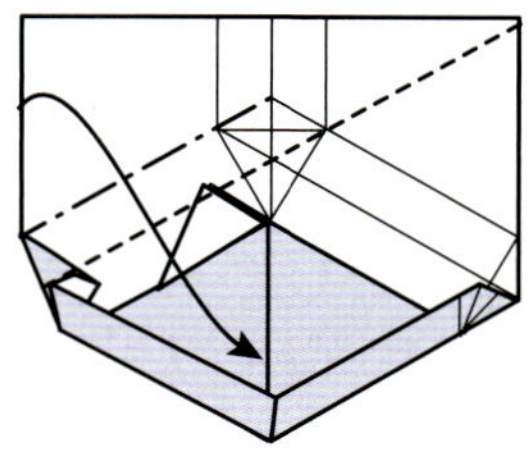

18번에서 접은 부분을 눌러
접어 넣는다.

20

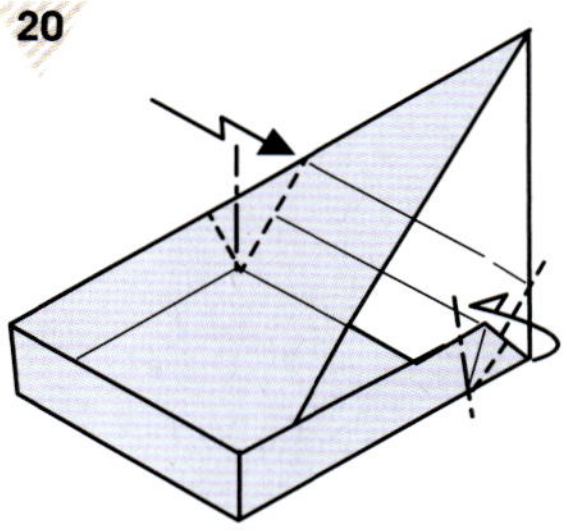

21

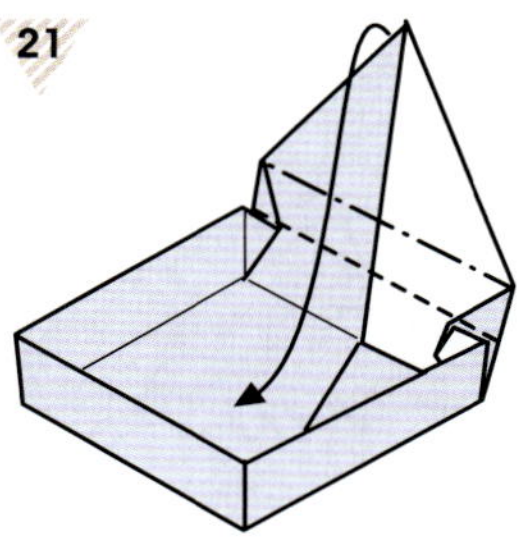

안으로 접어 넣는다.

22

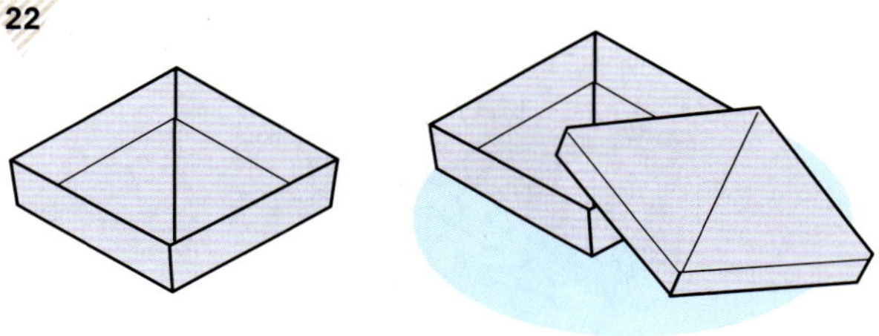

상자의 크기와 깊이를 바꾸거나 뚜껑과 본체의 종이를 바꾸는 등의 변화를 주어 예쁘고 실용적인 상자를 만들어 보세요.

마름모 모양의 상자와 육각 상자입니다.

무늬를 고려하며 접으면 상자의 아름다움이 더욱 두드러질 것입니다.
시험 삼아 만들 상자의 종이에 포인트로 무늬를 그려 넣고
종이를 펼쳤을 때 무늬의 위치를 참고하여 만들어 봅시다.

육각 상자

연습 : A4(210×297mm)를 잘라 사용

상자 크기 : 소 5×7×4.5cm
뚜껑 종이 크기 (32+a)×12.5cm
본체 종이 크기 (30.5+a)×16cm

1

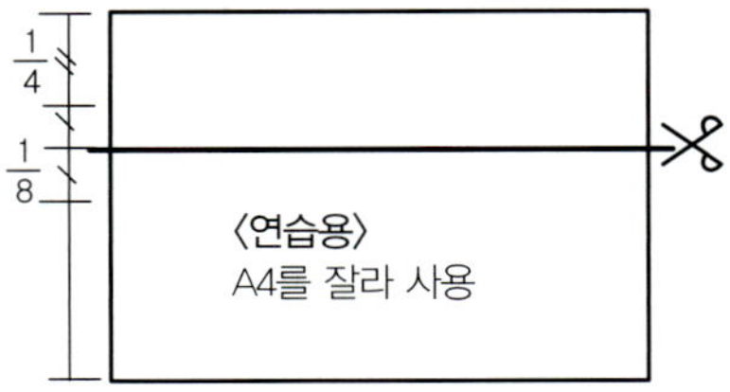

변의 비율 1:2.3 정도

2

풀칠하는 곳(α)으로 2~3cm
정도 끝을 접는다.

3

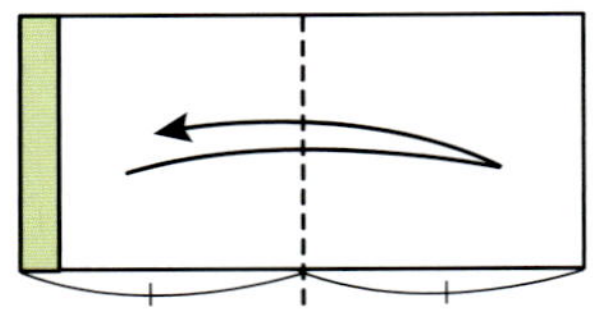

4

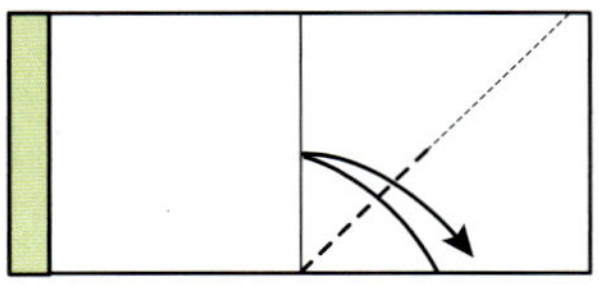

5

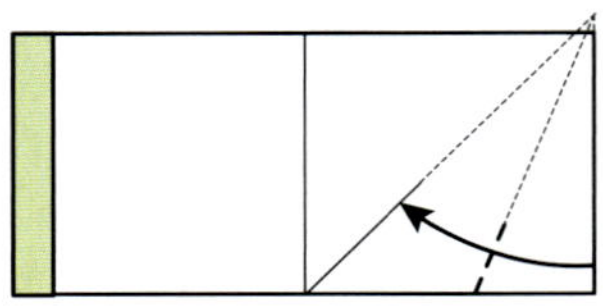

6

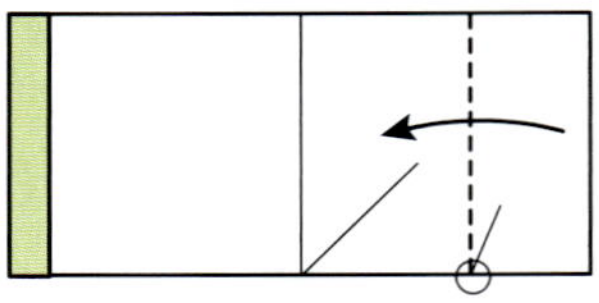

○ 표시에서 접는다.

7

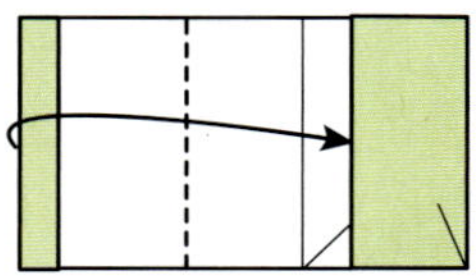

변을 맞춰 접는다.

8

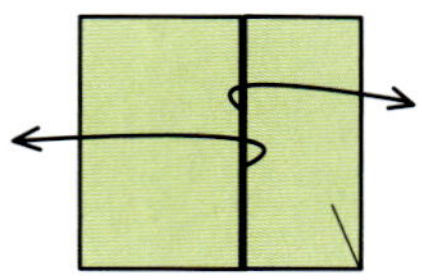

9

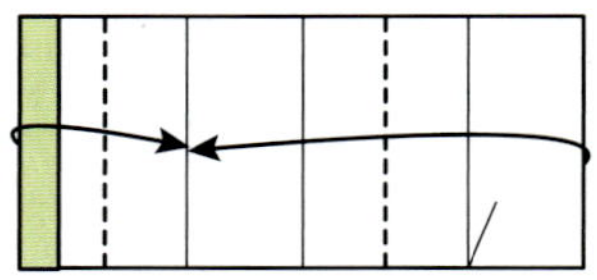

10

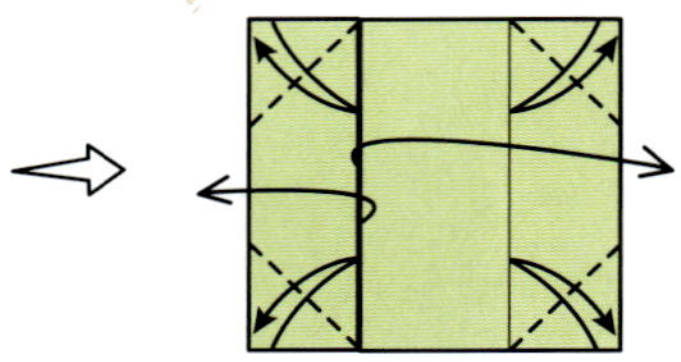

접기선을 만들고 펼친다.

11

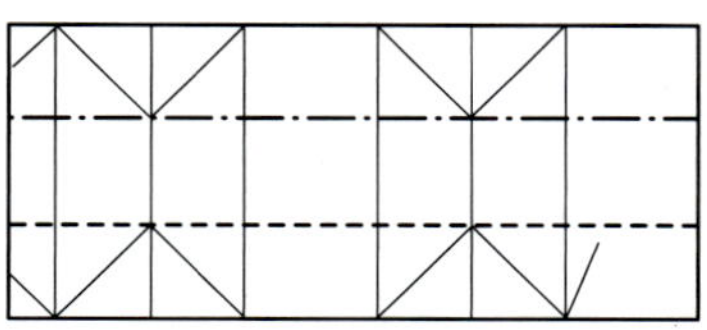

그림과 같이 접기선을 만든다.

12

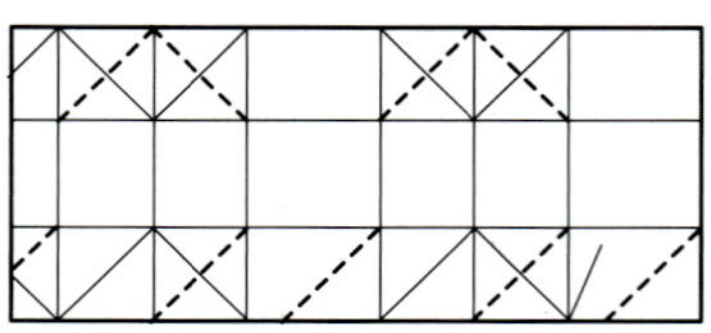

그림과 같이 접기선을 만든다.

13

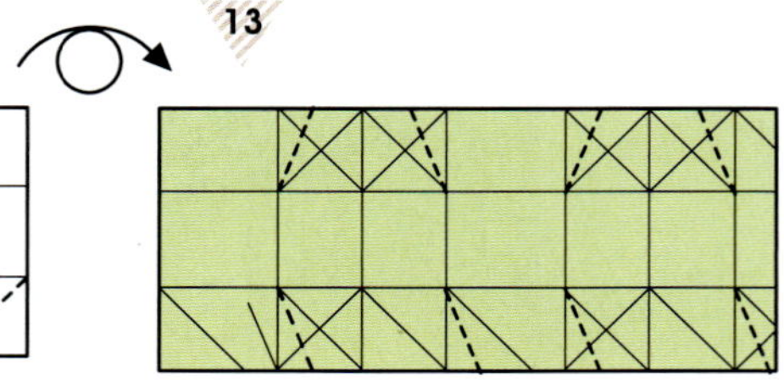

위 4개, 아래 4개의 접기선을 만든다.

14

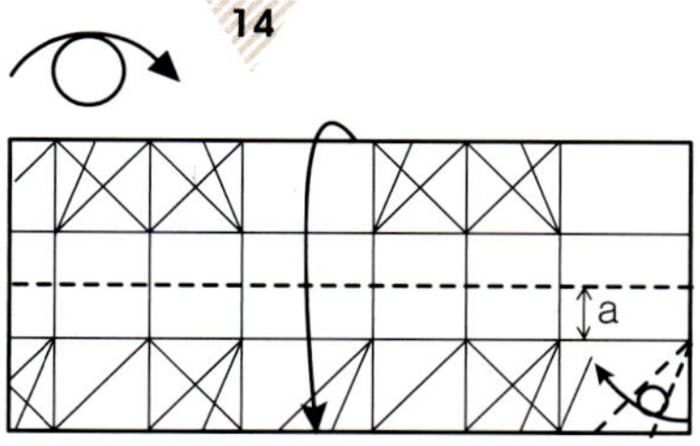

반으로 접는다(a가 상자의 깊이가 된다).
오른쪽 끝을 말아 접는다.

15

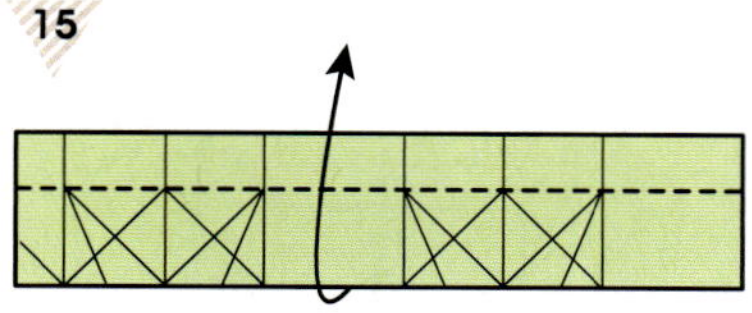

한 장을 접어 올린다.

16

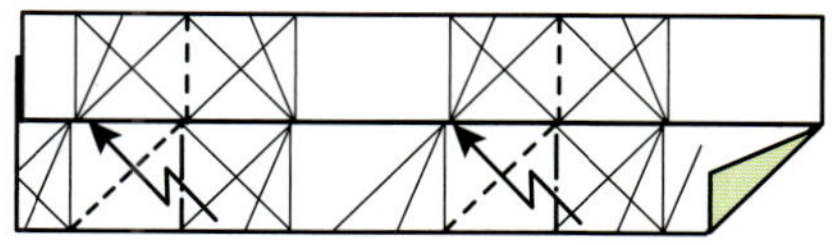

주름을 모아 접는다.

17

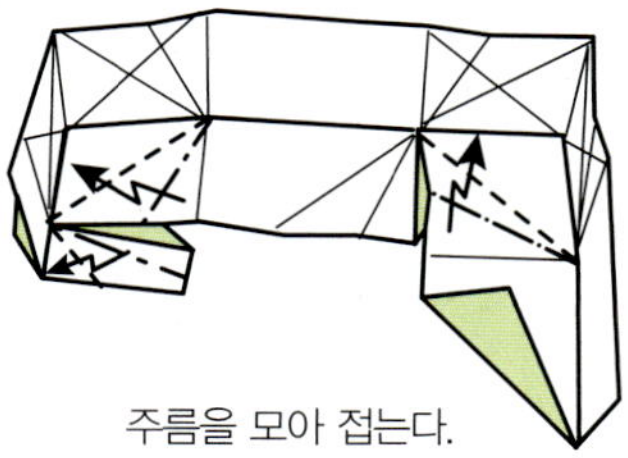

주름을 모아 접는다.

18

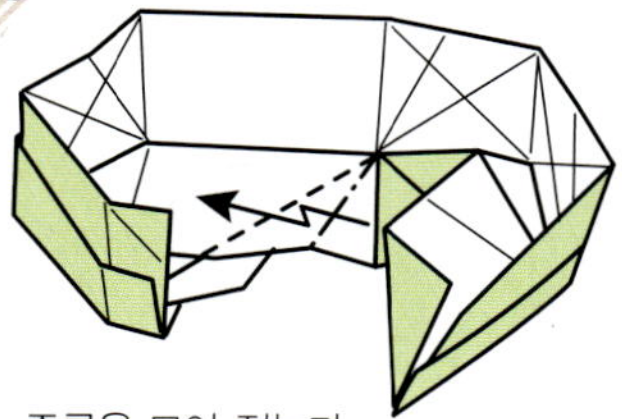

주름을 모아 접는다.

19

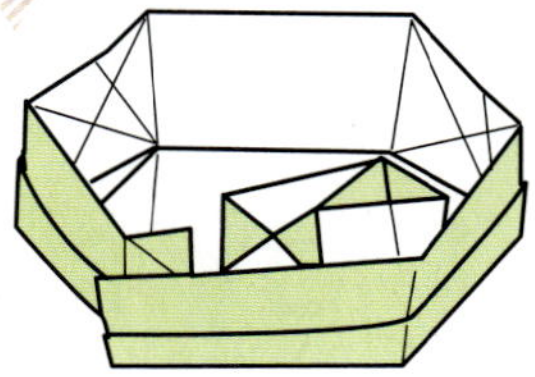

20 **안쪽을 위에서 본 그림**

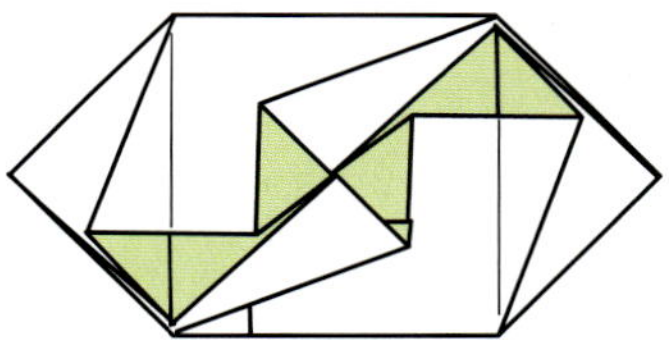

21 21번의 그림은 19번을 180도 회전 시켜서 반대편을 앞으로 둔 것

○ 표시의 끝을 끼우고 ★ 표시는 아래에서 끼워 넣어 긴 쪽으로 씌운다.
여기에서 풀칠을 하면 된다.

22

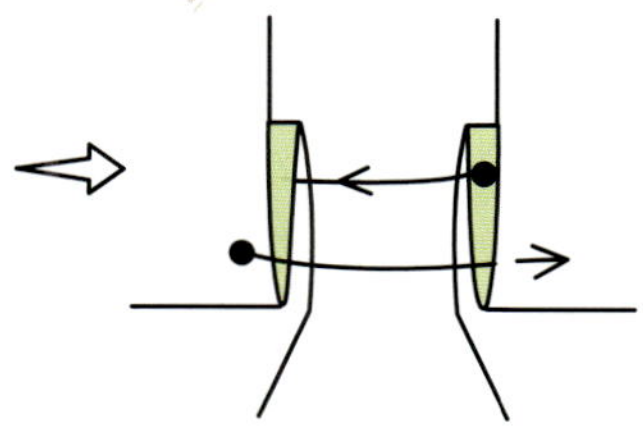

23

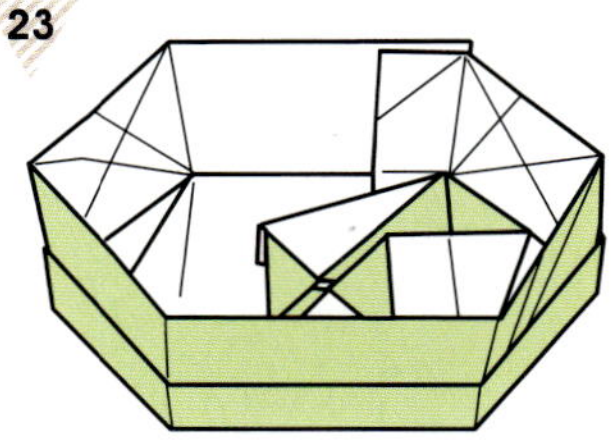

24 24번의 그림은 23번을 180도 회전 시켜서 반대편을 앞으로 둔 것

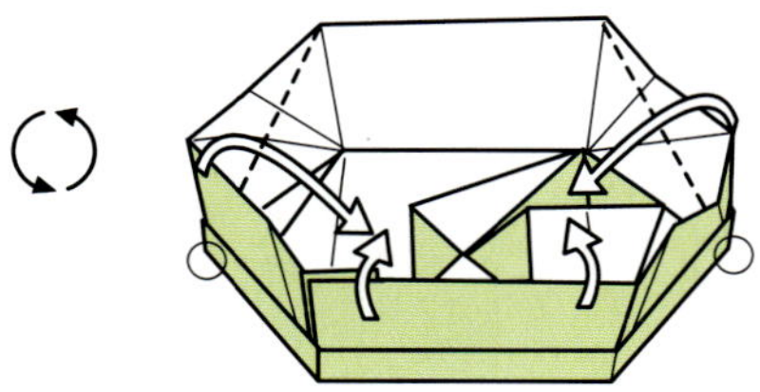

양 끝을 ○ 표시의 모서리에서 안쪽으로 딱 맞게 접어 넣고 앞부분도 접은 다음 바닥을 평평하게 한다.

25

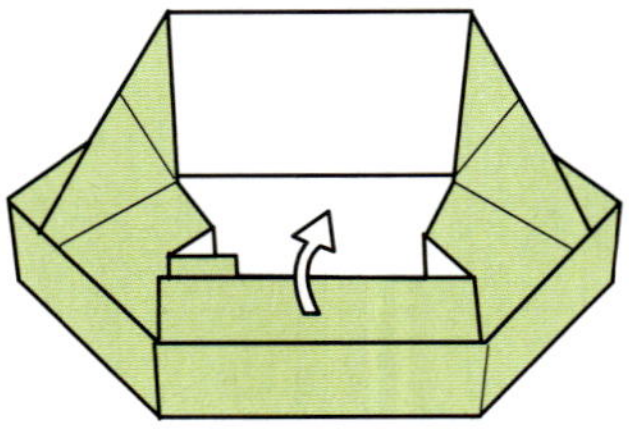

26

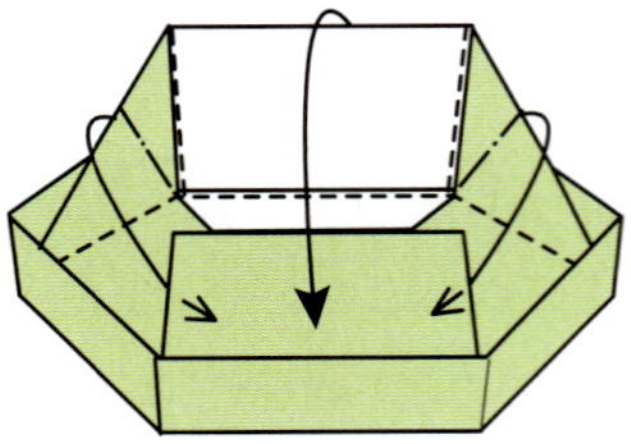

반대편을 앞쪽으로 접고 양 끝을 끼워 바닥을 평평하게 한다.

27

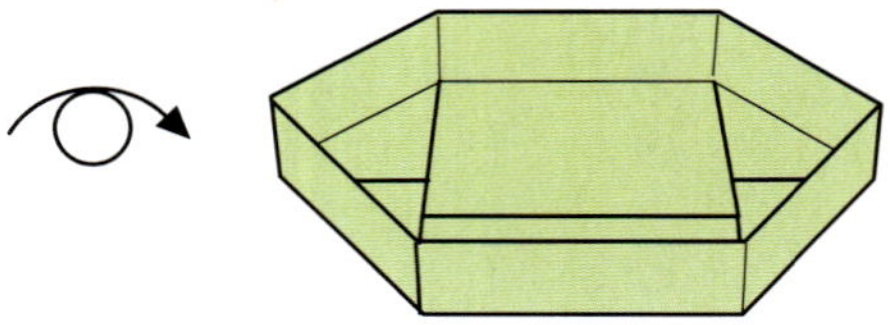

28

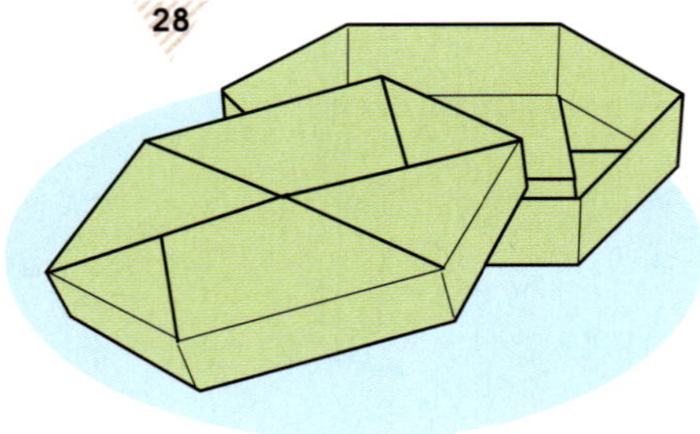

작품의 종이 크기 : 중
뚜껑 / (33.5+α)×15
본체 / (32+α)×17

작품의 종이 크기 : 대
뚜껑 / (40+α)×18
본체 / (38.5+α)×21

뚜껑과 본체의 길이

뚜껑과 본체를 같은 A4로 접을 경우, 오른쪽 그림의 풀칠하는 부분에서 길이에 차를 둡니다. 물론 종이의 크기를 바꿔도 상관없습니다. 포인트는 L과 H의 길이입니다. 이 L과 H의 길이를 가감하여 뚜껑과 본체의 적당한 길이를 찾아봅시다.

Point
L : 바닥 면적을 결정 - 길수록 커진다
H : 깊이를 결정 - 길수록 깊어진다

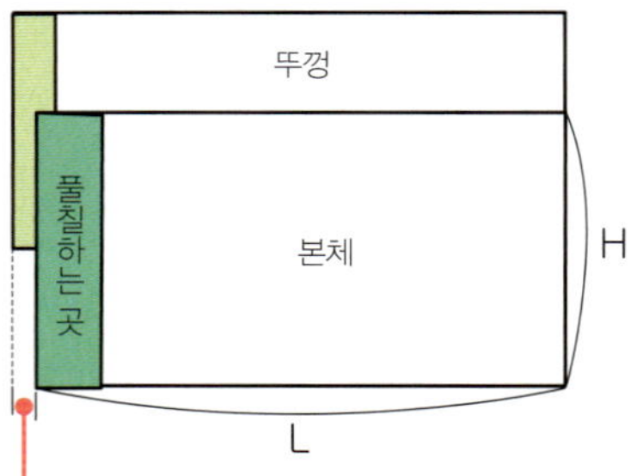

A4로 접는 경우 본체를 1.5cm 정도 작게 한다.

상자 크기 : 대 6×8.5×5.3cm
상자 크기 : 중 5.2×7.5×3.5cm

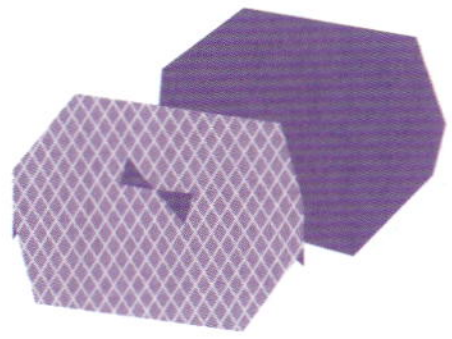

귀가 달린 변형 육각 상자

연습 : A4(210×297mm)를 잘라 사용

상자 크기 : 대 4.8×8.6×4cm

1

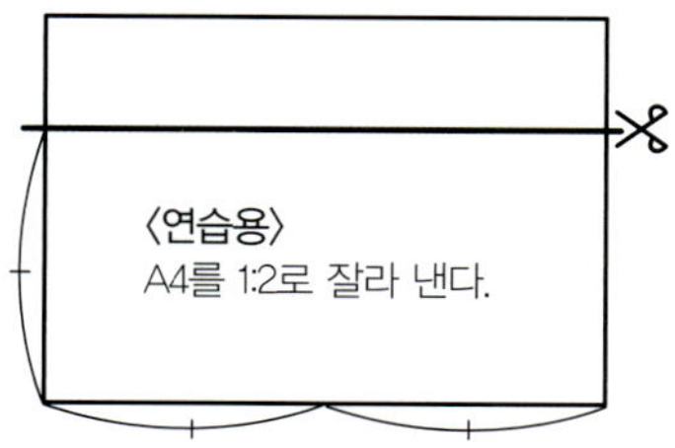

〈연습용〉
A4를 1:2로 잘라 낸다.

2

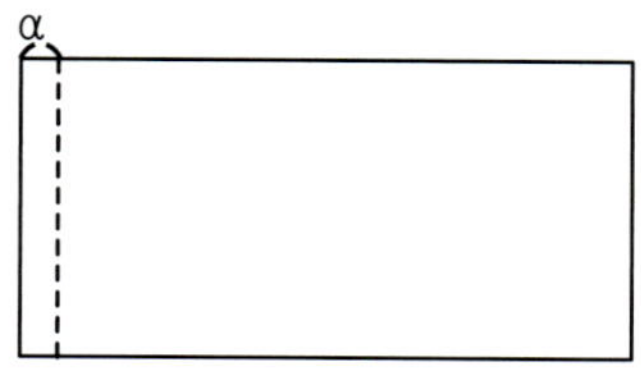

풀칠하는 곳(α)으로 2~3cm 정도 끝을 접는다.

3

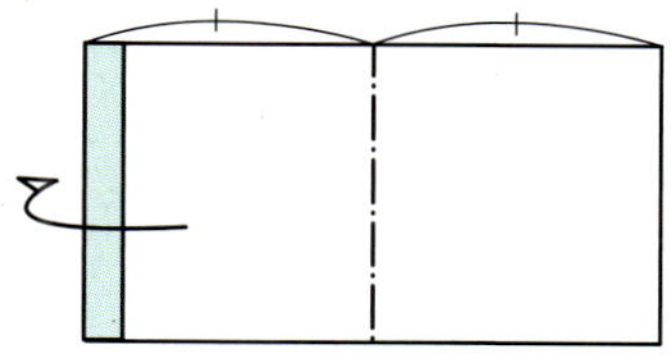

4

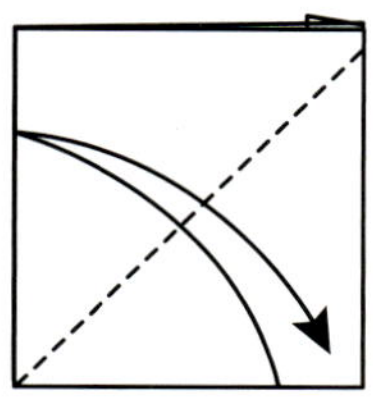

5

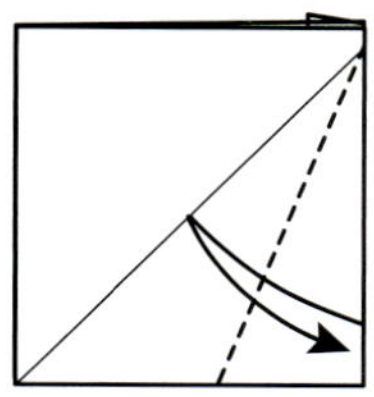

위의 한 장만 접기선을 만든다.

6

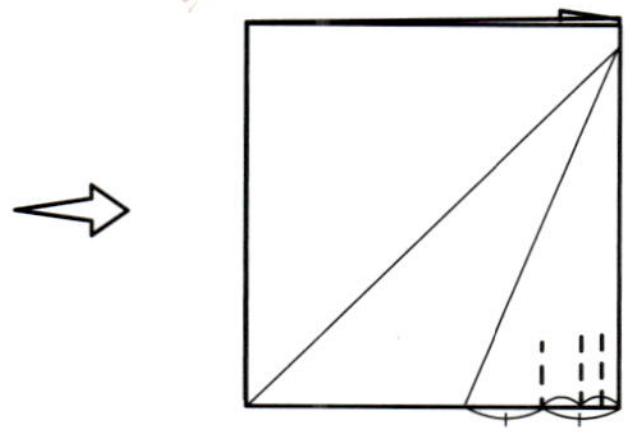

위의 한 장만 접기선을 만든다.

7

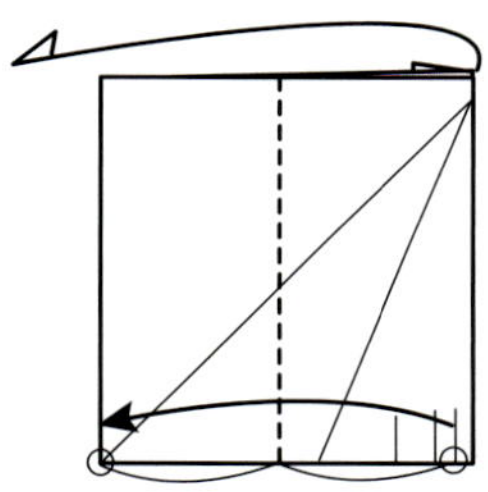

○ 표시를 맞춰 접고 반대 쪽은 펼친다.

8

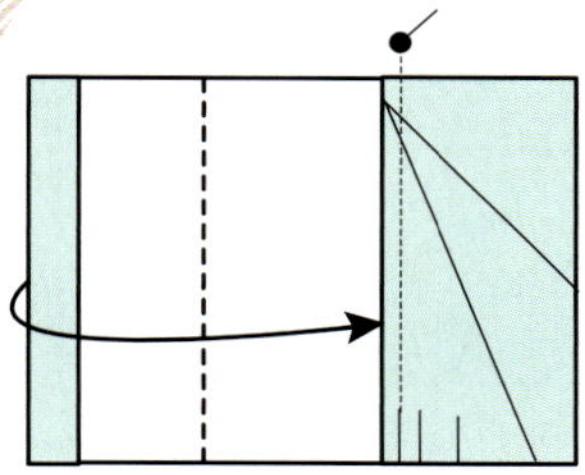

변에 맞춰 접는다.

9

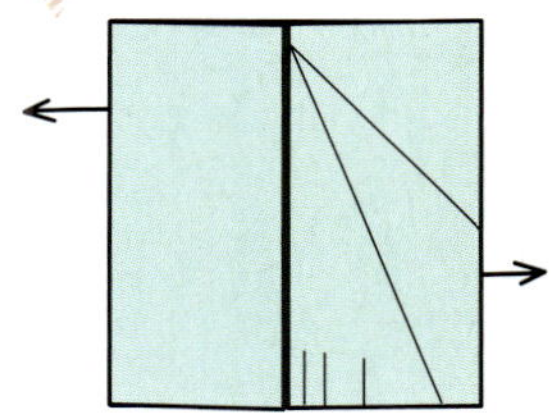

펼친다.

10

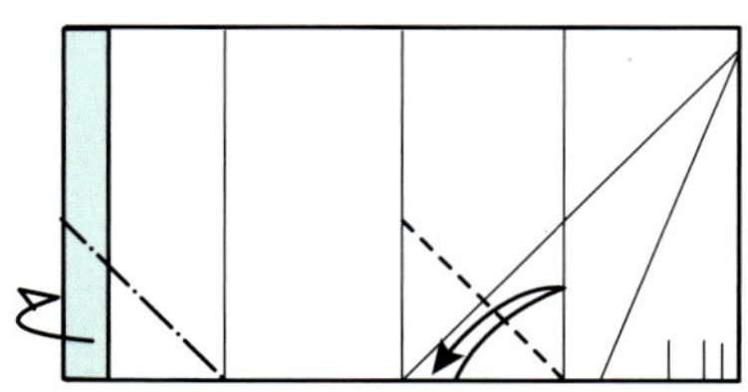

11

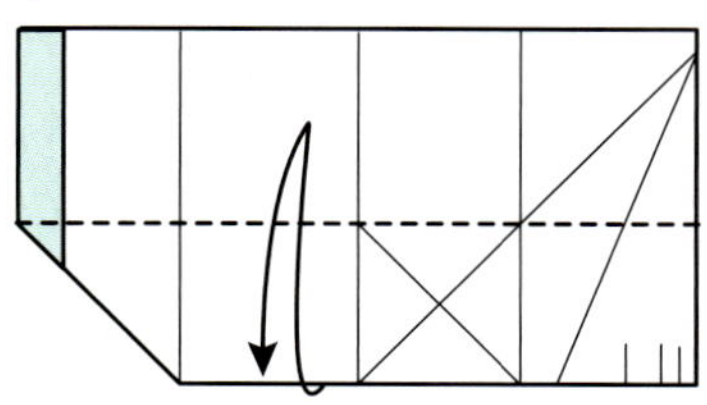

접기선을 만들고 왼쪽을 편다.

12

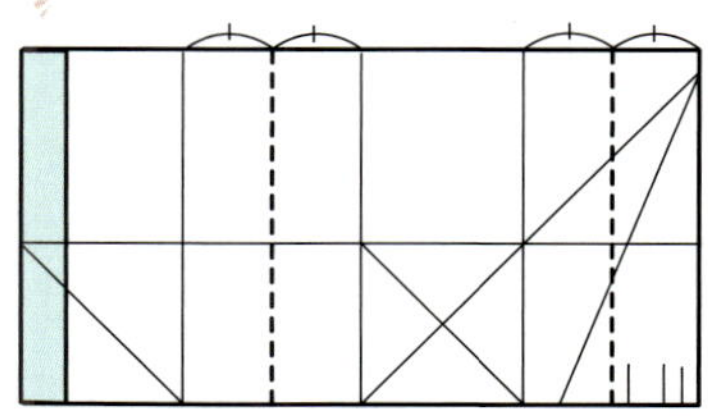

그림과 같이 접기선을 만든다.

13

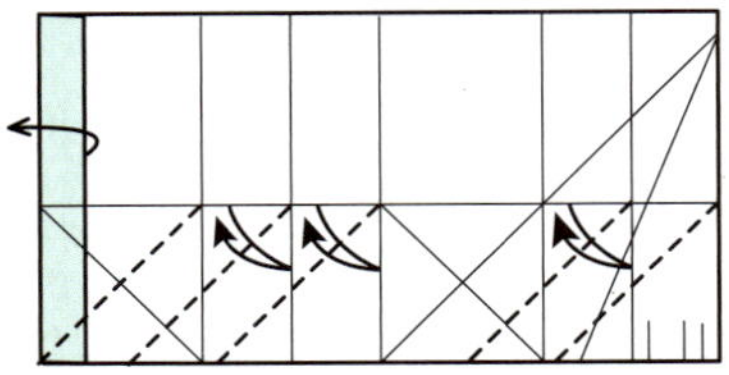

그림과 같이 접기선을 만들고 왼쪽을 편다.

14

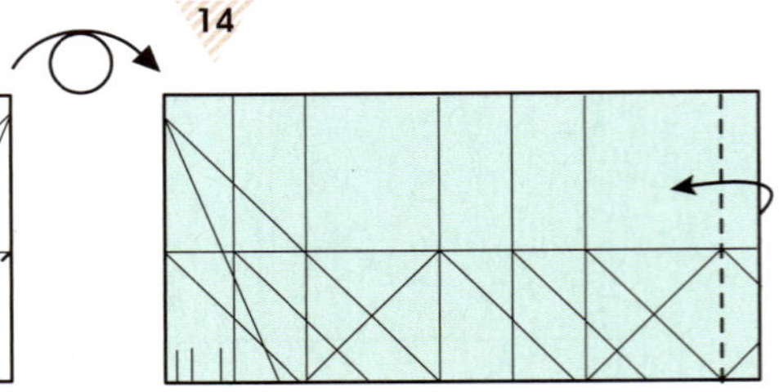

15

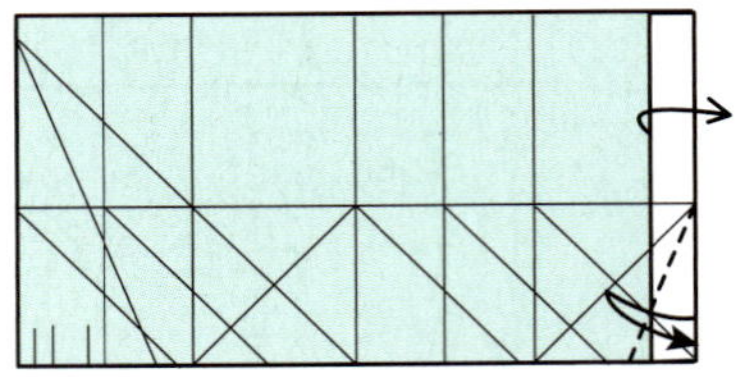

접기선을 만들고 펼친다.

16

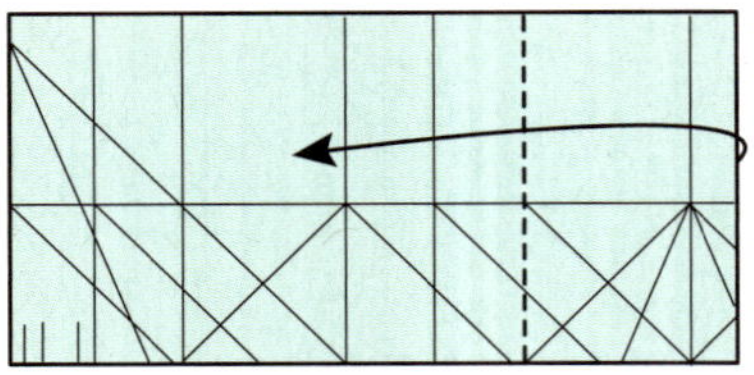

17

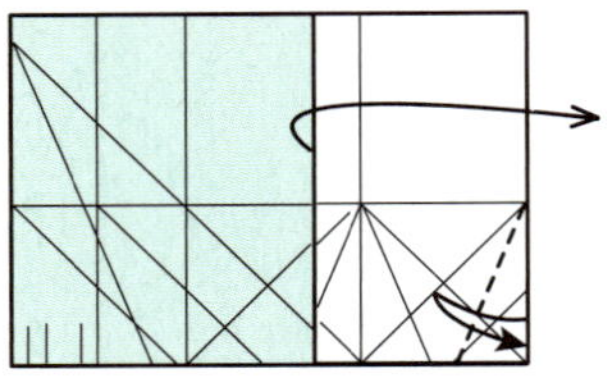

접기선을 만들고 펼친다.

18

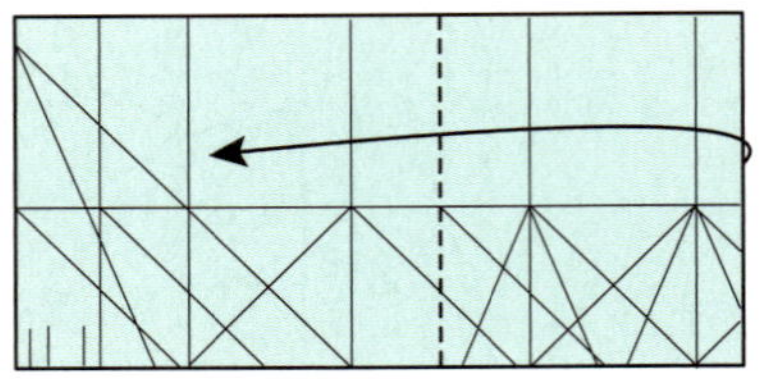

19

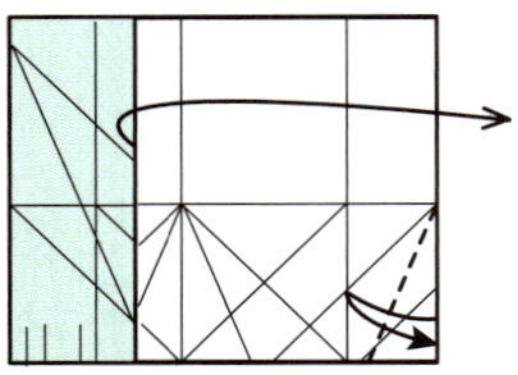

접기선을 만들고 펼친다.

20

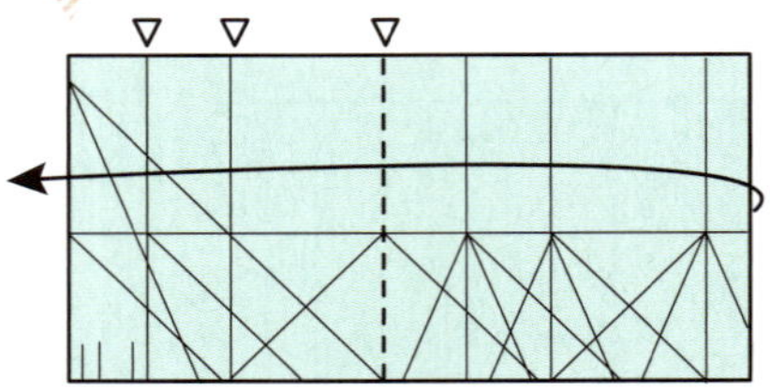

▽ 표시의 나머지 세 군데도 같은 방법으로 접는다.

21

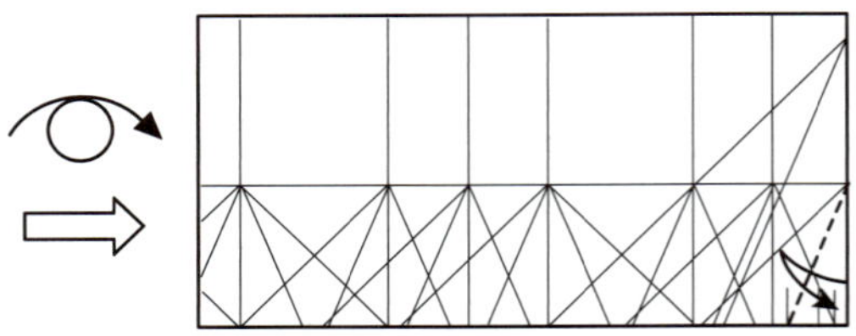

그림과 같이 접기선이 생긴다.

22

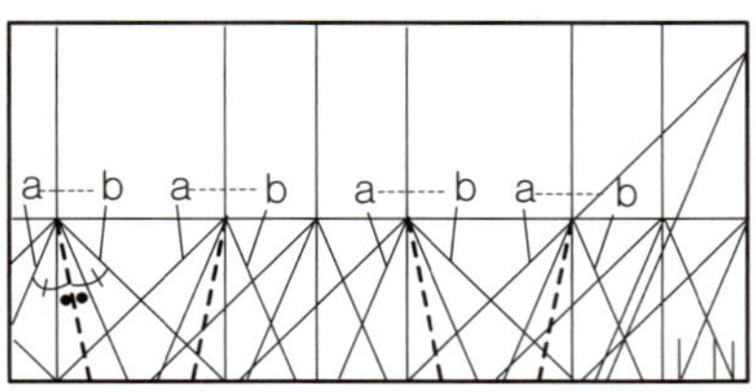

a의 선과 b의 선을 겹쳐서 반각의 선을 접는다.

23

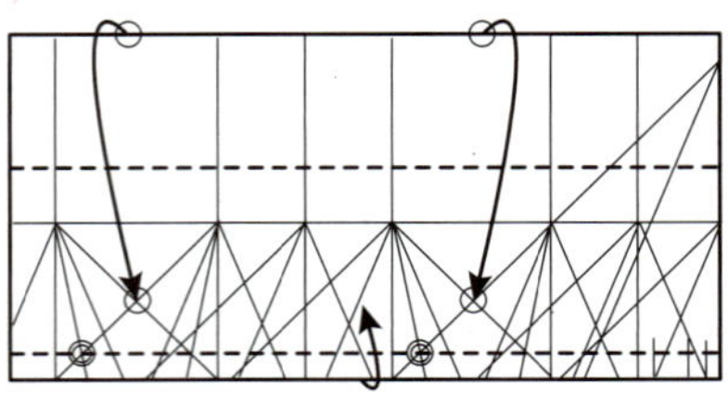

위는 ○ 표시를 맞춰 접고
아래는 ◎ 표시를 연결하는 선에서 접는다.

24

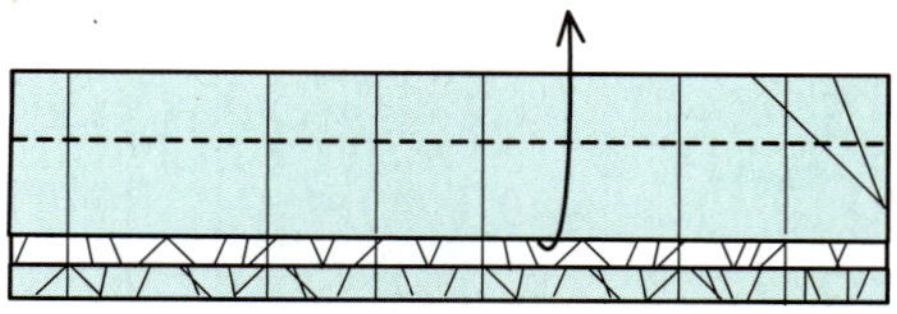

뒤의 선에 맞춰 한 장을 접어 올린다.

25

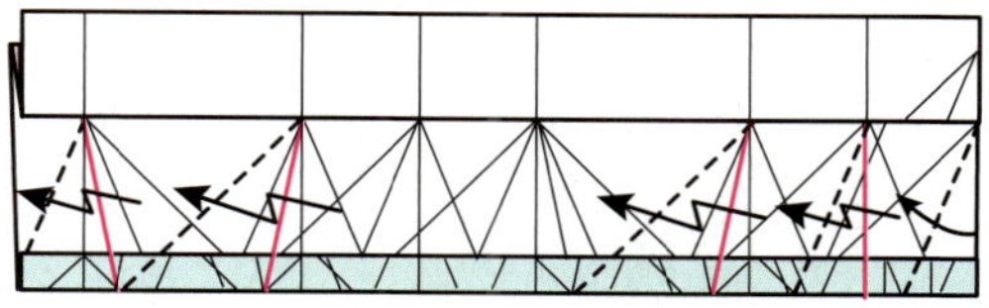

빨간 선을 산선으로 접고 계단 접기를 한다.

26

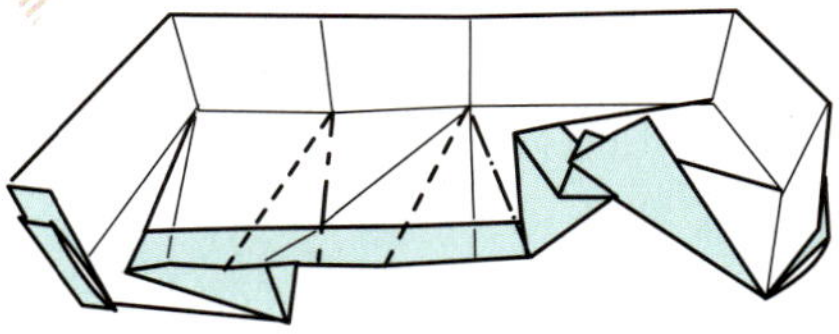

나머지도 순서대로 계단 접기를 하고
확실히 접기선을 만든다.

27

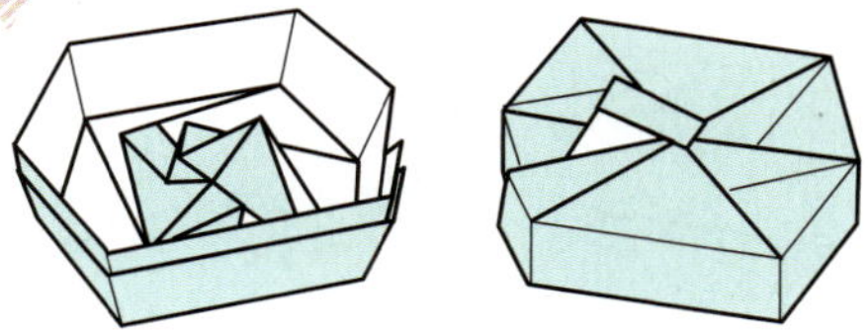

모양을 정리하고
25번 그림처럼 펼친다.

28

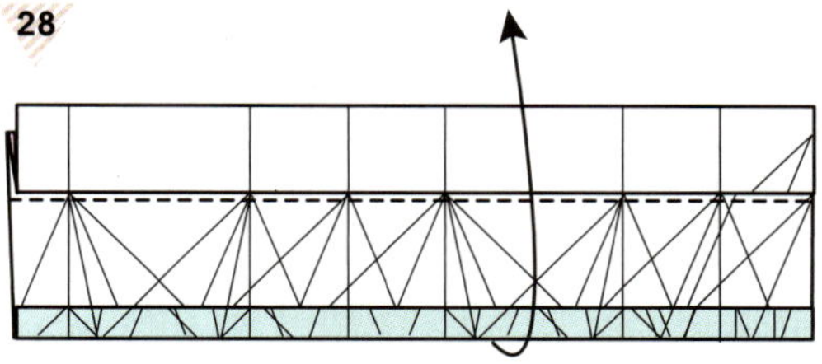

아래의 한 장도 접어 올린다.

29

안쪽에서 본 그림

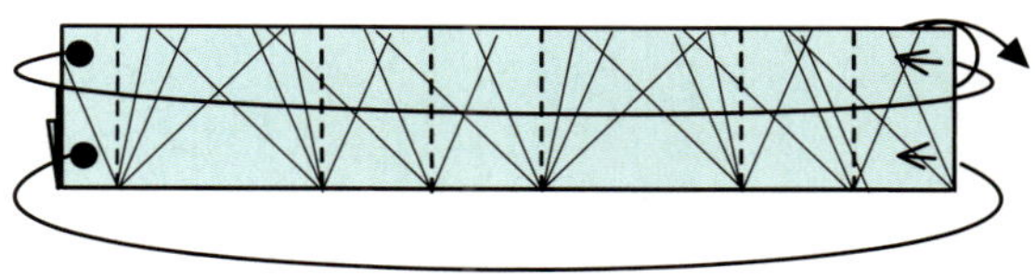

끝 부분을 끼워 통으로 만든다.

30

바깥쪽에서 본 그림

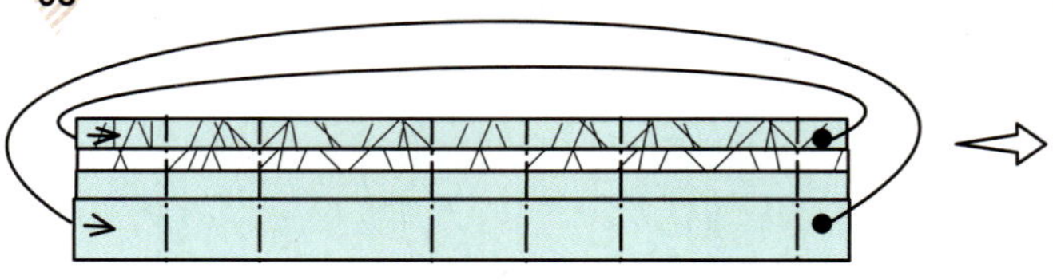

31

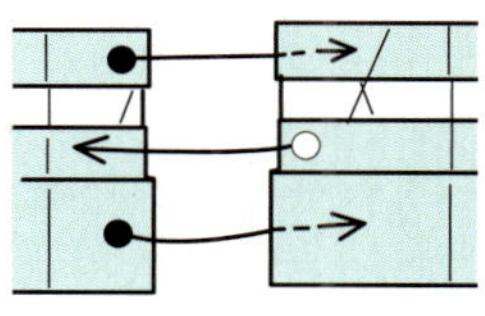

여기에서 풀칠하면 된다.

32

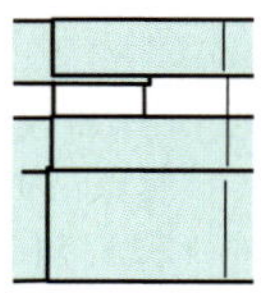

33

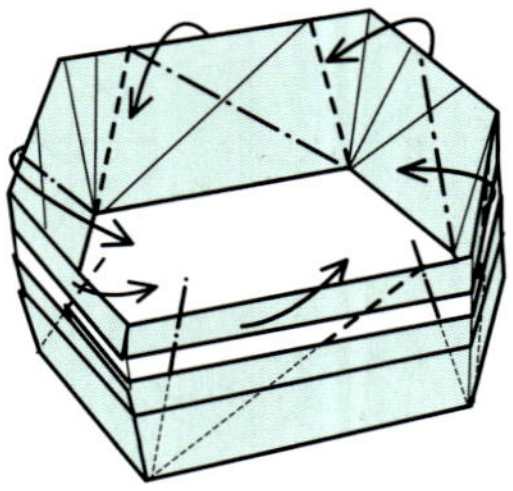

24, 25번에서 만든 선을 따라 접고
바닥을 평평하게 한다.

34 바닥의 안쪽

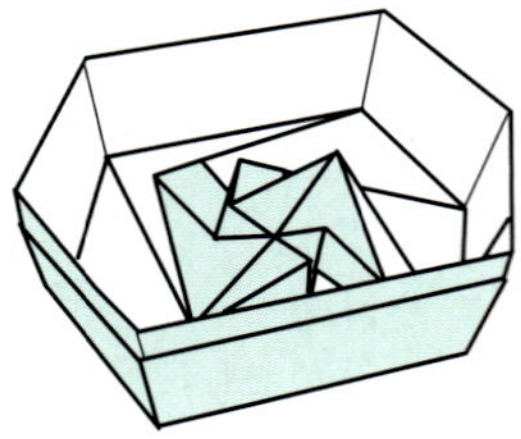

35

바닥을 평평하게 한 모습

36 좌우의 옆 부분에 딱 맞춘다.

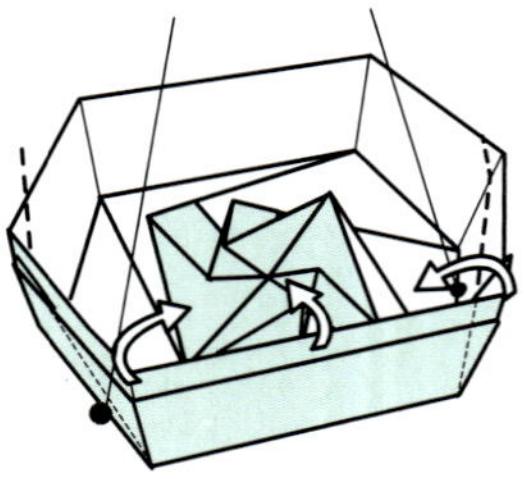

앞부분을 바닥으로 접고
옆 부분을 딱 맞춰 평평하게 한다.

37 좌우의 옆 부분에 딱 맞춘다.

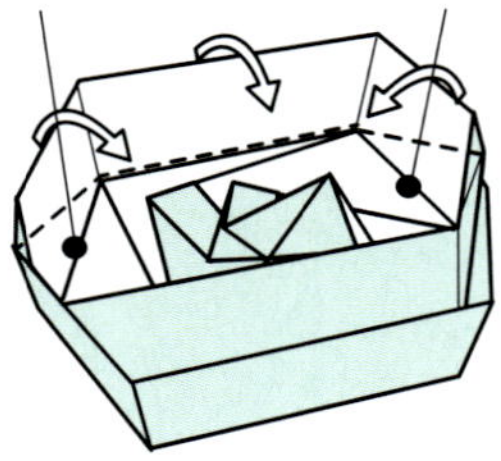

반대쪽도 바닥으로 접어
평평하게 한다.

38 이 부분이 귀

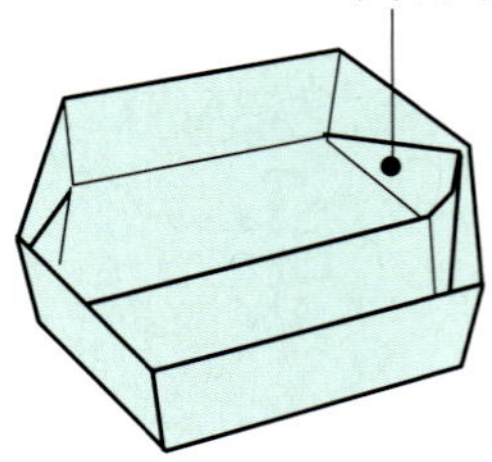

깊이가 얕을 때에는
귀가 튀어나온다.

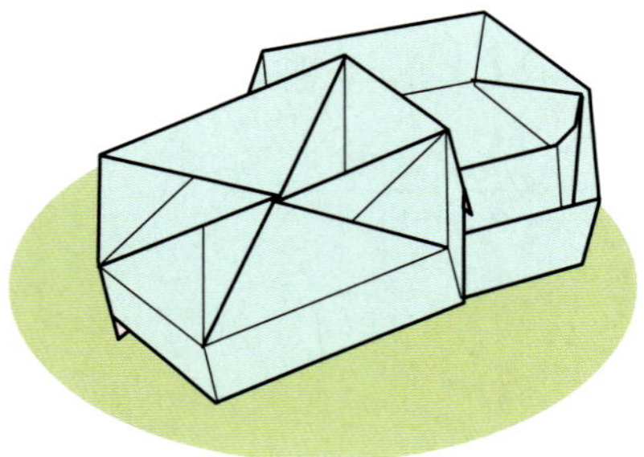

작품의 종이 크기 : 소
뚜껑 / (33+α)×16.5
본체 / (31.5+α)×18.5

작품의 종이 크기 : 대
뚜껑 / (36.5+α)×18
본체 / (35+α)×20

뚜껑과 본체의 길이

뚜껑과 본체를 같은 A4로 접을 경우 왼쪽과 같이 풀칠하는 부분에서 길이에 차를 둡니다. 물론 종이의 크기를 바꿔도 상관없습니다. 포인트는 L과 H의 길이입니다. 이 L과 H의 길이를 가감하여 뚜껑과 본체의 적당한 길이를 찾습니다.

Point
L : 바닥 면적을 결정 - 길수록 커진다
H : 깊이를 결정 - 길수록 깊어진다

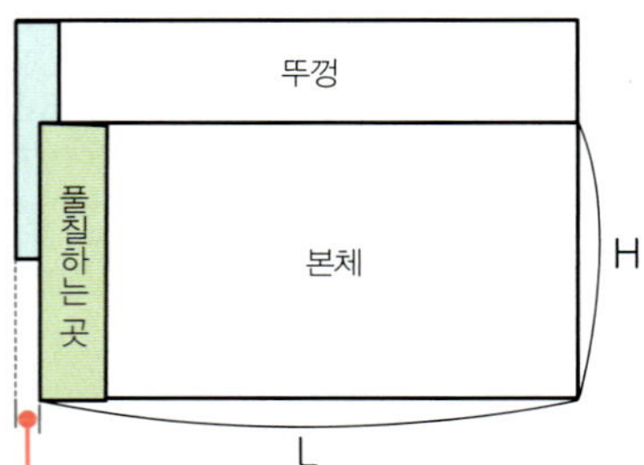

A4로 접는 경우 본체를 1.2cm 정도 작게 한다.

상자 크기 : 소 4.2×8×4cm
상자 크기 : 대 4.7×8.7×4cm

뚜껑에 장식이 붙습니다.

★★★ 137쪽 12번부터

13

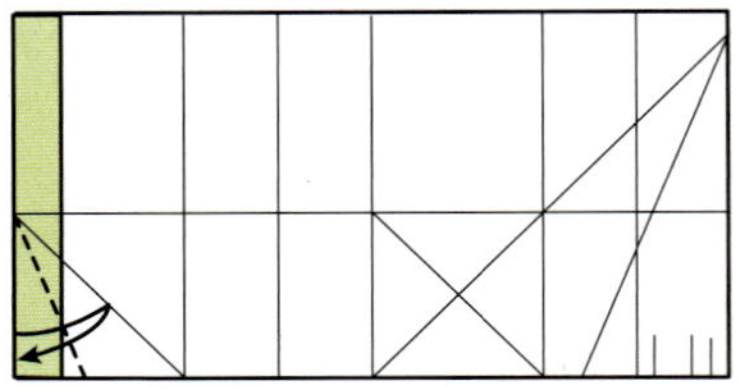

14

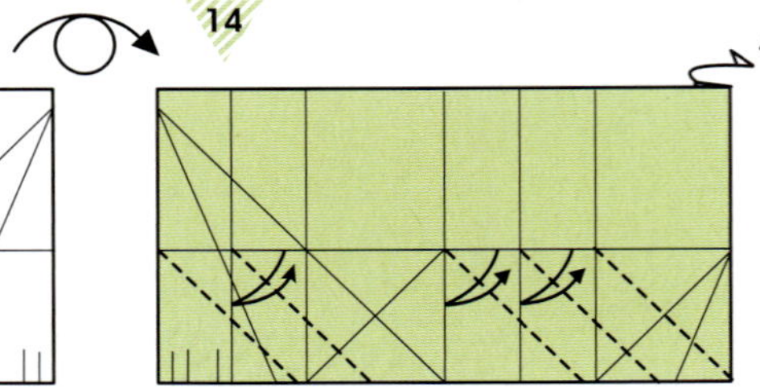

그림과 같이 접기선을 만들고 왼쪽을 편다.

15

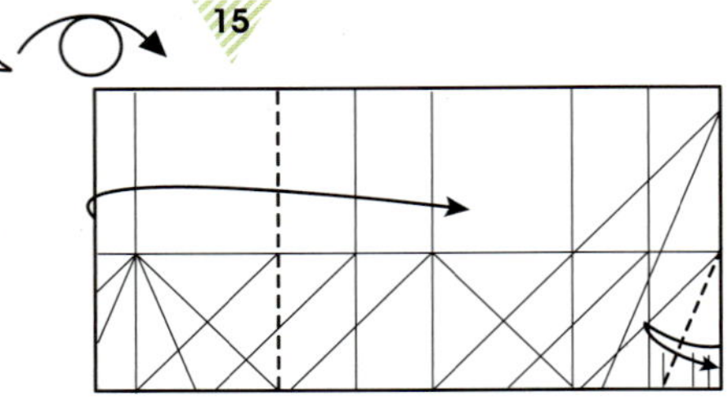

16

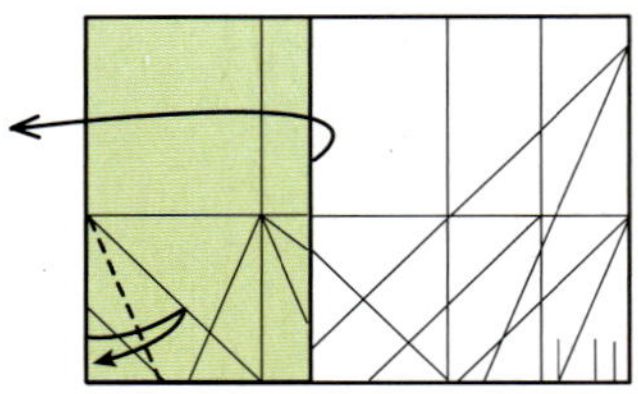

접기선을 만들고 왼쪽을 편다.

17

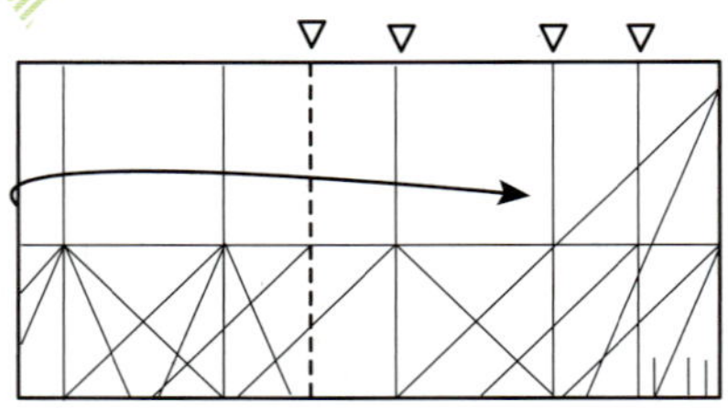

▽ 표시의 나머지 네 군데도 같은 방법으로 접는다.

18

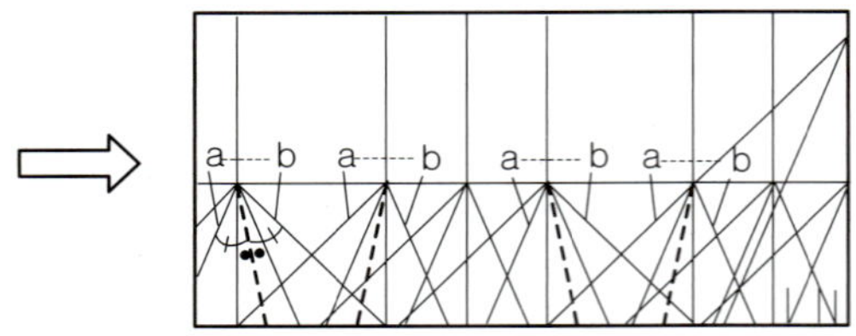

a의 선과 b의 선을 겹쳐서 반각의 선을 접는다.

19

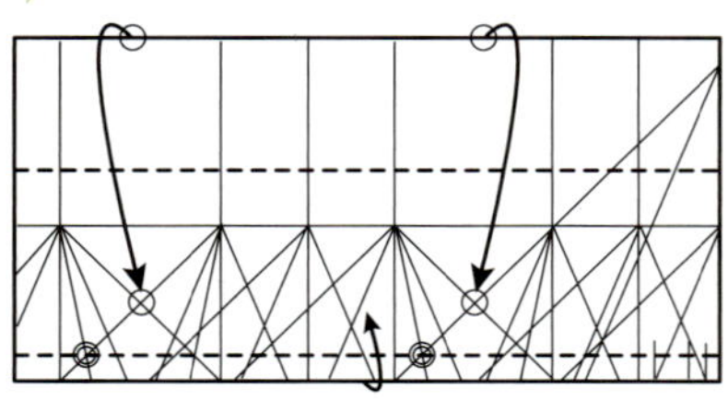

위는 ○ 표시를 맞춰 접고
아래는 ◎ 표시를 연결하는 선에서 접는다.

20

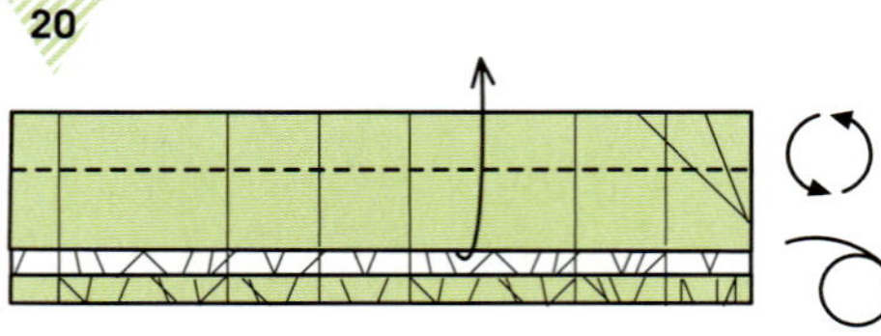

뒤의 선에 맞춰 한 장을 접어 올린다.

21

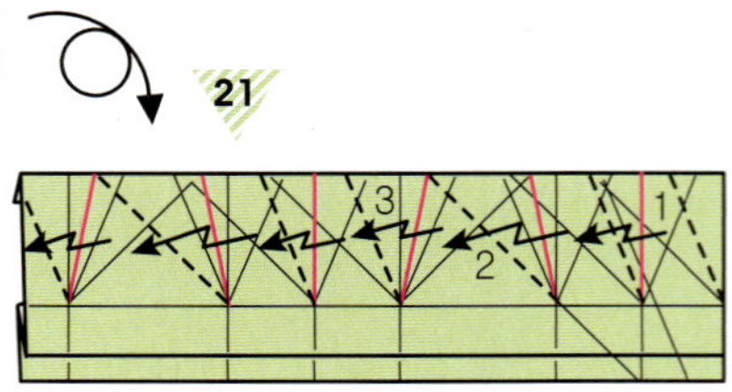

빨간 선을 산선으로 접고 순서대로 계단 접기를 한다.

22

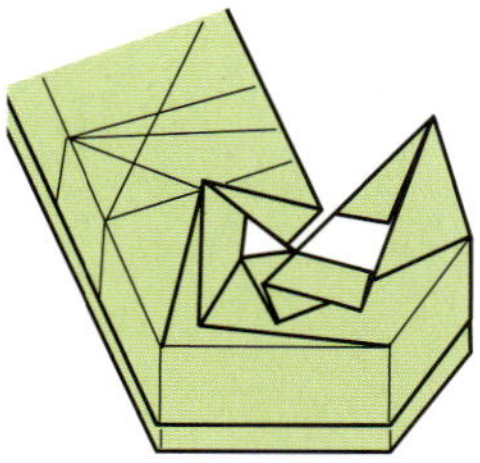

계단 접기를 3개 한 모습.
나머지도 순서대로 계단 접기를 해서
확실히 접기선을 만든다.

23

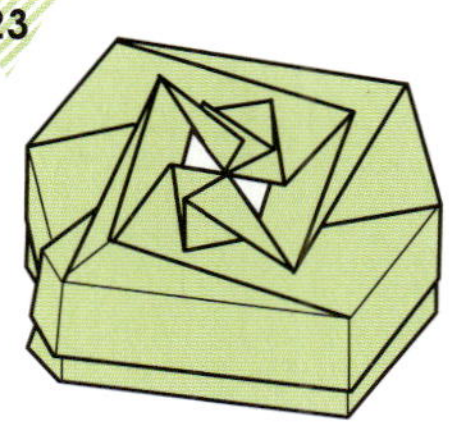

모양을 정리하고
21번 그림처럼 펼친다.

24 바깥쪽에서 본 모습

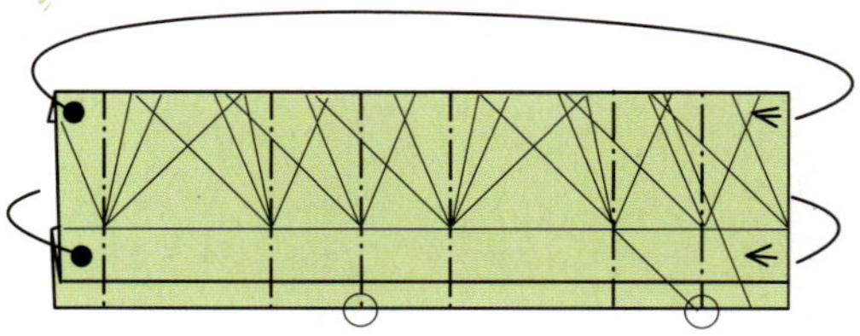

끝 부분을 끼워 통으로 만든다.
여기에서 풀칠하면 된다.

25

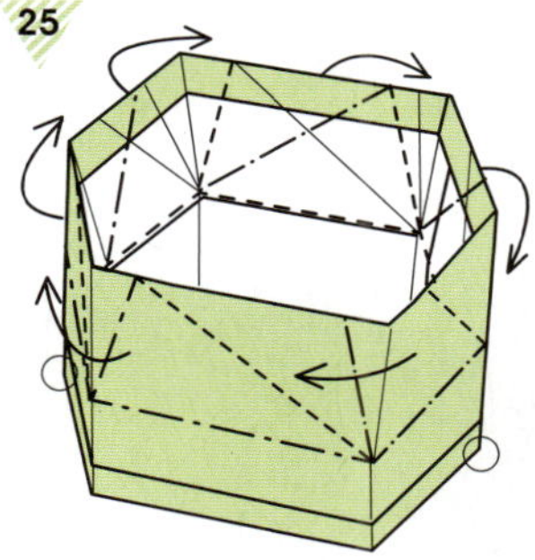

24, 25번에서 만든 선
을 따라 접고 바닥을
평평하게 한다.

26 바깥쪽

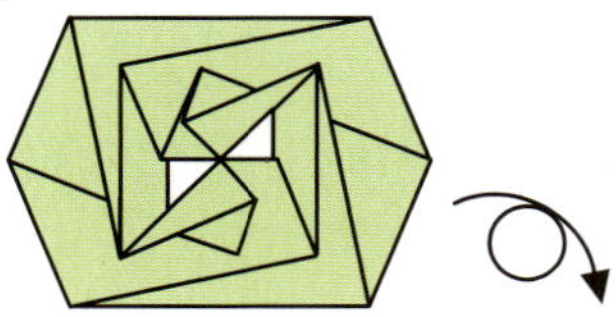

27 안쪽

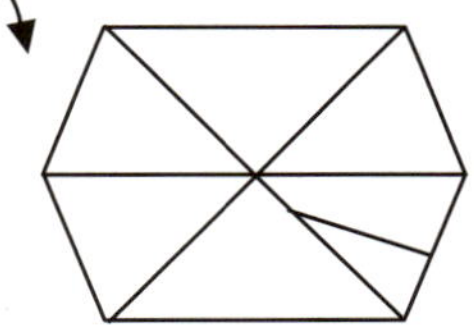

28

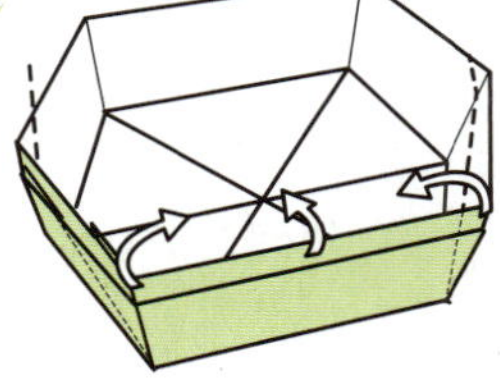

앞부분을 바닥으로 접고 옆 부분
을 맞춰 평평하게 한다.

29

반대쪽도 바닥으로 접어서
평평하게 한다.

30

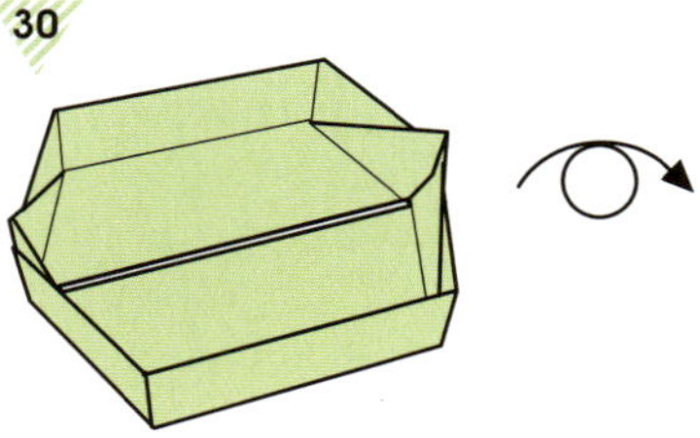

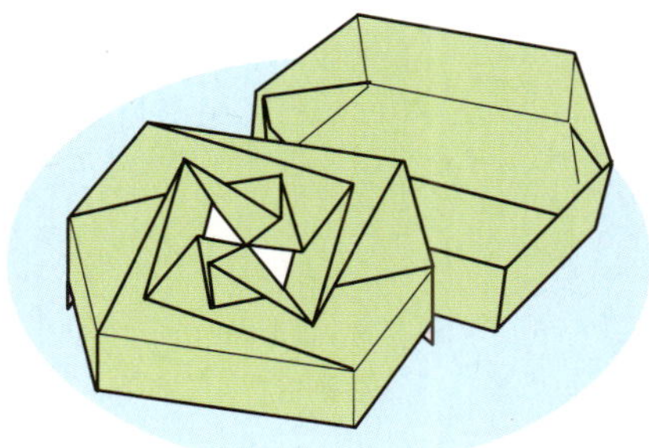

작품의 종이 크기 : 대
뚜껑 / $(36.5+\alpha)\times18$
본체 / $(35+\alpha)\times20$

상자 크기 4.6×8.5×5cm